잎부터 뿌리까지 아낌없이 주는
나무 쓰임새 도감

잎부터 뿌리까지 아낌없이 주는
나무 쓰임새 도감

초판발행 | 2018년 11월 26일
2쇄 발행 | 2019년 3월 15일

지 은 이 | 오장근 · 명현호
펴 낸 이 | 고명진
펴 낸 곳 | 가람누리

출판등록 | 2011년 7월 29일 제312-2011-000040호
주   소 | 경기도 고양시 덕양구 통일로 140(동산동)
           삼송테크노밸리 B동 329호
전   화 | (02)356-8402 / FAX (02)356-8404
E-MAIL | garamnuri@daum.net
홈페이지 | www.munyei.com

ISBN 978-89-97272-36-5 (76400)

※ 잘못된 책은 바꾸어 드리겠습니다.
※ 저자와의 협의에 의하여 인지는 생략합니다.
※ 이 도서의 국립중앙도서관 출판예정도서목록(CIP)은 서지정보유통지원시스템 홈페이지(http://seoji.nl.go.kr)와
   국가자료공동목록시스템(http://www.nl.go.kr/kolisnet)에서 이용하실 수 있습니다.
   (CIP제어번호: CIP2018035612)

잎부터 **뿌리**까지 아낌없이 주는

나무 쓰임새 도감

오장근
명현호
공저

가람누리

머리말

우리는 매일 거리나 공원 또는 산과 들에서 많은 나무들을 보며 살아갑니다. 그러나 나무들을 자주 마주치면서도 그냥 지나쳐 버리는 경우가 많습니다. 시간을 내어 나무들에게 조금만 관심을 가진다면 우리가 몰랐던 나무들의 세상을 새롭게 만나볼 수 있습니다.

나무는 땅속에 뿌리를 내린 씨앗이 물을 충분히 빨아들여 싹을 틔우고, 줄기를 뻗어 잎을 내고 햇빛을 받아 무수한 초록 잎을 만들며, 아름다운 꽃과 열매를 맺습니다. 그리고 이렇게 자란 나무들이 모여 큰 숲을 이루는 것은 물론, 땅을 기름지게 만들어 줍니다. 뿐만 아니라 나무는 우리에게 맑고 상쾌한 산소를 내어주고, 주변의 생물들에게 아낌없이 영양분을 공급하며, 동물들이 잘 살아갈 수 있도록 보금자리도 마련해 줍니다.

나무는 언제나 그 자리에 있으면서 산들바람에 가볍게 흔들리기도 하고, 강한 바람에 휩쓸려 휘청거리기도 하며, 이슬과 서리와 우박과 눈과 비를 맞으며 우리 곁에서 자라납니다.

이와 같은 나무들은 잎이나 줄기의 형태에 따라 낙엽, 상록, 활엽, 침엽, 관목, 교목, 소교목, 덩굴 등으로 구분됩니다. 그런데 이 책에는 이러한 한자어 명칭 앞에 다음과 같이 순우리말로 풀어쓴 새로운 표기를 함께 수록하였습니다.

늘푸른 바늘잎 떨기나무(상록침엽관목)   늘푸른 바늘잎 작은큰키나무(상록침엽소교목)
늘푸른 바늘잎 큰키나무(상록침엽교목)   늘푸른 넓은잎 덩굴나무(상록활엽덩굴성 목본)
늘푸른 넓은잎 떨기나무(상록활엽관목)   늘푸른 넓은잎 작은큰키나무(상록활엽소교목)
늘푸른 넓은잎 큰키나무(상록활엽교목)   반늘푸른 넓은잎 덩굴나무(반상록활엽덩굴성 목본)
갈잎 바늘잎 큰키나무(낙엽침엽교목)   갈잎 넓은잎 덩굴나무(낙엽활엽덩굴성 목본)
갈잎 넓은잎 떨기나무(낙엽활엽관목)   갈잎 넓은잎 작은큰키나무(낙엽활엽소교목)
갈잎 넓은잎 큰키나무(낙엽활엽교목)

이렇게 구분된 174종류의 나무들을 가나다순으로 배열하였고 학명, 과명, 형태 그리고 꽃이 피고 열매가 익는 시기 등 기본 정보를 한눈에 보기 쉽게 구성하였으며, 나무에 얽힌 재미있는 이야기를 시작으로 생태와 형태적 특성, 분포, 쓰임새 그리고 비슷한 나무들에 이르기까지 나무에 관한 지식과 정보를 담고자 노력하였습니다. 뿐만 아니라 나무를 좀 더 정확하게 알아보고 이해할 수 있도록 잎, 잎차례, 암꽃, 수꽃, 열매, 씨앗, 나무껍질, 나무 모양 등 1,000여 장이 넘는 생장 과정별 컬러 사진들을 효과적으로 배치하여 나무의 한살이에 관한 도감으로서도 손색이 없을 것입니다.

　부록으로 식물의 구조에 관한 기초 지식을 간단한 삽화와 함께 소개하여 미리 읽어 두거나 필요할 때마다 찾아보면 내용을 이해하는 데 많은 도움이 될 것입니다. 또한 나무의 형태를 포함한 식물 용어 해설을 함께 실어 낯설거나 어려운 용어는 용어 해설을 참고하면 궁금증을 나중으로 미루는 일 없이 그때그때 해결할 수 있을 것입니다.

　이 책을 읽다 보면 무심코 지나친 주변의 나무들뿐만 아니라, 지금껏 몰랐던 많은 나무들에 대해서도 하나하나 알아가는 즐거움과 함께 관찰력도 기를 수 있는 좋은 시간이 될 것입니다. 나무가 자라면서 계절에 따라 잎이 무성해지고, 꽃을 피워 향기를 내뿜고, 푸른 열매가 익어 노란색, 붉은색, 보라색 등의 열매를 맺는 것처럼, 이 책이 나무를 관찰하고 이해하고 알게 되어 풍성한 지식을 쌓는 데에 늘 소중한 자료로 쓰이기를 바랍니다.

2018년 가을
자연과 더불어 살아가는
오장근 씀

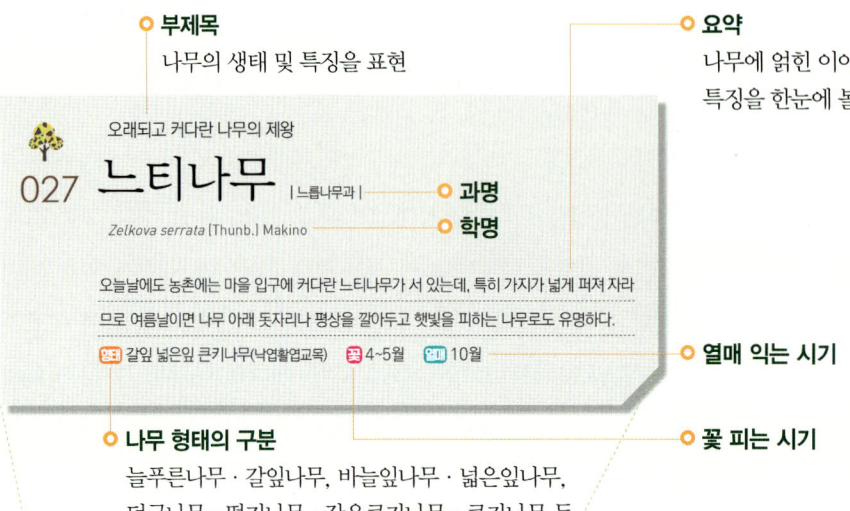

○ **부제목**
나무의 생태 및 특징을 표현

○ **요약**
나무에 얽힌 이야기, 나무의 생태 및 특징을 한눈에 볼 수 있도록 설명

○ **과명**

○ **학명**

○ **열매 익는 시기**

○ **나무 형태의 구분**
늘푸른나무 · 갈잎나무 · 바늘잎나무 · 넓은잎나무, 덩굴나무 · 떨기나무 · 작은큰키나무 · 큰키나무 등

○ **꽃 피는 시기**

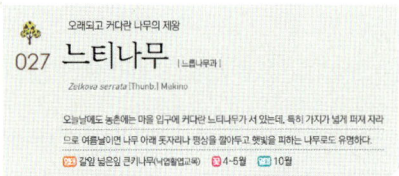

6

이 책의 구성

나무의 생장 과정별 사진
새순, 새잎, 잎, 잎차례, 꽃봉오리, 암꽃, 수꽃, 어린 열매, 덜 익은 열매, 익은 열매, 나무껍질, 나무 모양, 겨울눈 등

비슷한 나무들
생김새나 생태 등이 비슷한 나무들에 대한 설명

능수버들 나무 모양

능수버들 암꽃

능수버들 수꽃

능수버들 열매

능수버들 씨앗

은 암판그루이나 드물게 암수한그루도 나타난다. 잎은 길이 7~12cm, 너비 10~17mm이다. 잎의 앞면은 녹색이나 뒷면에는 흰색이 돈다. 잎의 양끝은 뾰족하며 잔톱니가 가장자리에 난다. 수꽃은 타원형으로 긴 털이 있으며 암꽃은 달걀 모양으로 4월에 녹색으로 핀다. 열매는 5~6월에 익는다.

주로 들과 물가에서 잘 자란다. 목재가 가볍고 연해 도마나 나막신을 만들거나 각종 기구재 등에 쓰는데, 독이 없어 고약을 다지는 데도 사용한다. 한방에서는 잎과 가지를 진통제,

해열제로 쓴다. 공해에 강해 가로수와 공원수로 심는다. 봄에 씨앗에 붙은 솜털이 날아다니지만, 알레르기는 그다지 일으키지 않는다.

♪ <흥타령>의 유래
옛날에 딸 능소와 살던 홀아비가 있었다. 어느 날 홀아비가 전쟁터에 나가게 되었다. 천안에 이르러 더 이상 딸을 데리고 다닐 수 없어 지팡이를 땅에 꽂은 뒤, "이 나무에 잎이 피어나면 너와 내가 다시 이곳에서 만나게 될 것이다."라고 말하고는 능소를 주막집에 맡기고 떠났다. 그 후 능소는 예쁜 기생이 되었고, 과거 보러 가던 선비 박현수와 인연을 맺었다. 박현수가 장원급제 한 뒤 이곳에서 능소와 만나고, 전쟁터에서 돌아오는 아비도 상봉했다. 아비는 딸 능소와 만나 기쁜 마음에 "천안삼거리 흥~ 능소야, 버들은 흥" 하고 노래를 부른 것이 <흥타령>이 되었다고 한다.

🌱 비슷한 나무들
- **개수양버들** : 북한 지역의 평야나 강가에서 자란다. 높이는 약 20m이며, 능수버들과 비슷하지만 열매와 잎 양면에 털이 없다.
- **수양버들** : 물가나 습지에서 자라며 높이는 15~20m이다. 작은 가지가 붉은 갈색이다.
- **버드나무** : 들이나 냇가에서 자라며 높이는 20m이다. 작은 가지는 노란빛을 띤 녹색으로 처지지 않고 털이 나지만 없어진다.

차례

머리말 • 4
이 책의 구성 • 6

ㄱ

가래나무	20
갈참나무	23
감나무	26
개나리	29
개느삼	32
개머루	35
개비자나무	38
개잎갈나무	41
갯버들	44
겨우살이	47
고로쇠나무	50
고욤나무	53
고추나무	56
광대싸리	59
구기자나무	62

구상나무 65	국수나무 68	굴참나무 71	귤 74
금송 77	꽃댕강나무 80	꽝꽝나무 83	

ㄴ

낙상홍 86	낙우송 89	남천 92
노간주나무 95	느티나무 98	능금나무 101	능소화 104
능수버들 107			

ㄷ

단풍나무	110
담쟁이덩굴	113
당단풍나무	116
대추나무	119
댕강나무	124
독일가문비	127
돈나무	130
동백나무	133
두릅나무	136
등	139
때죽나무	142
떡갈나무	145
뜰보리수	148

ㄹ

| 리기다소나무 | 151 |

ㅁ

마삭줄	154	 말발도리	157	 매발톱나무	160
 매실나무	163	 멀꿀	166	 멍석딸기	169	 메타세쿼이아	172
 모감주나무	175	 모과나무	178	 모란	181	 목련	184
 목서	187	 무궁화	190	 무화과나무	193	 물오리나무	196
 미루나무	199

박태기나무 202	밤나무 205	배나무 208
배롱나무 211	백량금 214	백목련 217	백송 220
백정화 223	버드나무 225	벚나무 228	병꽃나무 231
보리밥나무 233	보리수나무 236	복사나무 239	부용 242
분꽃나무 245	붉가시나무 247	붉나무 250	비자나무 253

| 뽕나무 | 256 |

人

사과나무	259	사방오리	262	사시나무	265
사철나무	268	산딸기	271	산딸나무	274	산뽕나무	277
산사나무	280	산수국	283	산수유	286	산초나무	289
살구나무	292	상수리나무	295	생강나무	298	서향	301

석류나무	304	섬잣나무	307	소나무	310	소사나무	313
솜대	316	수국	319	수수꽃다리	322	수양버들	325
식나무	328	신갈나무	331	싸리	334		
		아까시나무	337	앵도나무	340	양버즘나무	343
연필향나무	346	영춘화	349	오동나무	352	오리나무	355

오미자 358	오죽 361	왕대 363	왕벚나무 366
용버들 369	월계수 372	으름덩굴 375	은단풍 378
은사시나무 381	은행나무 384	음나무 387	이팝나무 390
인동덩굴 393	일본목련 396	잎갈나무 399	

ㅈ

자귀나무 402	자금우 405	자두나무 408

자목련 411	작살나무 414	잣나무 417	장미 420
전나무 423	조록싸리 426	조릿대 429	조팝나무 431
졸참나무 434	좀작살나무 437	종가시나무 440	주목 443
죽순대 446	중국단풍 449	진달래 451	쪽동백나무 454
찔레꽃 457			

ㅊ

차나무 460

참느릅나무 463

철쭉 466

초피나무 469

측백나무 472

치자나무 475

칠엽수 478

칡 481

ㅋ

큰꽃으아리 484

ㅍ

팔손이 487

팽나무 490

편백 493

17

포도　　496	 풀명자　　499	 피라칸다　　502

ㅎ

향나무　　505	 헛개나무　　508	 협죽도　　511
 호두나무　　514	 호랑가시나무　　517	 홍가시나무　　520
 화백　　523		
 화살나무　　526	 황매화　　529	 회양목　　532
 히어리　　535		

부록 1　식물의 구조 • 538
부록 2　용어 해설 • 547

참고문헌 • 552

조상의 무덤가에 심던
001 가래나무 | 가래나무과 |

Juglans mandshurica Maxim.

옛날에는 조상의 무덤가에 소나무와 가래나무를 심었다. 이를 잘 가꾸는 것이 조상에게 효도하는 것으로 여겨졌으며, 뽕나무와 더불어 집 근처에 심어 다음 세대에 남겨 줄 재산으로 삼았다.

형태 갈잎 넓은잎 큰키나무(낙엽활엽교목) **꽃** 4~5월 **열매** 9~10월

고국의 소나무 가래나무를 꿈에 가 만져보고
앞서 간 이의 무덤을 깬 후에 생각하니
구곡간장이 굽이굽이 끊어졌구나

조위의 〈만분가〉 중에서

위의 〈만분가〉는 조선 초의 문신 조위(1454~1503)가 무오사화로 인하여 순천으로 유배를 가 지은 것으로, 어려울 때는 꿈속에서라도 조상의 무덤가를 맴돌게 된다는 심정을 읊은 것

가래나무 잎

가래나무 껍질

가래나무 모양

이다. 옛날에는 조상의 무덤가에 소나무와 가래나무를 많이 심었다. 이를 잘 가꾸는 것이 조상에게 효도하는 것으로 여겨졌다.

    가래나무는 열매가 꼭 흙을 파헤치는 농기구 가래를 닮았다고 해서 붙여진 이름이다. 또한 옛사람들은 조상 무덤이 있는 곳에 가래나무를 심었으며 뽕나무와 더불어 집 근처에 심어 다음 세대에 남겨 줄 재산으로 삼았다. 중국에서도 '상재'라고 하여 뽕나무와 가래나무를 울타리에 심어 자손에게 남겼는데, 상재는 후에 조상 대대로 이어져 내려오는 고향을 이르

가래나무 암꽃

가래나무 수꽃

가래나무 열매

가래나무 씨앗

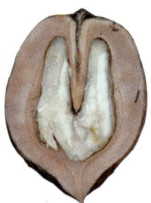
가래나무 씨앗 속

게 되었다.

　줄기는 짙은 회색으로 곧게 자라고 나무껍질은 세로로 갈라지며 가지는 굵다. 잎은 홀수 1회 깃꼴 겹잎이고 길쭉하게 둥근 잎이 7~19개씩 달려 있으며, 가장자리는 잔톱니가 있으나 점차 없어진다. 수꽃은 길게 늘어져서 초록빛을 띤 갈색으로 피고, 암꽃은 가지 끝에 5~10개가 나오며 암술머리는 빨갛고 4~5월에 핀다. 속에 단단한 씨가 있는 다육으로 된 열매는 달걀처럼 생긴 둥근형으로 초록색이며 샘털로 덮이고, 안쪽 열매껍질은 8개의 모서리진 모양이며, 씨앗은 끝이 뾰족한 달걀 모양으로 9~10월에 익는다. 씨앗은 호두와 비슷하게 두꺼운 안쪽 열매껍질 속에 들어 있다. 떫은맛이 나는 살이 조금 붙어 있어 먹기는 하지만, 잘 먹지 않고 기름을 짜서 신선로 요리에 넣기도 하고 나무 그릇의 윤을 내는 데에 쓰기도 한다. 또 염주를 만드는 데 쓰인다.

　우리나라와 중국 동북부, 시베리아 등지에서 자란다. 우리나라에서는 소백산과 속리산 등 중부 이북 해발 100~1500m의 산기슭과 계곡에서 자란다. 추운 곳에서는 잘 자라지만 따뜻한 곳에서는 잘 자라지 않는 편이다. 나무는 건축재, 조각재로 사용된다. 어린잎은 삶아서 먹기도 하고, 한방에서는 나무껍질을 말려 약재로 사용하기도 한다.

🌱 비슷한 나무들
- ♠ 긴가래나무 : 열매는 양 끝이 좁고 길쭉하게 둥근형으로 모서리진 모양이 다소 뚜렷하지 않다.
- ♠ 왕가래나무 : 길이 4~8cm의 열매는 속에 단단한 씨가 있는, 다육으로 된 달걀 모양으로 능선이 없다.
- ♠ 호두나무 : 가래나무에 비해 잔잎이 5~6개 있다.

낙엽이 떨어지는 참나무, 가을참나무

002 갈참나무 | 참나무과 |

Quercus aliena Blume

갈참나무는 낙엽이 떨어지는 참나무, 가을참나무라는 의미이다. 즉 가을에 단풍이 들어 잎이 지고 봄에 새로운 잎으로 갈아입는 나무라는 뜻이다.

형태 갈잎 넓은잎 큰키나무(낙엽활엽교목) **꽃** 5월 **열매** 10월

갈참나무 이름은 '갈'과 '참'으로 이루어진 것으로 낙엽이 떨어지는 참나무, 가을참나무라는 의미이다. 즉 가을에 단풍이 들어 잎이 지고 봄에 새로운 잎으로 갈아입는 나무라는 뜻이다. 참고로 참나무란 진짜 좋은 나무를 의미한다. 재잘나무, 톱날갈참나무, 큰갈참나무, 홍갈참나무 등으로도 불린다.

우리나라에서는 좋은 나무로 일컬어지지만 중국 전국 시대 사상가인 장자는 참나무를 쓸모없는 나무라고 하였다. 참나무로 만든 배는 물속에 가라앉고, 관을 만들면 바로 깨어지고, 문과 창을 만들면 나무에서 진이 흘러나오며, 기둥을 만들면 벌레가 먹는 것이다.

갈참나무 잎

갈참나무 껍질

갈참나무 모양

갈참나무 암꽃

갈참나무 수꽃

    나무껍질은 세로로 얕게 갈라지고 작은 가지와 겨울눈에는 털이 있다. 잎은 거꿀 달걀 모양 및 길쭉하게 둥근 모양으로 가장자리에 물결무늬의 톱니가 있다. 수꽃은 길게 늘어지고 암꽃은 곧게 서며 5월에 핀다. 단단한 열매껍질과 깍정이에 싸여 있는 열매는 타원상의 달걀 모양으로 10월에 익는다.

갈참나무 열매

갈참나무 씨앗 발아

우리나라와 일본, 중국, 타이완, 아시아의 난대, 인도 등지에서 자란다. 우리나라는 전국 해발 50~1000m에서 자라는데, 비옥한 곳을 좋아하고 음지와 양지 모두에서 잘 자라며 생장속도가 빠른 편이다. 또한 건조지에서도 잘 견디며 아황산가스에도 강해 공해에 잘 견디는 편이다.

경상북도 영주의 단산면 병산리 갈참나무는 나이가 300년, 높이는 15m, 지름이 3m이며 천연기념물 제285호로 지정되어 있다. 이 밖에 의정부 호원동의 갈참나무가 마을 당산목으로서 경기도 보호수로 지정되어 있다.

갈참나무 씨앗

나무는 단단하여 건축재, 차량재, 기구재 등으로 사용하며, 열매는 먹는데 성질이 따뜻하고 맛은 떫으며 독성이 없다.

🌳 비슷한 나무들

- ♠ **청갈참나무** : 잎 뒷면에 털이 없다.
- ♠ **졸갈참나무** : 잎 가장자리의 톱니 모양이 졸참나무와 비슷하다.
- ♠ **청졸갈참나무** : 전체적으로 졸갈참나무와 닮았으나 잎 뒷면에 털이 없다.

풋감으로 염색을 하는

003 감나무 | 감나무과 |

Diospyros kaki Thunb.

감은 예로부터 우리 민족이 즐겨 먹는 과일이다. 단맛이 강한 편으로, 감나무라는 이름도 본래 단맛이 나는 열매가 맺히는 나무라 하여 부르게 되었다고 한다.

형태 갈잎 넓은잎 큰키나무(낙엽활엽교목) **꽃** 5~6월 **열매** 10월

    감은 예로부터 우리 민족이 즐겨 먹는 과일이다. 탄수화물, 포도당, 과당, 만니톨, 능금산, 카로틴, 리코핀, 펙틴, 카탈라아제, 비타민 C 등이 풍부하게 들어 있어 건강에도 좋은 과일로 유명하다. 수정과나 곶감 등도 만들어 먹고, 감식초도 만든다. 감은 단맛이 강한 편으로, 감나무라는 이름도 본래 단맛이 나는 열매가 맺히는 나무라 하여 부르게 되었다고 한다.

    나무껍질은 회색빛을 띤 갈색으로 잘게 갈라지고 작은 가지에는 갈색 털이 나 있다. 잎은 어긋나고 광택이 나며 두껍고 타원상의 달걀 모양이다. 꽃은 암술과 수술이 한 꽃에 다 있거나 암술과 수술이 따로 있는 꽃으로 잎겨드랑이에 생기며, 노란빛을 띤 흰색으로 5~6월에

감나무 잎

감나무 껍질

감나무 모양

핀다. 연한 조직으로 되어 있는 열매는 달걀 모양 및 납작하게 둥근 모양이며 10월에 노란색으로 익는다.

우리나라와 중국, 일본, 만주 등에서 자란다. 햇빛이 잘 들고 습기가 있으며 비옥한 모래흙에서 잘 자란다. 속나무는 굳고 탄력이 있어 예로부터 귀한 가구재를 만드는 데 사용하며 조각재로도 쓰인다. 이 밖에도 망치의 머리를 만드는 데 쓰고 골프채에도 사용되며 활을 만드는 데에도 쓰였다. 제주도에서는 풋감의 떫은 물을 짜내어 옷감을 물들이는 데 사용하기도 한다.

또한 약용하기도 하는데, 《동의보감》에서 감은 식욕을 북돋우고 열을 내리며 피를 멎게 한다고 하였다. 또 곶감은 몸을 보호하고 위를 튼튼하게 하며 목소리를 곱게 하는 데 좋다고 한다. 그러나 감을 너무 많이 먹으면 타닌 및 소화효소의 작용에 의하여 변비가 생긴다.

딸꾹질할 때 감꼭지를 건조시킨 뒤 삶아 물을 마시면 좋고, 또 중풍이나 고혈압에는 무즙에 섞어서 하루에 두 번쯤 마시면 좋다고 한다. 감잎은 비타민 C, 혈압을 낮추는 작용을 하는 루틴 성분이 많이 들어 있어 차로 계속 마시면 고혈압 치료에 효과가 있다고 한다.

전국적으로 보호수로 지정된 몇 그루가 있는데, 경상남도 산청의 남사마을 감나무는 나이

감나무 암꽃

감나무 수꽃

감나무 덜 익은 열매

감나무 익은 열매

가 600년으로 산청군 보호수로 지정하여 보호하고 있으며, 경상남도 의령의 백곡리 감나무는 나이가 450년, 전라남도 구례 토지면 파도리 감나무는 나이가 200년으로 각각 보호수로 지정하여 보호하고 있다.

비슷한 나무들

- **고욤나무** : 감나무를 닮았으나 열매의 지름이 1~2cm로 아주 작다. 주로 감나무 접붙이용으로 이용한다.

봄을 부르는 노란 꽃

004 개나리 | 물푸레나무과 |

Forsythia koreana (Rehder) Nakai

봄을 부르는 꽃으로는 개나리를 최고로 꼽을 수 있다. 봄을 맞이하는 꽃이라고 해서 영춘화, 꽃이 노란 종처럼 생겼다고 해서 금종화라고도 한다.

[형태] 갈잎 넓은잎 떨기나무(낙엽활엽관목) [꽃] 3~4월 [열매] 9월

봄을 부르는 꽃으로는 개나리를 최고로 꼽을 수 있다. 어느 곳에서나 쉽게 볼 수 있기 때문이다. 그런 까닭인지 몰라도 개나리는 우리나라 41곳의 지방자치단체에서 시화 또는 군화로, 학교에서는 교화로 지정한 곳이 매우 많다. 학명에 *koreana*라고 표기되어 있듯이 우리나라 특산종으로 유명하지만, 아쉬운 것은 자생지가 발견되지 않는다는 것이다.

개나리라는 이름은 나리에 '개'를 붙인 것으로, 곧 좋지 않은 나리라는 의미라고 한다. 긴 가지에 달려 있는 노란 꽃의 모습이 새의 긴 꼬리 같다. 신리화, 가을개나리, 어사리, 서리개나리, 개나리꽃나무 등으로도 불리며, 봄을 맞이하는 꽃이라고 해서 영춘화, 꽃이 노란 종처럼 생겼다고 해서 금종화라고도 한다.

개나리 잎

개나리 잎차례

개나리 나무 모양

　높은 곳에서는 밑으로, 낮은 곳에서는 위로 자라는 특성이 있다. 어린 가지는 녹색이지만 점차 회색빛을 띤 갈색이 된다. 잎은 마주나고 달걀 모양의 길쭉하고 둥근 형태로 끝이 뾰족하다. 어린 가지의 잎은 드물게 3개로 깊게 갈라지고 가장자리는 중앙 이상에 톱니가 있거나 밋밋하다.

　암수딴그루로 꽃은 잎겨드랑이에 1~3개씩 달리며 종 모양이고 3~4월에 잎이 나기 전에 핀다. 열매는 달걀 모양으로 여러 개의 씨방이 있으며, 겉에 사마귀 같은 돌기가 있고 9월에 익는다.

　우리나라와 중국에 자라는데, 우리나라는 함경도를 제외한 전국의 해발 800m 이하의 산기슭에서 자란다. 양지를 좋아하나 추운 곳에서도 잘 자라며, 싹 트는 힘이 강하고 생장 속도도 빠를 뿐 아니라 자동차 매연에도 강해 도심지의 옹벽, 경사면, 울타리, 고속도로변 등에 심기에 좋다. 개나리 종류는 산개나리, 만리화, 장수만리화 등이 있으며, 최근에는 원예 품종으로도 개발되어 잎에 황금색 무늬가 있는 '서울골드'가 유명하다.

개나리 새순

개나리 꽃

개나리 열매

개나리 나무껍질

　씨앗은 해독과 신장염 등에 사용한다. 《동의보감》에서도 씨앗은 살균작용을 하여 화농성 염증, 습진에 효과가 있으며 중풍 예방에도 좋다고 한다. 또 개나리꽃에는 루틴 성분이 들어 있어 모세혈관을 튼튼하게 해주어 고혈압이나 뇌내출혈(뇌일혈) 등 여러 가지 출혈의 예방제로 쓰인다. 꽃말은 희망, 깊은 정, 달성이다.

비슷한 나무들

♣ 산개나리 : 바위틈이나 숲속에서 자라며, 높이는 1m이다. 관악산, 북한산 등지에서 자란다.

약재로 쓰이는

005 개느삼 |콩과|

Echinosophora koreensis (Nakai) Nakai

우리나라에만 자라는 특산종이다. 강원도 양구 개느삼 자생지는 천연기념물 제372호로 지정되었다. 2010년 지리산 칠선 계곡 근처에서 군락지가 발견되기도 하였다.

형태 갈잎 넓은잎 떨기나무(낙엽활엽관목) **꽃** 5월 **열매** 7월

    느삼과 비슷하다고 해서 개느삼이라고 하며 개능함, 개미풀, 개너삼, 느삼나무라고도 한다. 그런데 아쉽게도 느삼이라는 식물명은 없고, 고삼이라고 해서 개느삼과 거의 흡사한 약재용 식물이 존재한다. 이 뿌리를 흔히 '쓴너삼뿌리'라고 하는데, 이와 비슷하다고 해서 개느삼이라고 한 것으로 생각된다.

개느삼 잎

개느삼 나무껍질

개느삼 나무 모양

땅속줄기로 번식한다. 줄기는 곧게 자라며 가지는 털이 있고 어두운 갈색이며, 겨울눈은 털로 덮여 있어 잘 보이지 않는다. 잎은 어긋나고 13~27개의 잔잎으로 된 홀수 깃꼴 겹잎으로 길쭉하고 잎끝이 둥글며, 잎맥 끝이 약간 오목하게 파여 있다. 잔잎의 뒷면에 흰색 털이 빽빽하게 나 있으며, 작은 잎자루와 겹잎의 잎자루에 털이 많다. 꽃은 5~6개가 모여 새로 난 가지 끝에 총상꽃차례를 이루고 노란색으로 5월에 핀다. 2개의 봉선을 따라 터지는 열매는 겉에 돌기가 많고 7월에 익는다.

우리나라에만 자라는 특산종이다. 1918년 함경남도 북청 근처에서 처음 발견되어 평안북도, 함경북도에서만 자라는 것으로만 알려져 있었으나 양구 근처에서도 발견되었다. 강원도 양구 개느삼 자생지는 천연기념물 제372호로 지정되었다. 멸종위기 야생동식물 2급으로 지정하여 보호하고 있는데, 2010년 지리산 칠선 계곡 근처에서 군락지가 발견되기도 했다.

해발 100~300m에 자생하며 햇빛을 좋아하고 모래가 섞인 비옥한 땅에서 잘 자란다. 건조한 땅에서도 잘 자라며 추위를 잘 견디고 싹도 잘 틔운다. 그렇지만 높이가 1m 정도로 작

개느삼 열매

개느삼 꽃

기 때문에 큰키나무들 아래에서는 자라기가 힘들며, 식물원 등에서 널리 심는 나무이다. 주로 언덕이나 길가에서 자라며 뿌리혹이 있어 척박한 땅에서도 잘 자라고 꽃도 아름다워 관상용으로 심는 나무이다.

비슷한 나무들

♠ 고삼 : 양지바른 풀밭에서 자라며 높이는 80~100cm이다.

머루와 비슷하지만 먹지 못하는

006 개머루 |포도과|

Ampelopsis heterophylla (Thunb.) Siebold & Zucc.

머루와 비슷하지만 먹지 못하고 변변치 못하다는 뜻으로 붙여진 이름이다. 돌머루, 사포도, 산포도라고도 한다.

형태 갈잎 넓은잎 덩굴나무(낙엽활엽덩굴성 목본)　**꽃** 6~7월　**열매** 9월

개머루는 머루와 비슷하지만 먹지 못하고 변변치 못하다는 뜻으로 붙여진 이름이다. 돌머루, 사포도, 산포도라고도 한다.

나무껍질은 갈색이며 마디가 굵고 골속이 흰색이다. 잎은 어긋나고 심장처럼 생긴 달걀 모양이며, 가장자리가 3~5개로 갈라지고 둔한 톱니가 있으며, 뒤쪽의 맥 위에 털이 나 있

개머루 잎

개머루 나무 모양

개머루 꽃

개머루 덜 익은 열매

개머루 익은 열매

다. 꽃은 6~7월에 녹색 또는 초록빛을 띤 노란색으로 핀다. 열매는 둥근 모양으로 9월에 보라색, 남색, 흰색 등으로 익는데, 열매의 색상이 다양한 것이 특징이다.

우리나라와 일본, 중국, 타이완, 쿠릴 열도, 우수리강 유역 등지에서 자란다. 우리나라는 전국의 해발 100~1200m의 산기슭과 계곡에서 자란다. 음지와 양지를 가리지 않고 습기 있는 땅을 좋아하며, 추위에 강하고 바닷가나 도심지에서도 잘 자란다. 생울타리용이나 관상용, 조경용 등으로 심는다.

개머루 나무껍질

비슷한 나무들
- **머루** : 잎의 뒷면에 붉은빛을 띤 갈색 털이 빽빽이 나는 점이 독특하다.
- **왕머루** : 9월에 검은색으로 익는다.
- **섬머루** : 머루와 비슷하나 붉은빛을 띤 갈색 털이 빽빽이 났다가 곧 떨어진다. 울릉도에서 자란다.
- **새머루** : 머루나무 중 잎이 가장 적고 꽃은 원추꽃차례로 핀다.
- **까마귀머루** : 잎이 3갈래로 깊게 갈라지고 잎 뒷면에 회색 또는 갈색 털이 있다.

007 개비자나무

잎이 '비(非)' 자를 닮은

| 개비자나무과 |

Cephalotaxus koreana Nakai

비자나무에 '개' 자가 붙었으니 본래의 비자나무보다 좀 떨어지는 나무라는 뜻이다. 하지만 실제 개비자나무를 보면 나무 모양이 깨끗하고 붉은 열매가 아름답다.

형태 늘푸른 바늘잎 떨기나무 또는 작은큰키나무(상록침엽관목 또는 소교목) **꽃** 3~4월

열매 이듬해 9~10월

비자나무에 '개' 자가 붙었으니 본래의 비자나무보다 좀 떨어지는 나무라는 뜻이다. 하지만 실제 개비자나무를 보면 절대 그렇지가 않다. 나무 모양이 깨끗하고 붉은 열매가 아름다워 정원 등에 관상용으로 많이 심는다. 게다가 열매는 기름도 짜고, 목재는 가구로도 사용된다.

한방에서 열매를 구충, 변비, 기침, 가래 등에 사용하고, 최근에는 잎과 줄기 등에서 추출한 알칼로이드 성분이 항균 및 암세포 증식 억제 효과를 나타낸다는 것이 알려져 림프육종, 식도암, 폐암 등의 치료에도 사용한다고 하니 멋도 있고 쓰임새도 뛰어난 나무이다.

개비자나무 잎

개비자나무 껍질

개비자나무 모양

개비자나무라는 이름은 잎 모양이 비자나무처럼 '아닐 비(非)' 자로 배열되어 붙여졌다. 좀비자나무, 조선조비라고도 하는데, 학명(*Cephalotaxus koreana*)에도 붙어 있듯 우리나라가 원산지이다. 학명에서 *Cephalotaxus*는 그리스어로 '머리'를 뜻하는 cephalos와 '비자나무'를 뜻하는 taxus가 합쳐진 단어로, 꽃자루가 없는 수꽃들이 모여 머리 모양을 한 꽃이라 하여 붙여진 것이다.

우리나라 중부 이남 해발 100~1300m의 계곡과 산기슭에서 자라며, 높이는 2~5m이고 지름은 5cm이다. 많은 줄기를 내어 우산 모양의 둥근 나무 모양을 이룬다. 그늘에서도 잘 자라고 습기가 많은 곳을 좋아하며 추위에 강하나 생육은 느린 편이다.

나무껍질은 짙은 갈색으로 세로로 갈라지며 벗겨지는 것이 특징이다. 잎은 피침 모양으로

개비자나무 암꽃(1년생)

개비자나무 수꽃

개비자나무 열매

개비자나무 씨앗

끝이 뾰족한 것이 비자나무 잎과 닮았으나 부드러워 쉽게 휘어지며 따갑지 않은 것이 다른 점이다. 암수딴그루로 꽃은 3~4월에 피는데, 수꽃은 잎겨드랑이 아래쪽에 20~30송이가 주렁주렁 모여 달리고, 암꽃은 가지 끝에 2송이씩 달린다. 열매는 타원형으로 이듬해 9~10월에 붉게 익는다. 꽃말은 소중함, 사랑스러운 미소 등이다.

비슷한 나무들

- **비자나무** : 개비자나무와 잎이 비슷하나 훨씬 강하고 딱딱하다. 높이는 25m, 지름은 약 2m까지 자란다.

잎갈나무와 비슷한

008 개잎갈나무 | 소나무과 |

Cedrus deodara (Roxb. ex D.Don) G.Don

옛 이스라엘 왕국의 솔로몬 왕은 성전을 세우는 데 개잎갈나무를 많이 사용했다고 전해진다.
《성경》에 등장하는 백향목이 바로 개잎갈나무로 힘과 영광, 평강을 상징한다.

형태 늘푸른 바늘잎 큰키나무(상록침엽교목)　꽃 10월　열매 이듬해 9~10월

　흔히 히말라야 시더로 불리는 개잎갈나무는 나무 모양이 아름다워 조경수로 많이 심는다. 공원은 물론 가로수로도 꽤 심어져 있는데, 흔히 세계 3대 공원수로 알려져 있다. 잎갈나무와 비슷하다고 해서 개잎갈나무라는 이름을 붙였다. 그러나 잎갈나무는 갈잎나무인 데 반해, 개잎갈나무는 늘푸른나무라는 점이 가장 큰 차이점이다. '개'는 바로 잎을 갈지 않는다는 의미를 가진다. 개이깔나무, 히말라야삼나무, 히말라야전나무라고도 하며, 한자로는 설송이라고도 한다.

　높이는 30~50m이고 지름은 3m이며, 나무껍질은 회색빛을 띤 갈색으로 갈라져 벗겨진

개잎갈나무 새싹

개잎갈나무 잎

개잎갈나무 모양

다. 어린 가지는 털이 있고 밑으로 넓게 퍼지면서 땅으로 축축 늘어지는 특징이 있다. 따라서 가로수로 심을 때는 넓은 공간에 심어야 한다. 하지만 뿌리가 얕아 태풍에 쉽게 뽑히는 경향이 있어 요즘에는 가로수로 인기가 없다.

 잎은 짙은 녹색의 피침 모양으로 짧은 가지 끝에 무더기로 모여 나고 끝이 뾰족하다. 언뜻 보면 소나무 잎과도 유사하다. 암수한그루로 꽃은 10월에 피고 수꽃이삭은 원기둥 모양이며 암꽃이삭은 달걀 모양이다. 열매는 길이 7~10cm, 지름 6cm로 타조 알처럼 생긴 타원형이며, 이듬해 9~10월에 밤색으로 익는다.

개잎갈나무 암꽃

개잎갈나무 수꽃

개잎갈나무 열매

개잎갈나무 껍질

히말라야 산맥의 서부와 아프가니스탄 동부 등지에서 자란다. 또 옛 이스라엘 왕국의 솔로몬 왕은 성전을 세우는 데 이 나무를 많이 사용했다고 전해진다. 《성경》에 등장하는 백향목이 바로 개잎갈나무로 힘과 영광, 평강을 상징한다.

개잎갈나무는 향이나 아로마 오일을 만드는 데 이용되는데, 오일의 경우 말이나 소 등의 가축에 해충을 쫓는 데 쓰이기도 한다. 고대 이집트인들은 이 오일을 미라에 발라 썩지 않도록 했다고 하니 꽤나 강한 오일임을 알 수 있다.

🌳 비슷한 나무들
- 잎갈나무 : 북부지방에서 자란다. 꽃은 5~6월에 피고 열매는 9~10월에 익는다.
- 일본잎갈나무 : 우리나라에 많이 심어져 있는 나무로 흔히 낙엽송이라고 부른다.

갯가에서 자라는 봄의 대명사

009 갯버들 | 버드나무과 |

Salix gracilistyla Miq.

학명에서 *Salix*는 고대 켈트어로 '가까이'라는 뜻의 sal과 '물'을 뜻하는 lis의 합성어로 물에 가까이 사는 갯버들의 특징을 나타낸다.

형태 갈잎 넓은잎 떨기나무(낙엽활엽관목)   꽃 3~4월   열매 4~5월

봄이 오면 계곡은 온갖 소리로 부산해진다. 살짝 언 얼음장 밑으로 물이 흐르고 여기저기 생명이 움트는 소리가 들릴 듯하다. 그중 하얀 털이 슬슬 벌어지는 갯버들도 있다. 물이 오른 갯버들로 버들피리를 만들어 불기도 한다.

버들은 가지가 부드럽다는 뜻에서 부들나무가 되었고, 다시 버드나무로 되었다는 설이 있다. 버들 또는 버드나무라고 일컫는 종류는 우리나라에만도 30여 종이나 되는데, '갯'이라

갯버들 나무 모양

갯버들 잎

갯버들 암꽃

갯버들 수꽃

갯버들 열매

는 접두어는 개울가에서 주로 자라기 때문에 붙은 것이다. 흔히 버들강아지라고도 한다.

학명에서 *Salix*는 고대 켈트어로 '가까이'라는 뜻의 sal과 '물'을 뜻하는 lis의 합성어로 물에 가까이 사는 갯버들의 특징을 나타낸다. 종소명 *gracilistyla*는 '가느다란 암술대, 섬세한 암술대'라는 뜻이다.

가지가 부드럽고 연약하여 밑으로 축축 늘어지며 바람에 날리는 것이 특징인데, 생장이 너무 빨라 한 해 동안 자라는 가지가 가늘고 길며 게다가 많은 잎이 매달리다 보니 자연히 무게를 이기지 못하여 아래로 축축 늘어질 수밖에 없다.

뿌리 근처에서 가지가 여러 개 나오고 작은 가지는 노란빛을 띤 녹색으로 털이 있으나 곧 없어진다. 잎은 거꿀 피침 모양이거나 넓은 피침 모양으로 양끝이 뾰족하다. 암수딴그루로 수꽃은 전년 가지의 잎겨드랑이에, 암꽃은 타원형으로 3~4월에 잎보다 먼저 핀다. 열매는 긴 타원형으로 털이 나 있고 4~5월에 익는다.

우리나라와 일본, 중국, 우수리강 유역 등지에서 자란다. 대개 해발 100~1800m의 냇가

갯버들 씨앗

갯버들 나무껍질

나 저습지에서 자란다.

　해안 및 냇가의 방수림으로 심으며, 1~2년생의 가지와 꽃은 세공품이나 꽃꽂이 소재로 쓴다. 꽃말은 친절, 자유, 포근한 사랑 등이다.

🌳 비슷한 나무들

- ♠ **눈갯버들** : 옆으로 비스듬히 자라면서 가지가 많이 갈라져서 옆으로 퍼지고 뭉쳐 난 것처럼 보여 눈개버들 또는 누운갯버들이라고 한다.
- ♠ **키버들** : 가느다란 노란빛을 띤 갈색의 가지가 곧게 뻗으면서 자라는데 껍질을 벗겨서 키를 만들어 사용하는 나무라 하여 붙여진 이름이다.
- ♠ **꽃버들** : 잎은 끝이 뾰족한 모양이고, 중앙 이하가 가장 넓고 표면에 털이 있으나 점차 없어지고 뒷면은 부드러운 털이 빽빽이 나며 은백색이다.
- ♠ **선버들** : 높이 5~7m로 나무껍질은 갈색이고, 작은 가지가 곧게 서 선버들이라고 한다.
- ♠ **진퍼리버들** : 높이는 50cm로 작으며 높은 산의 늪과 못이 많은 습한 땅에서 자란다.

넓은잎나무에 기생하며 살아가는

010 겨우살이 | 겨우살이과 |

Viscum album var. coloratum (Kom.) Ohwi

서양에서는 Kissing under the mistletoe라 하여 크리스마스에 겨우살이 밑에서 소녀에게 키스하는 풍습이 있다. 이 풍습은 행복과 장수를 의미한다고 한다.

형태 늘푸른 기생 떨기나무(상록기생관목) **꽃** 2~3월 **열매** 9~10월

사철 푸른 나무로 겨울에도 죽지 않는다고 해서 겨우살이라고 한다. 신갈나무, 졸참나무, 갈참나무, 느릅나무, 물오리나무, 밤나무, 팽나무 등의 나무에 붙어 자란다. 다른 나무에 붙어서 겨우겨우 살아가는 나무라는 데서 이름이 유래한다는 설도 있다. 흥미로운 것은 겨우살이는 바늘잎나무에는 붙어살지 않는다는 것이다. 이는 바늘잎나무에서 내뿜는 강한 피톤치드의 작용 때문인 것으로 추측된다.

겨우살이 잎

겨우살이 나무껍질

겨우살이 나무 모양

겨우살이 암꽃

겨우살이 수꽃

겨우살이 열매

겨우살이 씨앗

가지는 Y자형으로 갈라지고 마치 새집의 둥지같이 둥글게 자라며 노란빛을 띤 녹색으로 털이 없고 마디 사이가 3~6cm이다. 숙주(임자모)인 나무의 줄기나 가지에 뿌리를 박고 살아간다. 잎은 마주나고 피침 모양이며 밑부분이 좁다. 암수딴그루이며 꽃가루가 없다. 꽃덮개는 종 모양으로 갈라지며 이른 봄에 가지 끝에서 연노란색의 작은 꽃이 2~3월에 핀다. 열매는 둥글고 연노란색으로 9~10월에 익는데 먹을 것이 부족한 겨울철에 새들의 좋은 먹이가 되어 새들의 배설물에 의해 주로 넓은잎나무에 붙어 자란다.

우리나라와 일본, 타이완, 중국, 유럽, 아프리카 등지에서 자란다. 나무에는 해를 주지만 인간에게는 약재로 활용가치가 매우 높다. 한방에서는 뿌리와 줄기를 이용하는데, 신장을 보하고 면역력을 키우며 몸을 따뜻하게 하는 효능이 있다.

한편, 서양에서는 옛날에 악귀를 쫓는 신성한 나무로 취급되었고, 크리스마스에 겨우살이 밑에서 소녀에게 키스하는 풍습도 전해져온다. 이풍습은 행복과 장수를 의미한다고 한다. 또 크리스마스에 방 문간에 겨우살이를 걸어 놓아, 그 아래를 지나가면 행운이 온다는 믿음도 전해진다. 꽃말은 강한 인내심이다.

🌳 비슷한 나무들

- 붉은겨우살이 : 열매가 붉은색으로 익는다. 제주도에서 자란다.
- 꼬리겨우살이 : 참나무와 밤나무 가지에 붙어살며, 약재로 사용된다.
- 동백나무겨우살이 : 동백나무 등에 붙어살며, 봄부터 여름에 걸쳐 꽃이 피고 가을에 붉은빛을 띤 노란색 열매가 익는다. 전라남도와 제주도에서 자란다.
- 참나무겨우살이 : 후박나무, 동백나무 등 늘푸른 넓은잎나무에 붙어살며, 열매는 노란빛을 띤 갈색으로 익는다.

수액이 뼈에 이로운

011 고로쇠나무 | 단풍나무과 |

Acer pictum subsp. *mono* (Maxim.) Ohashi

고로쇠나무 하면 수액으로 유명하다. 수액을 받는 기간은 경칩 전후인 2월 중순부터 3월 말이며 경칩 일주일 전후가 약효가 가장 좋다고 한다.

형태 갈잎 넓은잎 큰키나무(낙엽활엽교목)   꽃 4~5월   열매 9~10월

    고로쇠나무 하면 수액으로 유명한데, 수액에 관한 통일신라 때 고승 도선국사의 일화가 전해진다. 그는 광양의 백운산에서 수도를 하던 중 일어서려는데 무릎이 펴지지 않아 근처에 있던 고로쇠나무를 붙잡고 일어서는데, 마침 나뭇가지가 부러지며 그 속에 든 수액을 마시게 되었다. 그러자 무릎이 바르게 펴지며 일어났다고 전해진다. 뼈에 이로운 나무라고 하여 골리수라고 부르다가 고로쇠나무로 변했다고 한다. 골리수 이외에도 신나무, 단풍나무, 당단풍나무, 참고리실나무, 개고리실나무, 개고로쇠나무 등으로도 불리며, 잎이 5개로 갈라져서 오각풍이라고도 한다. 고로쇠나무는 평안북도 방언에서 유래된 이름이며, 함경남도 방언으로는 당단풍나무라고 한다.

고로쇠나무 새잎

고로쇠나무 잎

고로쇠나무 모양

    고로쇠나무 수액에는 황, 칼륨, 칼슘, 망간, 마그네슘, 염소, 아연, 구리 등 미네랄 성분과 자당이 들어 있어 단맛이 조금 나며 위장, 신경통, 관절염에 특히 좋다고 알려져 있다. 이 수액은 나무가 광합성이나 질소동화 작용을 하면서 잎에서 만들어진 영양분 가운데 잉여 생산물이다. 줄기와 뿌리는 이들 영양분을 이용하여 잎을 만들고 싹을 틔운다.

    수액을 받는 기간은 경칩 전후인 2월 중순부터 3월 말이며 경칩 일주일 전후가 약효가 가장 좋다고 한다. 참고로 우리나라 3대 수액 채취 나무는 고로쇠나무 이외에 층층나무, 거제수나무이다.

    우리나라와 중국, 일본, 만주, 아무르 등지에서 자라는데, 우리나라에서는 전국 해발 100~1800m의 계곡과 산기슭에서 자란다. 음지와 양지 모두에서 잘 자라며 추위에 강하나 공해에는 약하다.

    나무껍질은 회색으로 갈라진다. 잎은 마주나고 둥글며 손바닥처럼 5갈래로 뾰족하게 갈라지고, 가장자리는 밋밋하며 뒷면 맥 사이에 털이 모여 있다. 꽃은 새 가지 끝에서 원추꽃차례를 이루며 노란빛을 띤 녹색으로 4~5월에 잎과 함께 핀다. 열매는 날개 모양으로 2개가 마주 붙어 있으며 9~10월에 익는다.

    나무의 질이 강해 목재로 많이 이용하며 주로 가마, 배의 키 같은 기구나 소반 등을 만든

고로쇠나무 꽃

고로쇠나무 열매

고로쇠나무 단풍

고로쇠나무 껍질

다. 특히 목재에 붉은빛이 돌아 체육관이나 볼링장 같은 곳의 바닥이나 각종 건축재 및 가구재는 물론 바이올린, 비올라나 피아노의 액션 부분, 스키, 테니스 라켓, 볼링 핀 등을 만든다.

🌳 비슷한 나무들

- ♠ 왕고로쇠나무 : 잎이 얕게 7개로 갈라지며 열매가 거의 수평으로 벌어진다.
- ♠ 만주고로쇠 : 고로쇠나무에 비해 열매 날개의 길이가 1.3cm 정도로 거의 같다.
- ♠ 긴고로쇠 : 잎이 깊게 갈라지고 잎자루가 매우 길다.
- ♠ 털고로쇠 : 잎이 얕게 5개로 갈라지고 뒷면에 짧은 갈색 털이 난다.
- ♠ 산고로쇠나무 : 열매가 수평으로 벌어진다.
- ♠ 집께고로쇠 : 열매가 직각보다 덜 벌어진다.
- ♠ 붉은고로쇠 : 잎자루가 붉고 나무껍질이 흰색이다. 남부지방 섬지역에서 자란다.
- ♠ 우산고로쇠 : 잎 가장자리가 손바닥 모양으로 6~9갈래로 갈라지고, 갈래조각 끝이 길게 뾰족하며 울릉도에서 자란다.

감나무의 할아버지

012 고욤나무 |감나무과|

Diospyros lotus L.

고욤은 떫은맛이 많이 나서 바로 먹지는 못하고, 서리가 내린 뒤 따내어 항아리에 가득 담아 놓았다가 눈이 내리는 겨울쯤에 꺼내면 발효가 잘 되어 제법 맛이 있다.

형태 갈잎 넓은잎 큰키나무(낙엽활엽교목)   **꽃** 5~6월   **열매** 10월

 옛말에 '고욤 일흔이 감 하나만 못하다'라는 말이 있다. 이는 자질구레한 것이 많아도 큰 것 하나를 못 당한다는 뜻으로, 고욤은 별로 쓸모없는 과일이라는 의미를 담고 있다. 실제로 고욤은 떫은맛이 많이 나서 바로 먹지는 못하고, 서리가 내린 뒤에 따서 항아리에 담아 놓았다가 눈이 내리는 겨울에 꺼내면 발효가 잘 되어 제법 맛이 있다. 먹을거리가 없던 시절에는 최고의 간식이자 건강식품이었다. 그러나 고욤나무가 유명한 것은 역시 감나무 접붙이는 용도로 사용된다는 것이다. 감나무의 할아버지쯤으로 보면 알맞다. 우리나라에서는 고려 고종 16년(1138)에 키웠다는 기록이 가장 앞선다.

고욤나무 잎(앞면)

고욤나무 잎(뒷면)

고욤나무 모양(가을)

고욤나무 암꽃

고욤나무 수꽃

나무껍질은 짙은 회색이며 잎은 어긋나고 타원형이다. 암수딴그루로 꽃은 새 가지의 잎겨드랑이에 생긴다. 수꽃은 2~3개가 모여 달리고 암꽃은 하나씩 달리며, 화관은 종 모양으로 연한 노란색으로 5~6월에 핀다. 열매는 둥근 모양으로 10월에 노란색에서 검은색으로 익는데 열매에는 흰 가루가 많이 묻어 있다.

고욤나무 껍질

고욤나무 덜 익은 열매

고욤나무 익은 열매

　우리나라와 중국, 일본 등지에서 자란다. 감나무보다 추위에 강해 우리나라에서는 황해도 이남 해발 50~500m에 심어 놓은 것이 야생 상태로 자란다.
　햇빛이 잘 들며 물이 잘 빠지는 비옥한 모래흙에서 잘 자란다. 식용·약용하며, 목재는 기구재나 가구재로 사용된다.
　가을에 열매를 따서 햇볕에 말린 것을 군천자라 하는데, 몸을 차게 하는 성질이 있어 한방에서 갈증과 열을 없애는 데 쓴다. 또 설사를 멈추는 데 좋으며 피부를 윤택하게 하는 데도 효과가 있다.
　고욤 꼭지는 감꼭지와 마찬가지로 딸꾹질을 멈추게 하며, 잎에는 비타민 C와 함께 지혈, 혈압 강하 작용을 하는 루틴 등의 성분이 들어 있어 고혈압을 예방하고 치료하는 효과가 있다. 꽃말은 경의이다.

비슷한 나무들
- **사철고욤나무** : 늘푸른나무로 열매는 둥글고 지름 2cm 정도이며 노란색에서 검은색으로 익는다.

013 고추나무 | 고추나무과 |

잎이 고춧잎을 닮은

Staphylea bumalda DC.

개절초나무, 매대나무, 고치때나무, 까자귀나무, 미영꽃나무, 쇠열나무, 철쭉잎, 반들잎고추나무, 민고추나무, 넓은잎고추나무, 둥근잎고추나무 등으로도 불린다.

형태 갈잎 넓은잎 떨기나무 또는 작은큰키나무(낙엽활엽관목 또는 소교목) **꽃** 4~5월
열매 9~10월

고추나무라는 이름은 잎 모양이 고춧잎과 비슷해 붙여졌다. 고춧잎처럼 어린순과 잎은 데쳐서 나물로 해 먹거나 튀겨 먹기도 한다. 개절초나무, 매대나무, 고치때나무, 까자귀나무, 쇠열나무, 철쭉잎, 반들잎고추나무, 민고추나무, 넓은잎고추나무, 둥근잎고추나무 등으로도 불린다.

고추나무 새잎

고추나무 잎

고추나무 모양

고추나무 잎차례

고추나무 꽃

고추나무 덜 익은 열매

고추나무 익은 열매

나무껍질은 검은 갈색이다. 잎은 마주보며 달리고 3개의 잔잎으로 타원형 및 달걀 모양의 타원형이고, 가장자리에 바늘 모양의 잔톱니가 있으며, 뒷면 맥 위에 털이 있다. 꽃은 새로 난 가지 끝에 둥글게 달리며 꽃잎과 꽃받침은 5개이고 4~5월에 흰색으로 핀다. 열매는 고무 베개처럼 부푼 반원형으로 윗부분이 2개로 갈라지고 9~10월에 익는다. 씨앗은 거꿀 달걀 모양으로 1~2개가 들어 있다.

우리나라와 일본, 중국 등지에서 자란다. 우리나라에서는 전국의 해발 100~500m의 계곡 및 산기슭에서 자란다. 습기가 있는 땅에서 잘 자라고 양지나 음지 모두에서 잘 자라며 추위에도 강하다.

꽃과 열매가 아름답고 향기가 좋아 관상용으로 심는다. 목재는 매우 단단하여 나무못이나 젓가락을 만드는 데 사용하며 신탄재로도 쓴다. 한방에서는 열매와 뿌리를 약재로 쓴다. 꽃말은 한, 의혹, 미신 등이다.

고추나무 껍질

싸리를 흉내 내는

014 광대싸리 |대극과|

Securinega suffruticosa (Pall.) Rehder

싸리라는 이름은 붙었으나 싸리 나무와는 다른 과에 속한다. 광대가 남의 흉내를 잘 내듯이 나무도 싸리 흉내를 낸다고 해서 광대라는 이름이 붙었다.

형태 갈잎 넓은잎 떨기나무 또는 작은큰키나무(낙엽활엽관목 또는 소교목)　**꽃** 6~7월

열매 9~10월

싸리라는 이름은 붙었으나 싸리 나무와는 다른 과에 속한다. 광대가 남의 흉내를 잘 내듯이 나무도 싸리 흉내를 낸다고 해서 광대라는 이름이 붙었다는 것이다. 구럭싸리, 고리비아리, 공정싸리, 굴싸리, 싸리버들옻이라고도 불린다.

줄기에 잔줄이 나 있으며 밑으로 처지는데 나무껍질은 노란빛을 띤 갈색이다. 잎은 어긋나고 거꿀 달걀 모양의 타원형이며 뒷면에 흰빛이 돈다. 암수딴그루로 수꽃은 노란색이며 잎

광대싸리 잎

광대싸리 잎차례

광대싸리 나무 모양

겨드랑이에 달리고, 암꽃도 같은 곳에 2~5개씩 달리며 6~7월에 노란빛을 띤 녹색으로 핀다. 열매는 9~10월에 붉은빛을 띤 갈색으로 익는데 씨앗은 6개가 들어 있다.

우리나라와 중국, 몽골 등지에서 자란다. 우리나라에서는 전국의 산기슭이나 산 중턱의 숲 속, 양지바르고 메마른 강가에서 자란다. 주로 계곡의 주변에서 잘 자라나 건조한 곳에서도 잘 자라며 추위에 강하지만 공해에는 약한 편이다.

봄철에 나오는 어린잎은 광대순이라 해서 먹으며, 꽃에는 꿀이 많아 밀원식물로 이용하기도 한다. 목재는 땔감으로 쓰는데 열량이 높다. 한방에서 잔가지·잎·줄기를 일엽추, 뿌리를

광대싸리 암꽃

광대싸리 수꽃

광대싸리 열매

광대싸리 나무껍질

일엽추근이라 하는데, 혈액순환, 비위, 신장, 진통, 통증, 중풍, 급성 중이염에 사용된다. 그러나 과용하면 숨이 가빠지고 경련을 일으킬 수 있으므로 적당량을 먹어야 한다.

비슷한 나무들

♠ 싸리 : 광대싸리는 홑잎인 반면, 다른 싸리류는 잎이 3개씩이다.

진시황이 불로장생약으로 찾았다는

015 구기자나무 | 가지과 |

Lycium chinense Mill.

구기자나무는 가시가 헛개나무와 비슷하고 줄기는 버드나무와 비슷하여 생긴 이름이다. 가을에 붉게 달리는 열매를 구기자라고 하여 약재로 이용한다.

형태 갈잎 넓은잎 떨기나무(낙엽활엽관목)　꽃 6~9월　열매 8~10월

옛날 중국 노나라의 한 관리가 민정을 살피러 나갔다가 이상한 광경을 보았다. 웬 소녀가 회초리를 들고 할아버지를 쫓아가는 것이었다. 관리가 소녀를 불러 호통을 치니, 소녀는 이렇게 말했다.

"내 나이는 300살이고, 저 아이는 내 증손자입니다."

관리가 믿을 수 없다고 말하자 그 비법을 전해주었다.

"구기자를 먹어서 그렇습니다. 1월에 뿌리를 캐어 2월에 달여 먹고, 3월에 줄기를 잘라 4월에 달여 먹습니다. 5월에는 잎을 따 6월에 끓여 마시고, 7월에 꽃을 따 8월에 달여 먹지요. 9월에는 과실을 따 10월에 먹습니다. 이렇게 구기자를 1년 내내 먹으면 됩니다."

관리는 소녀의 말대로 해보니 과연 효험이 있었다고 한다.

구기자나무는 가지가 헛개나무

구기자나무 잎

구기자나무 모양

와 비슷하고 줄기는 버드나무와 비슷하여 생긴 이름이다. 버릴 것이 하나도 없는 유용한 나무로, 특히 가을에 붉게 달리는 열매를 구기자라고 하여 약재와 술로 이용한다.

높이는 약 4m까지 자라며 줄기는 비스듬히 자라는데 가시가 있기도 하고 없기도 하다. 껍질은 회색빛을 띤 흰색이 돈다. 잎은 어긋나며 길이가 3~8cm로 달걀 모양이다. 꽃은 6~9월에 자줏빛으로 줄기에서 1~4개씩 핀다. 꽃은 지름이 1cm가량이며, 종 모양으로 5갈래로 갈라지며 끝이 뾰족하다.

열매는 8~10월경에 긴 타원형에 붉은색으로 달린다. 열매는 산수유 열매와 비슷하게 생겼다. 그러나 산수유 열매는 신맛이 강한 반면, 구기자는 단맛이 강하다. 또 산수유는 속에 씨가 하나 들어 있으나 구기자는 작은 씨가 여러 개 들어 있는 점도 다르다.

열매를 식용 또는 약용하며 연한 순은 나물로 먹거나 나물밥으로 해 먹는다. 가볍게 데쳐 찬물에 한 번 헹궈 사용하면 되는데, 나물밥의 경우 연한 순을 잘게 썰어 쌀과 섞어서 밥을 지으면 된다. 또 뿌리껍질은 지골피라 하여 강장 및 해열제로 쓰이고, 폐결핵, 당뇨병에도 약

구기자나무 꽃

구기자나무 열매

구기자나무 껍질

으로 이용된다. 민간에서는 요통에도 이용하고 있다.

    우리나라와 일본, 타이완, 중국 북동부 등지에서 자란다. 충청남도 청양과 전라남도 진도는 구기자나무를 대단위로 재배하는 지역으로 산지에 가보면 대개 해발 100~700m의 마을 주변에 심어 재배하고 있다.

비슷한 나무들
- 산수유 : 층층나무과의 갈잎나무로 열매가 구기자나무와 매우 비슷하다. 꽃은 3~4월에 노란색으로 핀다.

솔방울 색깔도 가지가지

016 구상나무 | 소나무과 |

Abies koreana E.H.Wilson

제주도에서는 이 나무를 쿠살낭 또는 쿠상낭이라고 하는데, 여기에서 '낭'은 제주도 방언으로 나무라는 말이고, 쿠살이나 쿠상은 온몸에 가시가 많은 보라성게를 뜻한다.

형태 늘푸른 바늘잎 큰키나무(상록침엽교목)　**꽃** 4~5월　**열매** 9~10월

　세계에서 가장 멋진 크리스마스트리에 쓰이는 나무는 무엇일까? 바로 구상나무이다. 크리스마스트리 하면 전나무나 가문비나무로 만든 것을 알아줬는데, 우리나라 특산종인 구상나무에 반한 미국인들이 품종을 개량해 크리스마스트리로 만들었다.

　구상나무는 열매 비늘조각에 붙은 포 끝의 비늘이 밖으로 나와 젖혀진 모습이 갈고리같이

구상나무 모양(한라산)

구상나무 잎

구상나무 암꽃

구상나무 수꽃

구상나무 열매

생겼다 하여 붙여진 이름이다. 그런데 사실 이 이름의 유래는 제주도 방언에서 비롯되었다. 제주도에서는 이 나무를 쿠살낭 또는 쿠상낭이라고 하는데, 여기에서 '낭'은 제주도 방언으로 나무라는 말이고, 쿠살이나 쿠상은 온몸에 가시가 많은 보라성게를 뜻한다. 열매의 모습이 꼭 보라성게처럼 보여서 그렇게 부르는 것이다.

구상나무는 우리나라 특산종으로서 세상에 처음 알려진 것은 1907년 제주도에서 선교 활동을 하던 미국인 포리 신부에 의해서이다. 이후 미국의 식물학자 윌슨이 1915년에 한라산을 답사하고 이 나무에 학명도 붙이고 이름도 한국전나무로 지었다. 한자 이름은 제주백회인데, 구상나무가 제주도 한라산에서 잘 자라는 것을 강조한 것으로 볼 수 있다.

잎은 전나무와 비슷하나 끝이 둘로 갈라져 있으며 바퀴 모양으로 돌려난다. 잎의 뒷면은

구상나무 겨울눈

구상나무 껍질

흰빛을 띤다. 암수한그루로 꽃은 4~5월에 핀다. 수꽃은 한 가지에 5~10개씩 달리며 암꽃은 1~2개씩 달린다. 꽃 색깔은 짙은 자줏빛이며 자라서 타원형의 솔방울이 된다. 그런데 이 솔방울이 아주 흥미롭다. 어떤 것은 푸르고, 어떤 것은 검고, 어떤 것은 붉다. 이 차이로 푸른구상나무, 검은구상나무, 붉은구상나무를 구분하기도 한다.

열매는 9~10월경에 원통형으로 익으며, 길이는 4~6cm, 지름은 2~3cm이다. 씨앗은 달걀 모양으로 길이 6mm 정도이다. 이 열매는 떨어질 때 산산조각이 나서 바람에 날려간다. 바로 종족을 보존하기 위한 구상나무의 생존 전략이다.

건축재와 기구재, 토목재, 펄프재로 사용된다. 물론 어린나무는 최고급 크리스마스트리로 쓰이고, 환경에 빠르게 적응하고 나무 모양이 아름다워 정원수로도 많이 심어진다. 특히 편백나무 못지않게 피톤치드를 뿜어내는 나무로 알려져 삼림욕을 위한 숲 조성에도 많이 이용된다. 꽃말은 기개이다.

🌳 비슷한 나무들
- **푸른구상나무** : 솔방울의 빛깔이 푸르다.
- **검은구상나무** : 솔방울의 빛깔이 검다. 한라산과 지리산에서 자란다.
- **붉은구상나무** : 솔방울의 빛깔이 붉다. 한라산에서만 자란다.

국수같이 줄기껍질이 벗겨지는

017 국수나무 | 장미과 |

Stephanandra incisa (Thunb.) Zabel

가지를 잘라 벗기면 껍질이 국수같이 얇게 벗겨진다고 해서 국수나무라고 한다. 옛날 어린이들이 소꿉놀이할 때 이용되기도 했던 나무이다.

형태 갈잎 넓은잎 떨기나무(낙엽활엽관목)   꽃 5~6월   열매 9월

가지를 잘라 벗기면 껍질이 국수같이 얇게 벗겨진다고 해서 국수나무라고 한다. 옛날 어린이들이 소꿉놀이할 때 이용되기도 했던 나무로 고광나무, 뱁새더울, 거렁방이나무라고도 한다.

많은 줄기가 밑에서 형성하며 어린 가지는 붉은색을 띠고 밑으로 처지며 잎은 어긋나고 달걀 모양이며 가장자리에 톱니가 있고 뒷면 맥 위에 털이 나 있다. 꽃은 5~6월에 새 가지 끝에서 원추꽃차례를 이루며 흰색으로 피고 열매는 9월에 둥근 모양으로 익는데 잔털이 있으며 씨앗은 윤기가 난다.

국수나무 잎

국수나무 꽃

국수나무 모양

국수나무 열매

국수나무 껍질

우리나라와 일본, 중국 등지에서 자란다. 우리나라 전 지역의 산야에서 자라는데, 숲속의 그늘이나 건조한 곳에서도 잘 자라고 줄기 주변에서 새 줄기가 무더기로 자라며 등산로 주변의 훼손된 지역에서도 무성하게 잘 자란다.

흰색의 꽃이 아름다워 자연공원의 조경용, 관상용 등으로 심는다. 국수나무가 갈잎 떨기나무이므로 조경용으로 심을 때에는 갈잎 큰키나무의 아래에 심는다. 햇빛을 잘 받아야 무성하게 자라는 나무로 가을에는 붉은 단풍이 들며 땅으로 떨어지는 잎은 좋은 흙을 만들어서 땅을 기름지게 한다. 공해에 약해서 환경오염의 지표식물로 삼는 나무이다. 양봉 농가에서는 꽃에 꿀이 많아 심고, 농촌에서는 가는 줄기로 삼태기 등을 만드는 데 사용한다.

🌳 비슷한 나무들

- ♠ **나비국수나무** : 잎이 거의 둥글고 5갈래로 길게 갈라진 것이 마치 나비처럼 생겼다 하여 붙여진 이름이다.
- ♠ **일본국수나무** : 일본이 원산지이다. 잎은 3갈래로 크게 갈라지는데 잎끝은 꼬리처럼 길고 뾰족하며, 가장자리에는 불규칙한 톱니가 있다.
- ♠ **나도국수나무** : 산기슭 양지쪽에서 자라며 높이는 1~2m이다. 가지 끝에 총상꽃차례로 꽃이 핀다.
- ♠ **양국수나무** : 어린 가지 끝에 산방상 총상꽃차례로 흰색 꽃이 핀다. 북아메리카 원산이다.
- ♠ **민나도국수나무** : 나도국수나무와 비슷하나 표면에 털이 전혀 없다.
- ♠ **산국수나무** : 높은 산기슭에서 자라며 높이는 2m이다. 잎은 어긋나며 손바닥 모양이다.
- ♠ **섬국수나무** : 산국수나무와 비슷하지만 잎 뒷면에 털이 없고 잎자루의 길이가 1cm 이하인 것이 다르다. 울릉도 특산종이다.

018 굴참나무 | 참나무과 |

굴피집의 지붕을 잇던

Quercus variabilis Blume

강감찬 장군이 지나가다 지팡이를 꽂은 것이 자랐다는 서울 신림동의 굴참나무는 나이가 1000년, 높이 17m, 지름 2.9m로 천연기념물 제271호로 지정되어 있다.

형태 갈잎 넓은잎 큰키나무(낙엽활엽교목) **꽃** 5월 **열매** 이듬해 9~10월

태백산맥과 소백산맥 산간지방에는 화전민들이 사는 굴피집이 있다. 이는 굴참나무 껍질과 상수리나무 껍질 등 참나무류 껍질로 지붕을 이은 집이다. 특히 굴참나무는 껍질이 매우 두꺼워 지붕을 잇기에 알맞아 많이 사용했다. 삼척시 신기면 대이리에는 예전의 굴피집이 원형대로 보존되어 있는데, 중요민속자료 제223호로 지정된 문화재이다.

굴참나무는 세로로 골이 파여 있어 골이 파인 참나무라는 뜻으로 골참나무라고 하던 것이 지금의 굴참나무로 변하였다. 껍질이 코르크 마개로도 많이 사용되어 붙여진 이름이다.

나무껍질은 두꺼운 코르크층으로 되어 있고 작은 가지는 회색빛을 띤 갈색이며 털이 없다.

굴참나무 잎(앞면)

굴참나무 잎(뒷면)

굴참나무 모양

굴참나무 암꽃

굴참나무 수꽃

잎은 어긋나며 달걀 모양으로 길고 잎끝이 뾰족하며, 뒷면은 회색빛을 띤 흰색 별 모양의 털이 많이 있다. 암수한그루로 수꽃은 새 가지에서 잎과 함께 나오며 밑으로 처지고, 암꽃은 새 가지 잎겨드랑이에서 나오며 5월에 핀다. 도토리 집은 도토리를 2/3쯤 감싸고 비늘조각

굴참나무 열매

굴참나무 껍질

잎은 뒤로 젖혀지며, 공 모양의 열매는 이듬해 9~10월에 익는다. 참나무류의 열매는 결실 기간이 거의 1년인데 굴참나무는 상수리나무와 함께 2년이다.

중국, 타이완, 일본, 티베트 등지에서 자라며, 우리나라는 중부 이남 남향의 산 중턱과 산기슭에서 자란다. 햇빛이 잘 드는 건조한 땅에서 잘 자라지만 그늘에서는 잘 자라지 못한다. 새로 싹이 잘 트며 자라는 속도도 빠른 편이다.

참나무류 중에서 가장 오래 사는 나무로 천연기념물로 지정된 것이 세 그루가 있다. 강감찬 장군이 지나가다 지팡이를 꽂은 것이 자랐다는 서울 신림동의 굴참나무는 나이가 1000년, 높이 17m, 지름 2.9m로 천연기념물 제271호로 지정되어 있다. 안동의 임동면 대곡리 굴참나무는 나이가 500년, 높이 18m, 지름 5.1m로 천연기념물 제288호, 울진군 근남면 수산리의 굴참나무는 경상북도 보호수로 지정되어 있다. 이 밖에도 강릉시 옥계면에는 지름 2m 이상인 굴참나무 12그루가 다른 거목들과 함께 당숲(수호신을 모시고 마을을 지키기 위해 제사를 지내는 곳)을 이루는데, 산계리 굴참나무 군으로 천연기념물 제461호로 지정되었다.

비슷한 나무들

- 정릉참나무 : 굴참나무와 상수리나무의 잡종이다.

잎, 씨앗, 열매껍질이 두루 약재로 쓰이는

019 귤 | 운향과 |

Citrus unshiu S.Marcov.

새콤달콤한 귤은 겨울철 최고의 과일로 손꼽힌다. 귤화차는 귤꽃을 말렸다가 물에 넣어 끓인 차로 향기가 은은해 추운 겨울날 담소하며 마시기에 더없이 좋은 차이다.

형태 늘푸른 넓은잎 작은큰키나무(상록활엽소교목) 꽃 6월 열매 10월

새콤달콤한 귤은 과일이 드문 겨울철 최고의 과일로 손꼽힌다. 옛날에는 많이 재배되지 않아 귀한 과일로 쳤지만 요즘에는 어느 때나 맛볼 수 있는 흔한 과일이 되었다. 귤은 주스나 통조림과 같이 다양한 방법으로 맛볼 수가 있고, 껍질을 이용한 차나 과자 또한 건강 식품으로 각광을 받고 있으며, 약재로도 많이 이용된다. 귤은 밀감, 귤나무, 참귤나무라고도 한다.

줄기는 곧게 자라며 가지가 많다. 가지에는 가시가 없으며 나무껍질은 갈색이고 잘게 갈라진다. 잎은 잎몸이 좁고 길이가 폭보다 길면서 끝이 뾰족하며, 가장자리는 밋밋하거나 물결 모양의 잔톱니가 있고, 잎자루의 날개는 좁거나 없다. 꽃은 꽃잎과 꽃받침이 각각 5개로

귤 잎

귤 나무껍질

귤 나무 모양

향기가 강하며 흰색으로 6월에 핀다. 열매는 둥근 모양으로 10월에 노란색으로 익는다.

　일본 원산으로 우리나라에서는 제주 지방에서 많이 재배되는데, 570년경부터 재배되었다고 전해진다. 햇빛이 잘 들고 비옥한 모래흙에서 잘 자라며 내조성이 강하여 바닷가나 섬 지방에서는 잘 자라지만 바람이 부는 곳에서는 생육이 잘 안 되는 특징이 있다.

　속껍질에 많이 들어 있는 헤스페리딘은 혈관 내 저항력을 높여 주어 동맥경화, 고혈압 등을 예방하는 효과가 있다. 펙틴도 풍부하여 식이섬유로 작용할 뿐만 아니라 잼, 마멀레이드로 조리·가공한다. 귤의 속살에 붙어 있는 흰 껍질에는 식이섬유가 많고, 암을 예방하는 효과도 있으므로 되도록 먹는 것이 좋다. 귤 중에는 간혹 껍질이 들떠 있는 것을 볼 수 있는데 이는 수분이 적고 새콤달콤한 맛이 부족한 경우이다.

　이 밖에도 귤을 이용한 음식이 많다. 귤병은 귤을 설탕이나 꿀에 조려서 만든 과자이며, 귤강차는 귤병과 편강을 넣어 끓인 차이다. 귤화차는 귤꽃을 말렸다가 물에 넣어 끓인 차로 향기가 은은해 추운 겨울날 도란도란 이야기하며 마시기에 더없이 좋은 차이다.

귤 꽃

귤 어린 열매

귤 덜 익은 열매

귤 익은 열매

 귤은 또한 약재로도 많이 사용된다. 귤핵은 한방에서 귤의 씨앗을 약재로 이르는 말로 허리 아픈 데 등에 쓰인다. 귤홍은 귤껍질의 안쪽에 있는 흰 부분을 벗겨낸 껍질을 이르는 말로 역시 약재로 쓴다. 귤 잎도 약재로 쓴다. 귤은 식용 외에도 꽃과 열매가 아름다워 가정에서 관상용의 실내식물로 심기도 한다.

비슷한 나무들
- **당귤나무** : 잎이 길쭉하게 둥근 모양이고 열매가 둥근 모양 또는 달걀 모양이며 중심부가 꽉 차 있다.
- **광귤나무** : 중국 원산으로 열매가 노란빛을 띤 갈색이다.
- **유자나무** : 중국 원산으로 열매는 노란색이며 우리나라 남부지방에서 재배한다.
- **홍귤나무** : 제주도 섶섬에서 자라며 열매 길이는 2~3cm이다.

나무 모양이 원뿔 모양인

020 금송 | 낙우송과 |

Sciadopitys verticillata (Thunb.) Siebold & Zucc.

북한 개성의 송악산 기슭에 있는 개성금송은 1910년경에 30년 정도 자란 것을 옮겨 심은 것으로 북한에서 두 번째로 큰 나무로 알려져 있다.

형태 늘푸른 바늘잎 큰키나무(상록침엽교목) **꽃** 4월 **열매** 이듬해 10~11월

금송은 일본 원산으로 나무 모양이 원뿔 모양을 이루어 정원에 심는 나무로 잘 어울린다. 세계에 유사종이 없는 단일종으로 살아 있는 화석으로 불린다. 금송이라는 이름은 금강송과 비슷하다는 느낌을 주지만 얇고 붉은빛을 띠는 짙은 갈색의 나무껍질에서 유래한다. 일본이 잘못 붙인 이름이 우리나라로 그대로 들어와 금송이라고 불린다.

금송은 잎 같은 짧은 가지가 돌려나는 것을 표현한 것으로 한자 이름은 산형송이다.

금송 잎

금송 암꽃

금송 수꽃

금송 열매(1년생)

금송 열매(2년생)

금송 열매(전년도)

금송 나무껍질

가지는 수평으로 퍼지며 어린 가지에 잎이 드문드문 붙어 있다. 잎은 2개가 합쳐져서 두꺼우며 윤이 나고 짙은 녹색으로 양면 중앙에 얕은 홈이 있다. 가지 위에 10~40개씩 돌려난다.

금송은 암수한그루로 꽃은 4월에 핀다. 수꽃은 잔가지 끝에 여러 개가 달리며, 암꽃은 큰 가지 끝에 1개씩 달린다. 열매는 달걀 모양처럼 길쭉하게 둥근 모양으로 이듬해 10~11월에 익는다. 열매 안쪽 중앙에 6~9개의 씨앗이 들어 있다. 씨앗은 길이 1.2cm 정도이며 날개가 있다.

북한 개성의 송악산 기슭에 있는 개성금송은 1910년경에 30년 정도 자란 것을 옮겨 심은 것으로 북한에서 두 번째로 큰 나무로 알려져 있다. 금송은 수명이 길고 높이 자라지만 어린 묘목일 때는 잘 자라지 않는 것이 단점이다. 그러나 10년을 넘기면 쑥쑥 자라는 것이 특징이다.

금송 나무 모양

비슷한 나무들
♠ 나한송 : 늘푸른 바늘잎 작은큰키나무로 높이는 5m 정도 자란다.

중국댕강나무와 댕강나무의 교배종

021 꽃댕강나무 |인동과|

Abelia mosanensis T.H.Chung

아벨리아(Abelia)라고도 불리는 개량종 나무로, 1880년대 이전에 갈잎나무인 중국댕강나무에 늘푸른나무인 댕강나무의 꽃가루를 받아 만들어졌다고 한다.

형태 갈잎 넓은잎 떨기나무(낙엽활엽관목)　**꽃** 6~11월　**열매** 9~11월

아벨리아라고도 불리는 개량종 나무로, 1880년대 이전에 갈잎나무인 중국댕강나무에 늘푸른나무인 댕강나무의 꽃가루를 받아 만들어졌다고 한다.

높이는 1~2m로 작으며 마주나는 잎은 달걀 모양으로 길이는 2.5~4cm이다. 잎끝은 무디거나 뾰족하고 잎 가장자리에는 뭉툭하게 톱니가 난다. 종 모양의 꽃은 여름부터 가을에

꽃댕강나무 잎

꽃댕강나무 모양

꽃댕강나무 꽃

꽃댕강나무 꽃 무리

꽃댕강나무 열매

꽃댕강나무 껍질

걸쳐 작은 가지 끝에 원추꽃차례를 이룬다. 꽃받침은 2~5장으로 붉은 갈색이다. 열매는 4개의 날개가 달려 있고 대부분 익지 않는다.

　인동과의 갈잎 넓은잎 떨기나무로 동아시아에서 많이 자란다. 우리나라에서는 남부지방에 주로 분포하며, 겨울에도 견디지만 중부지방에서는 겨울을 견디어 내기가 쉽지 않은 나무이다. 공원이나 정원수로 많이 심는다.

비슷한 나무들

♠ **댕강나무** : 5월에 엷은 붉은색 꽃이 잎겨드랑이 또는 가지 끝에 두상꽃차례로 달린다. 우리나라 특산종으로 평안남도 맹산에서 자란다.

022 꽝꽝나무 | 감탕나무과 |

불을 때면 '꽝꽝' 소리가 나는

Ilex crenata Thunb.

제주 방언에서 유래된 이름으로, 불을 땔 때 나무에서 '꽝꽝' 하는 소리가 나는 데에서 유래한다고 한다. 또 나무가 단단해 제주도 말로 단단하다는 뜻의 '꽝꽝'에서 유래되었다는 설도 있다.

형태 늘푸른 넓은잎 떨기나무(상록활엽관목) **꽃** 5~6월 **열매** 10월

꽝꽝나무는 제주 방언에서 유래된 이름으로, 불을 땔 때 나무에서 '꽝꽝' 하는 소리가 나는 데에서 유래한다고 한다. 또 나무가 단단해 제주도 말로 단단하다는 뜻의 '꽝꽝'에서 유래되었다는 설도 있다. 지방에 따라서 개화양, 꽝꽝낭, 꽝낭, 좀꽝꽝나무 등으로 부른다.

나무껍질은 회색빛을 띤 갈색이며 작은 가지에 짧은 털이 있다. 잎은 어긋나며 촘촘히 달린다. 잎은 길쭉하게 둥근 모양이고 가장자리에 둔한 톱니가 있으며, 뒷면은 연한 녹색이고

꽝꽝나무 어린나무

꽝꽝나무 잎

꽝꽝나무 모양

갈색 샘점(유점)이 있다. 꽃은 5~6월에 옅은 녹색으로 피는데, 암수딴그루이다. 수꽃은 3~7개씩 모여 총상꽃차례에 달리며 암꽃은 1개, 드물게는 2~3개가 잎겨드랑이에 달린다. 열매는 둥근 모양으로 10월에 검은색으로 익는다.

　우리나라와 중국, 일본 등지에서 자라는데, 우리나라에서는 변산반도, 거제도, 보길도, 제주도 등 주로 바닷가의 산기슭에서 자란다. 제주도에서는 한라산의 해발 1800m까지 자란다. 전라북도 부안의 중계리에는 꽝꽝나무 군락지가 있는데, 북방한계선이라는 점에서 천연기념물 제124호로 지정되어 있다.

　습기가 많고 비옥한 토양을 좋아하고 반그늘에서도 잘 자라는데 회양목처럼 자라는 속도가 느리다. 대기오염에 강하고 해변에서 잘 견디나 건조지에서는 약하며 추운 지역에서 겨울을 나기가 어렵다. 생울타리용, 관상용, 정원용으로 심는 나무로 목재는 기구재용으로 쓰인다. 꽝꽝나무와 회양목은 나무 모양이 서로 비슷하여 구별하기가 쉽지 않다. 그러나 잎을 자세히 보면 차이점을 알 수 있는데, 꽝꽝나무는 어긋나게 달리며 가장자리에 둔한 톱니가 있는 반면, 회양목은 마주보고 달리며 잎끝이 둥글다. 꽃말은 '참고 견디어 낼 줄 아는'이다.

꽝꽝나무 꽃봉오리

꽝꽝나무 꽃

꽝꽝나무 덜 익은 열매

꽝꽝나무 익은 열매

꽝꽝나무 껍질

 비슷한 나무들
♠ **좀꽝꽝나무** : 잎은 길이가 8~14mm이다.

잎이 진 후 붉게 익은 열매가 아름다운

023 낙상홍 | 감탕나무과 |

Ilex serrata Thunb.

잎이 떨어져 서리가 내린 후에도 빨갛게 익은 열매를 달고 있어서 낙상홍이라고 부른다. 잎이 다 떨어지고 난 후에 진가를 보여주는 나무라고 할 수 있겠다.

형태 갈잎 넓은잎 떨기나무(낙엽활엽관목)   6월  10~11월

잎이 떨어지고 서리가 내린 후에도 빨갛게 익은 열매를 달고 있어서 낙상홍이라고 부른다. 잎이 다 떨어지고 난 후에 진가를 보여주는 나무라고 할 수 있겠다. 이런 속성을 가진 까닭에 열매는 새들의 좋은 먹이가 되며, 소화되지 않은 씨앗들이 새들을 따라 멀리까지 옮겨지게 된다. 종족을 번식하는 독특한 방법이다.

나무껍질은 회색이고 작은 가지(어린 가지 또는 1년생 가지)에 억센 털이 있거나 없다. 잎은

낙상홍 새잎

낙상홍 잎

낙상홍 나무 모양

어긋나며 길쭉하게 둥근 모양이고 가장자리에 날카로운 톱니가 있으며 양면에 짧고 억센 털이 있다. 꽃은 암수딴그루로 새로 자란 가지에 6월에 연한 자주색으로 피며 흰색으로도 핀다. 수꽃은 7~15개, 암꽃은 1~7개가 산형으로 모여 달린다. 열매는 둥근 모양으로 10~11월에 붉은빛으로 익으며, 잎이 떨어진 겨울에도 계속 남아 있다. 씨앗은 흰색으로 6~8개씩 들어 있다.

일본이 원산이며 추위와 대기오염에 강하고, 우리나라는 중부내륙, 바닷가, 도심지에서도 잘 자란다.

암그루는 붉은 열매가 아름다워 정원수나 분재용으로 심으며 꽃꽂이용으로도 이용된다. 개량 품종에는 열매가 흰색 또는 노란색인 것도 있다. 한방에서는 잎과 뿌리껍질을 약재로 쓴다.

낙상홍 암꽃

낙상홍 수꽃

낙상홍 열매

낙상홍 나무껍질

🌷 비슷한 나무들
- ♠ **미국낙상홍** : 꽃은 흰색이고, 잎의 뒷면에만 털이 난다. 열매는 낙상홍의 열매 길이인 5mm보다 크며, 9~10월에 익는다.

024 낙우송 | 낙우송과 |

새털처럼 낙엽이 지는

Taxodium distichum (L.) Rich.

바늘잎이면서도 잎이 낙엽처럼 떨어지는 나무로 봄에는 연둣빛 새싹, 여름에는 푸른 신록, 가을에는 노랗게 물드는 단풍, 겨울이면 벌거벗은 나무가 되어 사계절의 아름다움을 보여 준다.

형태 갈잎 바늘잎 큰키나무(낙엽침엽교목)　**꽃** 4~5월　**열매** 9~10월

소나무 잎처럼 생긴 잎이 마치 새의 깃털처럼 떨어진다고 해서 낙우송이라고 한다. 바늘잎이면서도 잎이 낙엽처럼 떨어지는 나무로 봄에는 연둣빛 새싹, 여름에는 푸른 신록, 가을에는 노랗게 물드는 단풍, 겨울이면 벌거벗은 나무가 되어 사계절의 아름다움을 보여 준다. 일본이나 유럽의 여러 나라에서 화석으로도 발견되고 있는 살아 있는 화석 식물인데, 갈탄의 원료가 되었을 것으로 여겨지며 그만큼 지구 곳곳에서 자라고 있었음을 짐작하게 한다.

언뜻 보면 메타세쿼이아와 닮았으나 메타세쿼이아의 잎은 마주보고 달리는 반면, 낙우송의 잎은 어긋나게 달린다.

낙우송 잎

낙우송 잎차례

낙우송 암꽃(수정 직후)

낙우송 열매

낙우송 나무껍질

낙우송 기근

  일본에서는 물을 좋아하는 삼나무를 닮았다 하여 소삼이라고 부르며, 간혹 물기를 좋아하고 물가에서 잘 자라는 나무라 하여 수향목이라고 부르기도 한다.

  북아메리카 남부 원산으로 우리나라에는 주로 중부 이남의 평지나 저습지에서 자라며 높이는 30~50m이고 지름은 2m까지 자란다. 나무 모양은 원뿔 모양이고, 나무껍질은 붉은빛을 띤 갈색으로 잘게 벗겨진다. 잎은 밝은 녹색으로 어긋나게 두 줄로 늘어선다. 꽃은 4~5월에 자주색으로 피는데, 수꽃은 타원형으로 원추꽃차례를 이루고 밑으로 처지며 달린다. 열매는 둥근 모양으로 대가 짧고 옅은 갈색이며, 9~10월에 익는다. 씨앗은 삼각형으로 날개가 있고 갈색이다.

낙우송의 특징은 사람 무릎처럼 툭툭 튀어나온 뿌리이다. 이러한 뿌리는 줄기에서 새싹이 생기고 물속에서 곁뿌리가 왕성하게 생긴다. 땅을 뚫고 올라온 뿌리를 '기근'이라고 부르는데, 이 나무가 물에서 자랄 때 공기를 빨아들일 수 있도록 땅 위로 뿌리를 낸 것이다.

미국 미시시피강 하류의 저습지대에는 낙우송이 물속에 뿌리를 내리고 있으며, 뿌리가 얕은 반면 기근이 발달해 아래가 큰 덩치를 이루고 있어 강풍에도 견딜 수 있다. 습지에서 잘 자라므로 강가나 호숫가에 심기에 적합하며 원뿔 모양의 나무 모양이 아름다워 정원수, 풍치수, 관상수로 심는다.

낙우송 나무 모양

비슷한 나무들

- **메타세쿼이아** : 낙우송의 잎은 어긋나게 달리나 메타세쿼이아의 잎은 마주 보고 달린다. 낙우송과로 높이 35m, 지름 2m까지 자란다.

열매가 불타듯 붉은

025 남천 | 매자나무과 |

Nandina domestica Thunb.

남천이라는 이름은 중국 이름인 남천촉, 남천죽에서 유래되었다. 여기에서 '촉'은 열매가 불에 타는 것처럼 빨갛다 하여 붙여졌고, '죽'은 줄기가 대나무 같다는 데서 유래한다.

형태 늘푸른 넓은잎 떨기나무(상록활엽관목) 꽃 6~7월 열매 10월

중국 원산으로 중국 이름인 남천촉, 남천죽에서 유래되었다. 즉 중국의 중부 이남 지역인 남천에서 자란다고 해서 붙여진 이름이다. 여기에서 '촉'은 열매가 불에 타는 것처럼 빨갛다 하여 붙여졌고, '죽'은 곧게 자란 줄기가 대나무 같다는 데서 유래한다.

높이는 2m 정도이고 밑에서 많은 줄기가 갈라져 포기를 이룬다. 잎은 2~3회 깃꼴 겹잎으로 어긋나게 달리고, 잔잎은 길쭉하게 둥근 모양으로 끝이 뾰족하며 겨울철에는 붉은색으로 변한다. 꽃은 흰색으로 한 꽃 속에 암술과 수술을 모두 갖추었으며, 곧게 서는 가지 끝에 원추꽃차례를 이루며 6~7월에 핀다. 열매는 둥글며 10월에 붉은색으로 익고, 그 속에 2개의 씨앗이 들어 있다.

우리나라와 인도, 중국과 일본 등지에서 자란

남천 잎

남천 나무껍질

남천 나무 모양

남천 재배지

남천 꽃

남천 어린 열매

남천 익은 열매

남천 씨앗

다. 우리나라에서는 남부지방에서나 월동이 가능하다. 중·북부지방에서는 분재로 키우곤 한다. 물이 잘 빠지고 비옥한 모래흙을 좋아하고 바닷가에서도 잘 자라며 공해에 강하다. 원예품종으로 개량되어 열매의 빛깔이 흰색과 자주색 등 두 가지가 있다.

　한방에서는 열매, 뿌리, 줄기를 약재로 쓴다. 그러나 약한 독성이 있어 많이 먹으면 손이 저리는 증상이 나타날 수 있으므로 적당량을 먹어야 한다. 민간요법으로 벌레에 물리거나 벌에 쏘였을 때에는 잎을 생즙 내어 바르면 좋다. 꽃말은 전화위복이다.

🌳 비슷한 나무들
- ♠ 이나무 : 열매가 남천의 열매와 비슷하다. 이나무과에 속하며 높이가 15m에 이른다.
- ♠ 뿔남천 : 잎 가장자리에 날카로운 톱니가 있는 나무로 타이완 남부지방에서 재배된다.
- ♠ 노랑남천 : 줄기가 노란색이며 열매도 노란색으로 익는다.

026 노간주나무 | 측백나무과 |

쓰임새 많은

Juniperus rigida Siebold & Zucc.

노간주나무의 열매인 두송실은 향이 특별해 고대 그리스에서는 술을 담그는 데 이용되었으며, 우리나라에서도 풍을 다스리고 이뇨 작용을 돕는 것으로 알려져 한방에서 이용된다.

형태 늘푸른 바늘잎 떨기나무 또는 작은큰키나무(상록침엽관목 또는 소교목)　**꽃** 4~5월
열매 이듬해 10월

　노간주나무의 열매는 향이 특별해 고대 그리스에서는 술을 담그는 데 이용되었으며, 우리나라에서도 풍을 다스리고 이뇨 작용이 잘 되도록 돕는다고 알려져 한방에서 이용된다. 노간주라는 이름은 강원도 방언에서 유래되었다고도 하며, 노가자목에서 유래되었다고

노간주나무 모양

노간주나무 잎

노간주나무 잎차례

노간주나무 꽃

노간주나무 열매

도 한다. 다른 이름으로는 코뚜레나무, 노가자나무, 노가지나무, 노간주향 두송, 가이가 등이 있다.

   가지가 거의 없고 하늘을 향해 곧게 뻗어 자라는데 뿌리는 줄기에서 ㄴ자로 뻗는다. 나무 껍질은 붉은빛을 띤 갈색이며 2년생 가지는 짙은 갈색이고 세로로 얕게 갈라진다. 나무 모양은 원뿔 모양이다. 잎은 3개씩 돌려나고 끝이 뾰족하며 단면은 V자형이다.

   암수딴그루이며 수꽃은 달걀 모양으로 초록빛을 띤 갈색이다. 암꽃은 둥근 모양으로 지름 3mm이며 비늘조각잎으로 되어 있고 초록빛을 띤 갈색으로 4~5월에 핀다. 열매는 둥근 모양으로 검은빛을 띤 붉은색으로 익으며, 씨앗은 갈색의 달걀 모양으로 3~4개씩 들어 있다. 열매의 끝이 뾰족하고 이듬해 10월에 익는다.

중국, 일본, 우수리강, 몽골, 시베리아 등지에서 자라며, 우리나라 전국 산야, 특히 석회암 지대의 햇빛이 잘 들고 척박하며 건조한 땅에서 자라고 추위에 매우 강하다. 2010년 여름에 합천군 봉산면 오도산에서 나이가 500년 이상 된 노간주나무가 발견되어 화제가 되기도 했다. 이 나무는 높이가 12m, 지름이 3.1m나 되는 거대한 크기로 천연기념물 지정이 기대된다.

관상용, 향료용, 생울타리용으로 심는다. 옛날에는 도끼 자루와 지팡이 등을 만드는 데 사용했고, 대나무가 없는 지역에서는 장대를 만드는 데에도 쓰였다. 이 밖에도 쇠코뚜레, 도리깻열, 도장 등을 만들며 나뭇가지로는 기구재를 만들기도 했다.

노간주나무 껍질

비슷한 나무들

- **갯노간주** : 원줄기가 옆으로 뻗으며 그 중간에서 뿌리가 나온다.
- **두송** : 줄기가 여러 갈래로 나와 3~5m로 자라며 나무껍질은 회색빛을 띤 갈색이다.
- **곱향나무(쌍향수)** : 잎의 길이가 짧고 열매가 잎보다 길며, 북부 고산지대에서 자란다. 전라남도 순천 송광사 천자암에 천연기념물 제88호로 지정된 것이 있다.
- **촛대노간주나무** : 가지가 위를 향하여 자라 나무 모양이 촛대와 같이 된 노간주나무라는 데서 이름이 붙여졌다. 서울 관악산에서 드물게 발견된다.
- **해변노간주** : 바닷가에서 옆으로 기면서 자란다.
- **서울노간주** : 잎이 짧고 수꽃이 둥글다.
- **평강노간주** : 잎끝이 뭉뚝하다.

오래되고 커다란 나무의 제왕

027 느티나무 | 느릅나무과 |

Zelkova serrata (Thunb.) Makino

오늘날에도 농촌에는 마을 입구에 커다란 느티나무가 서 있는데, 특히 가지가 넓게 퍼져 자라므로 여름날이면 나무 아래 돗자리나 평상을 깔아두고 햇빛을 피하는 나무로도 유명하다.

형태 갈잎 넓은잎 큰키나무(낙엽활엽교목) **꽃** 4~5월 **열매** 10월

느티나무는 예로부터 당산나무(마을의 수호신으로 여겨 제사를 지내 주는 나무)나 서낭당의 나무 또는 풍년이나 흉년을 점치는 나무로 알려져 왔다. 오늘날에도 농촌에는 마을 입구에 커다란 느티나무가 서 있는데, 특히 가지가 매우 넓게 퍼져 자라므로 여름날이면 나무 아래 돗자리나 평상을 깔아두고 햇빛을 피하는 나무로도 유명하다.

느티나무는 괴목에서 유래된 이름으로, 여기에서 괴목은 본래 느티나무가 아니라 회화나무를 뜻한다. 느티나무가 꼭 회화나무를 닮았는데, 누렇다고 해서 누른회나무 즉 눌회나무라 하다가 느티나무로 바뀌었다고 한다.

느티나무 암꽃 꽃봉오리

느티나무 수꽃

느티나무 모양

　나무껍질은 회색빛을 띤 갈색으로 오래되면 비늘처럼 떨어지며 작은 가지는 갈색이다. 잎은 어긋나며 길쭉하게 둥근 모양으로 끝이 뾰족하고 가장자리에는 톱니가 있으며, 좌우가 똑같지 않고 약간 일그러진 것이 특징이다. 꽃은 4~5월에 피는데, 암꽃은 가지 끝에 1~2개씩 달리며 수꽃은 새 가지 밑에 10개씩 모여 난다. 열매는 10월에 익으며 평평하고 일그러진 둥근 모양으로 뒷면에 능선이 있다.

　우리나라와 일본, 몽골, 중국, 시베리아, 유럽 등지에서 자란다. 우리나라에서는 평안남도, 함경남도 이남에 분포하는데, 오래 사는 나무로 가장 많은 수를 차지한다. 나무 나이가 1000년 이상 된 나무 64그루 중에 느티나무가 25그루나 되니 가히 나무의 제왕이라고 하겠다. 우리네 일상과 친근한 나무라서 산림청에서는 새천년을 맞이할 때 느티나무를 밀레니엄 나무로 선정하기도 했다.

　강원도 삼척시 도계 긴잎느티나무는 나이가 1000년이며 높이는 20m, 지름이 7.5m로 천연기념물 제95호로 지정된 거목이다. 전라북도 임실군 오수면에는 개나무라고 불리는 느티

느티나무 열매

느티나무 껍질

나무가 있는데, 이 나무는 술에 취하여 잔디밭에서 잠자던 주인을 구하고 죽은 의견(주인에게 충성스러운 개)을 기리는 나무로 알려져 있다. 이 밖에도 김제 행촌리 느티나무(천연기념물 제280호), 남원 진기리 느티나무(천연기념물 제281호), 남해 갈화리 느티나무(천연기념물 제276호) 등 천연기념물로 지정된 것이 매우 많은데 은행나무에 이어 두 번째이다.

나무는 재질이 견고하고 질기며, 잘 썩지 않으면서 가공이 쉽고 무늬가 아름다워 최상의 나무로서 가구재, 공예재, 조각재, 기구재, 건축재 등에 두루 쓰인다.

조선시대에는 소나무가 건축물과 선박 등의 자재로 많이 쓰였지만 삼국시대나 고려시대에는 느티나무가 주종을 이루었다고 한다. 신라의 천마총 목관, 부석사 무량수전 등 오래된 절의 건물 기둥과 가야의 고분에서 나오는 지체 높은 사람들의 관은 대부분 느티나무로 만들어졌다. 예로부터 느티나무로 만든 밥상은 '괴목상'이라 해서 귀하게 여겼다.

자라는 속도가 빨라 크게 자라고 오래 사는 나무이다. 옮겨 심기도 쉽고 중성 토양을 좋아한다. 나무가 단정하면서도 폭이 넓어 좋은 그늘을 만들 수 있는 데다가 벌레도 별로 나지 않아 정자목이나 녹음수로 아주 어울린다. 그래서 학교 교정이나 마을 입구, 공원이나 길가에도 많이 심어진다.

비슷한 나무들

- **둥근잎느티나무** : 잎의 끝이 둥글고 넓적한 타원형이다. 속리산 주변에서 자란다.
- **긴잎느티나무** : 잎이 넓고 끝이 뾰족한 모양이다. 강원도 삼척·통천, 경상남도 함양·충무에서 자란다.

사과의 원형 과실나무

028 능금나무 | 장미과 |

Malus asiatica Nakai

능금은 우리나라 야생 사과로 사과의 원형이라고 할 수 있다. 능금이라는 이름은 '숲속의 능금'이라는 뜻의 '임금'에서 유래한다. 조선임금, 화홍이라고도 한다.

형태 갈잎 넓은잎 작은큰키나무(낙엽활엽소교목)   꽃 4~5월   열매 10월

능금은 우리나라 야생 사과로 사과의 원형이라고 할 수 있다. 능금과 사과는 지금까지도 헷갈리게 사용되는데, 현재의 사과는 1884년에 처음 심어졌으며, 이후 1901년 윤병수라는 사람이 선교사를 통해 사과나무 묘목을 얻어 원산에 과수원을 만들어 키운 것이 재배의 첫 시작이라고 한다.

능금나무 잎

능금나무 꽃

능금나무 모양

능금나무 열매

능금나무 껍질

능금나무의 열매는 사과보다 작고 맛은 새콤달콤하나 사과보다는 그 맛이 덜하다. 능금을 개량해 여러 종의 사과를 만들어 냈는데 홍옥이나 국광, 인도, 축, 욱, 스타킹, 델리셔스 등 30여 종이나 되며, 배와 사과의 교잡을 통해 만든 종도 상당히 많다. 능금이라는 이름은 '숲속의 능금'이라는 뜻의 '임금'에서 유래한다. 조선임금, 화홍이라고도 한다.

원산지는 우리나라로 영어 이름도 'Korean apple'이라고 명시되어 있다. 줄기는 곧게 자라고 원뿔의 나무 모양을 이루며 가지는 붉은빛을 띤 갈색이다. 잎은 어긋나며 길쭉한 달걀 모양으로 끝이 뾰족하고 가장자리에 잔톱니가 있으며, 뒷면에 털이 많다. 꽃은 짧은 가지에 연한 붉은색으로 달리며 4~5월에 핀다. 열매는 꽃받침의 기부가 혹처럼 부푼 돌기가 있는 것이 사과나무와 다른 점이며, 10월에 노란빛을 띤 붉은색으로 익는데 하얀 가루로 덮여 있다. 열매의 크기는 지름이 4~5.5cm이다.

우리나라와 만주 등지에서 자란다. 우리나라에서는 강원도, 황해도의 해발 100~700m에서 자란다. 햇빛을 좋아하고 추위와 공해에 강하여 우리나라 어디에서나 잘 자라지만 건조지에서는 잘 자라지 못한다. 특히 비탈진 지역의 모래가 섞인 땅에서 잘 자라고 서쪽의 햇빛이 잘 드는 곳에 심으면 열매가 붉은색으로 익는다. 오래된 큰 나무에는 2000~3000개 정도의 열매가 열린다. 지금의 능금은 작고 상품성이 없어 분재나 가로수로 심거나 관상용으로 심는다. 꽃말은 유감이다.

비슷한 나무들
♠ 사과나무 : 4~5월에 흰색 꽃이 잎과 함께 피고, 열매는 8~9월에 익는다.

한여름 태양처럼 붉게 피어나는

029 능소화 | 능소화과 |

Campsis grandifolia (Thunb.) K.Schum.

옛날에 장원급제한 사람의 화관에 꽂는 어사화로 이용되기도 하였다. 꽃의 자태가 고고하면서도 아름다웠기 때문이다. 또한 양반 집에나 심는 꽃이었다고 하여 양반꽃이라고도 한다.

형태 갈잎 넓은잎 덩굴나무(낙엽활엽덩굴성 목본)　**꽃** 8~9월　**열매** 10월

    도시의 주택가에서 흔하게 볼 수 있는 능소화에는 소화라는 어여쁜 궁녀의 이야기가 얽혀 있다. 옛날 아리따운 궁녀 소화는 임금님의 사랑을 받아 빈에 올랐다. 하지만 그 후로 임금은 한 번도 소화의 처소를 찾지 않았고, 기다리다 지친 소화는 상사병에 걸려 다음과 같은 유언을 남기고 쓸쓸히 죽었다.

    "담 아래에 묻혀 내일이라도 오실 임금님을 기다리겠노라."

능소화 새잎

능소화 잎

능소화 나무 모양

 더위가 기승을 부리던 어느 여름날, 빈의 처소를 둘러친 담을 덮으며 주홍빛 꽃이 아름답게 피어나니 사람들은 이를 능소화라고 했다고 전해진다.
 능소화 꽃이 피는 시기에는 눈에 꽃가루가 묻어서 비비면 각막에 상처가 생길 수도 있다. 능소화 꽃가루는 그물망처럼 둘러싸인 길쭉하고 둥근 모양으로 많은 돌기가 나 있다. 능소화는 곤충의 도움으로 꽃가루받이를 하는 꽃이다.
 능소화는 옛날에 장원급제한 사람의 화관에 꽂는 어사화로 이용되기도 하였다. 꽃의 자태가 고고하면서도 아름다웠기 때문이다. 특히 꽃이 시들지 않은 채로 뚝 떨어지는 것을 보면 더욱 아름답다는 생각이 든다. 옛날에는 귀한 꽃이라서 양반 집에나 심는 꽃이었다고 하여 양반꽃이라고도 한다.
 가지에 있는 붙음뿌리(흡착근)를 이용해 벽에 붙어서 올라가는데, 길이는 10m까지 자란다.

능소화 꽃

능소화 나무껍질

잎은 마주나고, 잔잎은 7~9개로 달걀 모양이다. 잎의 길이는 3~6cm이며 끝이 점차 뾰족해지고 가장자리에는 톱니와 털이 있다.

꽃은 8~9월경에 가지 끝에 원추꽃차례를 이루며 5~15개가 주황색으로 달린다. 꽃의 크기는 지름이 6~8cm이며, 꽃받침은 길이가 3cm이다. 꽃은 깔때기와 비슷한 종 모양을 이루고 있다. 열매는 10월에 익는데, 우리나라에서는 대개 열매를 맺지 못한다.

중국 원산으로 우리나라에서는 중부지방 이남의 절에서 심어 왔으며 요즘에는 관상용으로 많이 심는데, 한방에서는 뿌리를 약재로 쓴다. 꽃말은 기다림, 명예, 영광 등이다.

능소화 암술

🌳 비슷한 나무들

♠ 미국능소화 : 꽃부리의 대롱이 길며 꽃의 지름이 작다.

길손에게 시원한 그늘을 내주는

030 능수버들 | 버드나무과 |

Salix pseudolasiogyne H.Lev.

조선시대에 가로수로 많이 심어졌는데, 옛날 삼남으로 가는 대표적인 길목인 천안에는 특히 능수버들이 많아 〈흥타령〉이라는 민요도 만들어졌다.

형태 갈잎 넓은잎 큰키나무(낙엽활엽교목)   **꽃** 4월   **열매** 5~6월

줄기가 밑으로 축축 늘어진 능수버들은 우리나라 특산종으로 고려수양 또는 수류라고도 부른다. 조선시대에 가로수로 많이 심어졌는데, 옛날 삼남으로 가는 대표적인 길목인 천안에는 특히 능수버들이 많아 〈흥타령〉이라는 민요도 만들어졌다. 바람, 비, 먼지 등을 막아 주기도 하며 여름에는 시원한 그늘을 만들어 주어 길손들이 능수버들 아래에서 많이 쉬어 갔음을 짐작할 수 있다.

흉한 일이나 시신에 염을 할 때 저승길 양식을 입에 넣어 주는 숟가락으로 이 나무를 쓴다는 이야기가 전해지기도 하며, 흔히 수양버들이라고도 한다.

나무껍질은 세로로 갈라지며 회색빛을 띤 갈색이고 작은 가지는 노란빛을 띤 녹색이다. 꽃

능수버들 잎

능수버들 나무껍질

능수버들 나무 모양

능수버들 암꽃

능수버들 수꽃

은 암수딴그루이나 드물게 암수한그루도 나타난다. 잎은 길이 7~12cm, 너비 10~17mm이다. 잎의 앞면은 녹색이나 뒷면에는 흰색이 돈다. 잎의 양끝은 뾰족하며 잔톱니가 가장자리에 난다. 수꽃은 타원형으로 긴 털이 있으며 암꽃은 달걀 모양으로 4월에 녹색으로 핀다. 열매는 5~6월에 익는다.

   주로 들과 물가에서 잘 자란다. 목재가 가볍고 연해 도마나 나막신을 만들거나 각종 기구재 등에 쓰는데, 독이 없어 고약을 다지는 데도 사용한다. 한방에서는 잎과 가지를 진통제,

능수버들 열매

능수버들 씨앗

해열제로 쓴다. 공해에 강해 가로수와 공원수로 심는다. 봄에 씨앗에 붙은 솜털이 날아다니지만, 알레르기는 그다지 일으키지 않는다.

〈흥타령〉의 유래

옛날에 딸 능소와 살던 홀아비가 있었다. 어느 날 홀아비가 전쟁터에 나가게 되었다. 천안에 이르러 더 이상 딸을 데리고 다닐 수 없어 지팡이를 땅에 꽂은 뒤, "이 나무에 잎이 피어나면 너와 내가 다시 이곳에서 만나게 될 것이다."라고 말하고는 능소를 주막집에 맡기고 떠났다. 그 후 능소는 예쁜 기생이 되었고, 과거 보러 가던 선비 박현수와 인연을 맺었다. 박현수가 장원급제 한 뒤 이곳에서 능소와 만나고, 전쟁터에서 돌아오는 아비도 상봉했다. 아비는 딸 능소와 만나 기쁜 마음에 "천안삼거리 흥~ 능소야, 버들은 흥" 하고 노래를 부른 것이 〈흥타령〉이 되었다고 한다.

비슷한 나무들

- **개수양버들** : 북한 지역의 평야나 강가에서 자란다. 높이는 약 20m이며, 능수버들과 비슷하지만 열매와 잎 양면에 털이 없다.
- **수양버들** : 물가나 습지에서 자라며 높이는 15~20m이다. 작은 가지가 붉은 갈색이다.
- **버드나무** : 들이나 냇가에서 자라며 높이는 20m이다. 작은 가지는 노란빛을 띤 녹색으로 밑으로 처지고 털이 나지만 없어진다.

가을을 물들이는

031 단풍나무 | 단풍나무과 |

Acer palmatum Thnub.

캐나다의 국기에 그려져 있는 단풍나무 잎은 설탕단풍이다. 수액에 당분이 많아 단풍 시럽을 만들어 먹는데, 캐나다 여행을 하다 보면 자주 볼 수 있다.

형태 갈잎 넓은잎 작은큰키나무 또는 큰키나무(낙엽활엽소교목 또는 교목) **꽃** 5월 **열매** 9~10월

가을이면 온 산이 울긋불긋 곱게 단풍이 물든다. 여러 나무들이 저마다 멋진 단풍을 보여주는데, 그중에서 가장 대표적인 것이 바로 단풍나무이다. 산단풍나무, 붉은단풍나무, 색단풍나무 등으로도 불린다.

나무껍질은 진한 회색이며 작은 가지는 붉은빛을 띤 갈색이다. 잎은 마주나며 손바닥 모양으로 5~7개로 깊게 갈라지고 가장자리에는 겹톱니가 있다. 꽃은 우산 모양의 산형꽃차례로

단풍나무 껍질

단풍나무 새잎

단풍나무 모양

달리며 5월에 핀다. 열매는 연한 노란색의 날개 모양으로 2개씩 달리며 9~10월에 익는다.

우리나라와 중국, 일본, 만주, 아무르 등지에서 자란다. 우리나라에는 제주도, 대둔산, 백양산 등의 해발 100~1600m의 계곡과 산기슭에서 자란다. 땅속에 어느 정도 물기가 있어야 건강하게 잘 자란다. 햇볕이 바로 비추는 곳이나 서쪽 해가 비추는 곳을 피하고 큰 나무 밑이나 나무와 나무 사이에 심는 것이 좋다. 여름에 뜨거운 햇볕을 받으면 가을에 단풍의 색깔이 오히려 아름답지 못하다.

단풍이 아름다워 관상용으로 심으며 목재는 건축재, 악기재, 조각재, 기구재 등으로 쓴다. 단풍나무 수액을 고로쇠나무 수액으로 착각하여 마시는 경우가 있는데, 맛은 달지만 약간 독성이 있어 간혹 눈이 침침해지고 어두워지는 현상이 생기므로 주의해야 한다.

캐나다의 국기에 그려져 있는 단풍나무 잎은 설탕단풍이다. 수액에 당분이 많아 단풍 시럽을 만들어 먹는데, 자연 건강식으로 유명해 캐나다 여행을 하다 보면 자주 볼 수 있다.

단풍나무 암꽃

단풍나무 수꽃

단풍나무 덜 익은 열매

단풍나무 익은 열매

비슷한 나무들

- ♠ **세열단풍** : 잎이 가늘게 갈라지는 것이 특징이다.
- ♠ **홍단풍** : 봄에도 잎이 붉은 단풍나무이다.
- ♠ **야촌단풍** : 일본 원산으로 단풍나무에 비해 잎이 크고 붉은 것이 특징이다.
- ♠ **당단풍나무** : 잎은 9~11개로 갈라지며 가장자리에 톱니가 있고, 작은 가지에 녹자색을 띤 흰색 털이 있다.
- ♠ **설탕단풍** : 수액으로는 메이플 시럽을 만들며 사탕단풍이라고도 한다. 캐나다 국기에 그려진 잎은 바로 설탕단풍의 잎이다.

붙음뿌리(흡착근)로 담을 타고 오르는

032 담쟁이덩굴 | 포도과 |

Parthenocissus tricuspidata (Siebold & Zucc.) Planch.

한자로는 지금 또는 파산호, 상춘등이라고 하며, 지금이라는 이름은 가을에 붉은 단풍이 들어 땅을 뒤덮는 비단과 같다 하여 붙여진 것이다.

형태 갈잎 넓은잎 덩굴나무(낙엽활엽덩굴성 목본)   **꽃** 6~7월   **열매** 9~10월

미국의 작가 오 헨리의 단편소설 〈마지막 잎새〉에서 마지막 잎새는 바로 담쟁이덩굴이다. 잎새가 다 떨어지면 자신도 죽을 것이라고 생각하는 존시라는 소녀를 위해 무명의 늙은 화가는 찬비를 맞으며 잎새 하나를 벽에 그려 놓는데, 덕분에 존시는 살고 늙은 화가는 죽게 된다는 감동 어린 작품이다. 존시에게 희망을 준 담쟁이덩굴 이파리들은 실제로 삭막한 도심 담벼락을 멋지게 바꿔 주는 역할을 하고 있다.

흙 하나 없는 담장을 타고 오르는 것은 가지 끝에 있는 붙음뿌리(흡착근) 때문이다. 가만히 보면 정말 대단한 재주를 가졌는데, 그래서 '쟁이'라는 이름이 붙었음을 알 수가 있다.

담쟁이덩굴 잎

담쟁이덩굴 나무껍질

담쟁이덩굴 나무 모양

   줄기가 많이 갈라지고 덩굴손은 짧으며 가지 끝에 붙음뿌리(흡착근)가 생겨 담벼락이나 암벽을 잘 타고 오른다. 잎은 어긋나며 달걀 모양이고 어릴 때는 3개의 잔잎으로 된 겹잎이 나타나기도 한다. 꽃은 암수한꽃으로 많은 꽃이 잎겨드랑이 또는 가지 끝에 달리며 노란빛을 띤 녹색으로 6~7월에 핀다. 콩알 크기의 열매는 검은빛을 띤 보라색으로 9~10월에 익는다.

   우리나라와 일본, 중국, 타이완 등지에서 자란다. 우리나라 전국의 돌담이나 바위 또는 나무줄기에 붙어서 자란다. 습기가 있는 비옥한 땅에서 잘 자라고 음지와 양지 모두에서 잘 자라며 공해에도 강하다.

   담쟁이덩굴은 어느 땅에서나 잘 자라고 가지를 많이 뻗는다. 봄부터 여름까지는 푸른 잎이 달리며 무성하게 자라고 가을에는 빨갛게 단풍이 든다. 가을에 단풍이 들면 하나의 잎에서도 여러 가지 색을 내며 붉은빛으로 물들어 관상용으로 좋다. 담벼락에 심으면 삭막한 시멘트 벽을 아름답게 만들어 준다. 황폐된 곳의 벽면 녹화용으로 심으면 좋다. 줄기에서는 달콤한 즙액이 나오는데, 옛날에 일본에서는 설탕 대용으로 썼다고 한다.

담쟁이덩굴 꽃

담쟁이덩굴 덜 익은 열매

한방에서 담쟁이덩굴의 뿌리, 줄기, 새순을 지금이라 하며 약재로 사용한다. 《동의보감》에는 '작은 종기가 잘 삭여지지 않을 때, 목 안과 혀가 부은 데, 쇠붙이에 다친 데, 뱀독으로 입안이 답답할 때, 외상, 입안이 마르고 혀가 타는 듯할 때 낫게 한다'고 되어 있다.

담쟁이덩굴 익은 열매

비슷한 나무들
♣ 세잎담쟁이덩굴 : 미국 원산으로 잎이 5개의 잔잎으로 이루어진 손바닥 모양의 겹잎이다.

단풍이 아름다운

033 당단풍나무 |단풍나무과|

Acer pseudosieboldianum (Pax) Kom.

당단풍나무는 중국단풍나무라는 말이다. 당단풍, 고로실나무, 고로쇠나무, 좁은단풍, 단풍나무, 왕단풍나무, 왕단풍, 왕실단풍나무, 넓은잎단풍나무, 산단풍나무 등 다른 이름이 많다.

형태 갈잎 넓은잎 작은큰키나무(낙엽활엽소교목) 꽃 4~5월 열매 9~10월

당단풍나무는 중국단풍나무라는 말이다. 당단풍, 고로실나무, 고로쇠나무, 좁은단풍, 단풍나무, 왕단풍나무, 왕단풍, 왕실단풍나무, 넓은잎단풍나무, 산단풍나무 등 다른 이름이 많다.

작은 가지는 초록빛을 띤 자주색으로 흰색 털이 있다. 잎은 손바닥 모양으로 보통 9~11개로 갈라지며 뒷면에 털이 있고 잎맥을 따라 흰색의 부드러운 털이 빽빽하다. 꽃은 산방꽃차례로 암수한꽃은 2~3개가 달리고, 흰색 또는 노란빛을 띤 흰색으로 4~5월에 핀다. 열매는 2개씩 붙은 날개가 있으며, 노란빛을 띤 자주색으로 9~10월에 익는다.

우리나라와 만주, 우수리강 유역 등지에서 자란다. 우리나라 전국의 산지에서 가장 많이

당단풍나무 잎

당단풍나무 껍질

당단풍나무 모양

당단풍나무 꽃봉오리

볼 수 있는 나무이다. 단풍이 아름다워 정원에 주로 많이 심으며, 목재는 기구재 또는 가구재로 이용되고, 잎은 염료로 이용된다.

당단풍나무 암꽃(왼쪽), 수꽃(오른쪽)

당단풍나무 열매

당단풍나무 단풍잎

단풍이 드는 이유

모든 나무의 녹색 잎에는 엽록소와 카로티노이드라는 색소가 들어 있다. 나뭇잎은 기온이 떨어지면 당 용액이 약간 끈적끈적해져 뿌리까지 가지 못하고, 빨간 잎은 안토시아닌의 색소가 생기면서 엽록소가 사라진다. 노란 잎은 카로티노이드의 색소가 나타나고 엽록소가 없어져 단풍나무, 개옻나무, 붉나무, 화살나무 등은 안토시아닌이 많아 붉은색으로 변한다. 은행나무, 백합나무(목백합), 칠엽수, 낙엽송, 메타세쿼이아 등은 카로틴이나 크산토필 성분이 많아 노란색으로 물든다. 단풍잎은 비가 적당히 오거나 일교차가 클수록 아름답게 물든다.

비슷한 나무들

- 좁은단풍 : 날개가 있는 열매는 긴 타원 모양이다.
- 넓은고로실나무 : 날개가 있는 열매는 거꿀 달걀 모양으로 넓게 벌어진다.
- 왕단풍나무 : 날개가 있는 열매는 크고 그 수가 적다.
- 털참단풍 : 잎 뒷면과 열매에 흰색 털이 있다.
- 서울단풍 : 2개의 날개가 있는 열매는 반달 모양이다.
- 산단풍나무 : 잎의 양쪽 갈래 조각이 합쳐지고 열매의 날개가 직각보다 덜 벌어진다.

다산을 상징하는
034 대추나무 | 갈매나무과 |

Zizyphus jujuba var. *inermis* (Bunge) Rehder

열매를 많이 열리게 하기 위해 시집보내기를 하기도 한다. 정월 대보름날이나 단옷날, 아래쪽에서 갈래로 갈라진 나무줄기 사이에 큼지막한 돌을 끼우면 열매가 많이 맺힌다는 것이다.

형태 갈잎 넓은잎 작은큰키나무(낙엽활엽소교목) **꽃** 5~6월 **열매** 9~10월

대추는 우리 민족이 오랜 옛날부터 식용해 온 열매이다. 그래서 전해지는 이야기도 많다. 대추가 아들을 상징해 전통 결혼식에서 폐백 때 부모가 신랑과 신부에게 던져주는데, 이는 대추 속에 씨 하나가 있기 때문이다. 이에 비해 밤은 딸을 상징한다. 대추는 또 제사상에 반드시 올리는 과실이다. 열매가 많이 열려서 다산을 상징하며, 붉은색을 띠므로 조상에 대한 일편단심을 의미하기도 한다. 또 붉은색은 동쪽을 뜻하므로 제상의 동쪽에 올린다. 열매 속

대추나무 새잎

대추나무 잎

대추나무 모양(여름)

에 씨가 하나만 든 것 역시 일편단심을 의미한다.

　열매를 많이 열리게 하기 위해 시집보내기를 하기도 한다. 대추나무 시집보내기는 정월 대보름날이나 단옷날, 아래쪽에서 갈래로 갈라진 나무줄기 사이에 큼지막한 돌을 끼우는 것이다. 아낙네들이 여기저기서 주워온 돌들 중에 적당한 크기의 돌을 나무에 꽉 끼우는데 돌은 남자로 보고, 가지가 갈라진 나무는 여자로 보는 것이다.

　속담이나 속설도 꽤 많다. '대추나무 방망이'라는 말은 어려운 일을 잘 견디어내는 모질고 단단하게 생긴 사람을 비유한 말이며, '대추씨 같다'는 말은 키는 작으나 성질이 야무지고 단단하여 빈틈이 없는 사람을 두고 이르는 말이다. 충청북도 보은에는 '삼복에 오는 비에 보은 처녀 눈물도 비 오듯 쏟아진다'는 속담이 있는데, 이는 삼복더위에는 대추가 많이 열리지 않아 대추농사로 시집갈 준비를 하는 처녀들이 가슴 아파한다는 뜻이다.

　나무껍질은 검은빛을 띤 갈색이고 작은 가지는 한 군데에서 여러 개가 나오며 가지의 가시는 흔적만 남아 있다. 잎은 어긋나며 달걀 모양이고 가장자리에 둔한 톱니가 있으며 비늘

대추나무 모양(가을)

잎은 길이 3cm의 가시로 변한다.

꽃은 잎겨드랑이에 2~3개씩 달리며 노란빛을 띤 녹색으로 5~6월에 핀다. 열매는 타원형으로 9~10월에 붉은빛을 띤 갈색 또는 어두운 갈색으로 익는다.

유럽 또는 아시아가 원산지이며 우리나라와 중국, 유럽 등지에서 자란다. 우리나라는 추운 고산지역을 제외한 전국의 해발 500m 이하에서 자란다. 땅이 깊고 물이 잘 빠지는 땅에서 잘 자라고 추위와 공해에 강하며 옮겨 심기도 쉽다.

대추는 쓰임새가 매우 많은데, 중국 송나

대추나무 줄기에 난 가시

대추나무 꽃

대추나무 덜 익은 열매

라 왕안석의 〈조부〉에는 네 가지 이익을 이야기하고 있다. 첫째는 심은 해에 바로 돈이 되는 이익이다. 대추처럼 심은 해에 바로 열매가 달리는 나무는 드물다. 둘째, 한 그루에 많은 열매가 열리는 이익이다. 빗자루병이 걸리지 않으면 대추는 많이 열린다. 셋째, 나무의 질이 단단한 이익이 있다. 대추의 목재는 단단하여 무기와 악기를 만드는 데 적합하다. 넷째, 귀신을 막는 이익이 있다. 벼락 맞은 대추나무로 도장을 만들면 나쁜 기운을 몰아내고 행운을 준다는 속설이 있다.

대추에는 당분과 점액질, 단백질, 지방, 칼슘, 비타민 C 등이 들어 있으며 껍질에는 타닌이 들어 있다. 익지 않은 풋대추를 많이 먹으면 몸이 여위고 열이 나서 해롭다고 하는데 완전히 숙성된 대추는 많이 먹으면 장과 위를 보하고 기를 좋게 한다. 한방에서 대추는 완화의 목적으로 모든 약에 배합하여 들어가는데 강장제, 지사제 등으로도 사용된다. 대추는 맛이 달고 성질이 따뜻하며 영양을 돕고 위를 편하게 한다. 열매가 길쭉한 일반 대추나 보은 대추를 '대조'라 하여 자양강장, 해독에 쓰며 둥근 멧대추는 불면증, 신경안정에 사용한다. 단, 위가 나쁜 사람은 파와 함께 먹으면 안 된다.

목재는 매우 단단해 떡메, 달구지, 도장, 목탁, 불상, 공예품으로 사용된다. 특히 벼락을 맞은 대추나무 가지를 지니고 다니면 요사한 기운을 물리친다고 하며, 부적을 만들어 차고

대추나무 익은 열매

대추나무 껍질

다니면 잡귀를 물리칠 수 있다고 여겨왔다. 그래서 벼락 맞은 대추나무로 도장을 새겨 갖고 다니곤 했다. 나무심도 본래 붉은색인데 벼락까지 맞았으니 최고의 수호신처럼 여긴 것이다. 한편 비누가 없던 시절 대추나무 잎은 비누 대용으로 썼다. 대추나무 잎을 돌에 찧으면 거품이 나오는데 그 거품으로 손발을 씻으면 미끈미끈해서 비누같이 사용할 수 있다. 꽃말은 처음 만남이다.

🌳 비슷한 나무들

- **묏대추나무** : 유럽 남부가 원산으로 세계 각지에서 재배된다. 씨앗이 크고 열매살은 씨앗에 붙어 있을 정도로 적어서 열매는 먹지 못하고 약용한다.
- **보은대추나무** : 충청북도 보은에서 나는 우리나라 특산품으로 묏대추보다 열매가 길쭉하고, 딱딱한 씨앗이 없거나 아주 작다.
- **갯대추나무** : 제주 원산의 희귀식물로 턱잎이 변한 가시가 있는데 시간이 지나면 없어진다.

꽃향기가 좋은

035 댕강나무 | 인동과 |

Abelia mosanensis T.H.Chung ex Nakai

북한에서 내려온 사람들에게는 향수를 느끼게 하는 나무이다. 특히 평안도 맹산과 성천 지역에는 댕강나무가 많이 자라서 이 지역에서 살던 사람들은 댕강나무만 봐도 절로 고향이 생각난다고 한다.

형태 갈잎 넓은잎 떨기나무(낙엽활엽관목)   5월   9월

　나무는 때로 향수에 젖게 한다. 댕강나무는 북한에서 내려온 사람들에게는 향수를 느끼게 하는 나무이다. 특히 평안도 맹산과 성천 지역에는 댕강나무가 많이 자라서 이 지역에서 살던 사람들은 댕강나무만 봐도 절로 고향이 생각난다고 한다. 댕강나무라는 이름은 줄기를 분지르면 '댕강댕강' 하는 소리가 난다고 해서 붙여졌다고 한다.

　밑에서 여러 개의 줄기가 올라오는데, 줄기에는 6개의 골이 있어 육조목이라고도 한다. 가

댕강나무 잎

댕강나무 껍질

댕강나무 모양

지의 속은 하얀색을 띤다. 마주나는 잎은 길이가 3~7cm로 양 끝이 좁아진다. 잎의 앞면은 맥을 따라서 털이 나 있으며, 가장자리에는 톱니가 나 있다.

꽃은 5월에 흰색 또는 엷은 붉은색으로 잎겨드랑이 또는 가지 끝에 달린다. 꽃대 하나에 꽃이 3개씩 핀다. 꽃이 진 다음에 꽃받침이 남아 있어서 처음 본 사람은 이를 꽃으로 착각하기도 한다. 열매는 벌어지지 않고 그 안에 씨앗이 하나 있으며 9월에 익는다.

평안남도 맹산에서 많이 자라며, 2002년 강원도 영월의 동강 부근에서도 군락지가 처음으로 발견되기도 하였다. 주로 해발 250m 정도의 산기슭 양지쪽에서 자란다. 꽃향기가 좋아 관상용으로도 이용되고, 향수의 재료로도 쓰인다. 털댕강나무, 섬댕강나무, 줄댕강나무, 주걱댕강나무 등 유사종이 많다. 중국산 댕강나무와의 교잡으로 태어난 꽃댕강나무가 있는데, 6월부터 피기 시작한 꽃이 11월까지 이어져 오래 꽃을 감상할 수가 있다.

또 2012년에는 강원도 정선의 석회암 지대에서 긴털댕강나무가 세계 최초로 발견되었다. 긴털댕강나무는 잎의 표면은 털댕강나무와 비슷하나 잎 뒷면과 꽃대에 긴 털이 달리는 점이 다르고 꽃도 1개월 정도 먼저 핀다. 꽃말은 평안함이다.

댕강나무 꽃

댕강나무 열매

🌿 울릉도 도동 섬개야광나무와 섬댕강나무 군락

울릉도 도동에는 섬개야광나무와 섬댕강나무 군락지가 있다. 두 나무 모두 울릉도에서만 자라는 특산종인데, 군락지는 천연기념물 제51호로 지정되었다.

🌳 비슷한 나무들

- 털댕강나무 : 꽃잎이 3갈래로 갈라진다.
- 긴털댕강나무 : 잎 뒷면과 꽃대에 긴 털이 나 있다. 꽃잎이 4갈래로 갈라진다.
- 줄댕강나무 : 줄기에 세로로 골이 생긴다.
- 주걱댕강나무 : 잎이 주걱을 닮았다.
- 꽃댕강나무 : 중국댕강나무와 교잡한 품종으로 꽃을 오래 감상할 수 있어 관상용으로 이용된다.
- 좀댕강나무 : 잎이 사각형의 좁은 달걀 모양이며, 길이 1~2.5cm, 너비 0.5~1cm로 댕강나무 잎보다 작다.
- 바위댕강나무 : 잎이 거꿀 달걀 모양이고 뒷면 맥에 잔털이 있다.
- 섬댕강나무 : 높이는 80cm로 울릉도 바위틈에서 자란다. 5월에 연노란색 꽃이 꽃대 끝에 2개씩 달린다.

노르웨이가문비에서 이름이 바뀐

036 독일가문비 | 소나무과 |

Picea abies (L.) H.Karst.

재질이 좋아 건축재, 펄프재, 보트와 맥주통의 재료로 사용되며, 피아노의 공명판이나 바이올린, 기타의 몸체를 만드는 데에도 쓰인다.

형태 늘푸른 바늘잎 큰키나무(상록침엽교목)　꽃 5월　열매 10월

　가문비나무의 한 종류로 독일이라는 이름이 붙었지만 본래는 노르웨이가문비이다. 노르웨이가 독일로 바뀐 데에는 일본이 한몫을 했다. 1920년대에 이 품종을 우리나라에 들여오면서 당시 제1차 세계대전에서 독일과 동맹을 맺고 있던 일본이 독일을 우대하는 의미로 붙였다. 다른 이름으로는 긴방울가문비가 있다. 흥미로운 것은 속명으로 사용되는 *abies*가 이 나무에서는 종소명으로 쓰인다는 사실이다.

　나무 모양은 전체적으로 원뿔 모양이며, 붉은빛을 띤 갈색의 나무껍질은 얇은 비늘 조각으로 벗겨진다. 잎은 피침 모양이며 길이는 2~2.5cm이고 끝이 뾰족하다. 꽃은 5월에 피는

독일가문비 새잎

독일가문비 잎

독일가문비 암꽃

독일가문비 수꽃

독일가문비 열매

독일가문비 전년도 열매

데, 수꽃은 노란빛을 띤 갈색이며 암꽃은 연한 자주색이고 전년도 가지 끝에 달린다. 열매는 길이 10~15cm로 긴 원뿔 모양을 이루는데, 가지처럼 아래로 드리워지는 것이 특징이다. 색깔은 초록빛을 띤 갈색으로 10월에 익는다.

가문비나무 종류들이 대개 그렇듯 이 나무 역시 재질이 좋아 목재로 많이 이용된다. 건축재, 펄프재, 보트와 맥주통의 재료로 사용하며, 피아노의 공명판이나 바이올린, 기타의 몸체를 만드는 데에도 쓰인다. 또한 풍치수, 나무, 기념수로도 많이 심는다. 이렇게 용도가 많은 까닭에 유럽 일대에서는 조림용으로 많이 심는데 특히 독일에서는 중요한 경제림의 역할을 한다. 흑림이라고 해서 산마다 울창한 숲을 이루고 있으며 대부분의 나무를 직접 사람들이 심어서 키운 것으로 유명하다.

독일가문비 나무 모양

유럽 원산으로 우리나라에는 서울 남산 등 전국 곳곳에서 제법 자라고 있는데, 덕유산 자연휴양림 내의 독일가문비 숲은 2010년 산림청이 시행한 아름다운 숲 전국대회에서 천년의 숲으로 지정되기도 했다. 음지와 한지를 가리지 않고 잘 자라지만 뿌리가 깊지 않아 장마 후나 강풍이 불 때는 뽑히는 사례도 꽤 많은 편이다. 어린나무는 크리스마스트리로 많이 이용된다.

독일가문비 나무껍질

비슷한 나무들

♠ 가문비나무 : 나무껍질이 거의 검은색을 띤다.

좋지 않은 냄새가 나는

037 돈나무 | 돈나무과 |

Pittosporum tobira (Thunb.) W.T.Aiton

잎과 나무껍질, 뿌리에서 좋지 않은 냄새가 나며 열매는 끈적끈적하여 파리 같은 곤충들이 날아와 지저분하다. 그래서 똥낭 혹은 똥나무라고 불렀다.

형태 늘푸른 넓은잎 떨기나무(상록활엽관목) **꽃** 5~6월 **열매** 10~12월

　이름을 들으면 마치 돈이라도 열리는 나무처럼 여겨지나 유래를 보면 전혀 다르다. 이 나무는 제주도에서 자라는데, 잎과 나무껍질, 뿌리에서 좋지 않은 냄새가 나며 열매는 끈적끈적하여 파리 같은 곤충들이 날아와 지저분하다. 그래서 똥낭 혹은 똥나무라고 불렀는데, 일제강점기 때 일본인 학자가 똥을 발음하지 못하고 돈이라고 해서 돈나무가 되었다고 한다. 섬엄나무, 똥나무, 섬음나무, 음나무, 갯똥나무, 해동 등으로도 불린다.

　돈나무는 우리나라 서남해 지역의 섬에서 구실잣밤나무, 후박나무, 동백나무, 감탕나무, 굴거리나무, 다정큼나무, 까마귀쪽나무, 사철나무, 사스레피나무, 마삭줄, 자금우 등의 늘푸

돈나무 새잎

돈나무 잎

른 넓은잎나무들과 함께 자란다.

가지에 갈색 털이 있다. 잎은 가지 끝에서 돌려나고 거꿀 달걀 모양이며, 가장자리는 밋밋하고 뒤로 말리면서 반원형의 나무 모양을 이루어 아름답다. 꽃은 가지 끝에서 우산 모양의 산형꽃차례를 이루며, 흰색에서 점차 노란색으로 되고 향기가 나며 5~6월에 핀다. 열매는 털이 있으며 10~12월에 익는데, 3갈래로 갈라지며 붉은 점액에 싸인 씨앗이 잔뜩 들어 있다.

우리나라와 일본, 중국, 타이완 등지에서 자라는데, 우리나라에서는 남부지방의 양지바른 바닷가나 낮은 산기슭, 메마른 바위틈, 들판에서 자란다.

목재는 습기에 강해서 고기 잡는 도구를 만드는 데 쓰이며, 잎은 가축 사료로 이용된다. 늘

돈나무 암꽃

돈나무 수꽃

돈나무 덜 익은 열매

돈나무 익은 열매

돈나무 모양

푸른 넓은잎 떨기나무(상록활엽관목)로서 방풍용으로 해안이나 섬 지역에 심고, 공해에 강하여 도심지에 심기에도 적합하다. 그러나 추위에 약해 추운 지역에서는 잘 자라지 못한다. 한방에서 줄기, 잎, 꽃을 햇볕에 말려 약재로 사용한다.

돈나무 껍질

비슷한 나무들
♠ 이엽돈나무 : 재배 품종으로 돈나무보다 잎과 열매가 작다.

038 동백나무 |차나무과|

꽃이 통째로 떨어지는

Camellia japonica L.

붉은 동백을 보면 이제 봄이 곧 온다는 생각을 갖게 된다. 여기에서 '백(柏)' 자는 흰[白] 눈 속에서도 자라는 나무[木]라는 뜻으로, 겨울에도 잎이 푸르고 꽃이 피는 늘푸른나무임을 나타낸다.

형태 늘푸른 넓은잎 작은큰키나무(상록활엽소교목)　꽃 12~4월　열매 9~10월

바람이 차가운 이른 봄 가장 먼저 꽃 소식을 전하는 꽃이 바로 동백이다. 오죽하면 '겨울 동(冬)' 자를 써서 '동백(冬柏)'이라고 할까. 붉은 동백을 보면 이제 봄이 곧 온다는 생각을 갖게 된다. 여기에서 '백(柏)' 자는 흰 눈 속에서도 자라는 나무라는 뜻으로, 겨울에도 잎이 푸르고 꽃이 피는 늘푸른 넓은잎 작은큰키나무임을 나타낸다.

보통 진한 붉은색의 동백꽃만 생각하는데, 재배품종은 꽃 모양이나 빛깔이 다양하며 꽃이 활짝 피거나 반쯤 피는 등 품종이 다양하다. 그러나 대부분의 품종은 하늘을 쳐다보는 꽃은 없고 옆이나 아래를 보고 피어난다. 통꽃이기 때문에 꽃이 질 때 한잎 한잎 떨어지지 않고 꽃

동백나무 잎

동백나무 겨울눈

동백나무 모양

잎 하나 상하지 않은 꽃송이가 통째로 떨어진다. '동백은 나무 위에서 100일 피고, 땅 위에서 100일 핀다'라는 말이 생겨났는데, 땅에 떨어진 꽃은 오래도록 남아 쓸쓸한 아름다움을 남긴다. 동백, 뜰동백나무, 뜰동백으로도 부르며, 한자로는 홍산차, 동백목, 동백으로 쓴다. 특이한 것은 '홍산차'와 같이 한자어 이름에 '차(茶)'가 붙은 것인데, 이는 이 동백나무가 차나무과이기 때문이다.

　작은 가지는 붉은빛을 띤 갈색이며 잎은 어긋나고 타원형 및 긴 타원형으로 물결 모양의 잔톱니가 있다. 꽃은 암수한꽃으로 가지 끝에 1개씩 피며 꽃잎은 5~7장으로 12~4월에 핀다. 열매는 공 모양으로 9~10월에 익고 3개로 갈라지며 씨앗은 검은빛을 띤 갈색이다.

　동백꽃은 벌과 나비가 아닌 동박새의 힘을 빌려 꽃가루받이를 한다. 동백꽃은 꽃에 꿀이 많아 동박새에게 꿀을 먹이고, 동박새는 동백꽃의 꽃가루를 날라다 주어 꽃가루받이를 할 수 있게 해 준다. 이렇게 새를 이용해 꽃가루받이를 하는 꽃을 조매화라고 한다.

　황해도의 대청도가 북방한계로 주로 남쪽 해안가에서 자란다. 습기가 있는 비옥한 땅을 좋아하고 추위에 약하여 추운 지방에서는 잘 자라지 못하나 바닷바람에 강해 따뜻한 남쪽 섬 지역이나 바닷가에서 잘 자란다. 대청도의 동백나무는 가장 북쪽 지방에서 자라고 있는 것으로 천연기념물 제66호로 지정되어 있으며, 충청남도 서천의 마량리 동백나무 숲은 천연기

동백나무 꽃

동백나무 덜 익은 열매

동백나무 익은 열매

동백나무 껍질

념물 제169호로 지정되어 보호되고 있다.

　동백나무 숲은 유명한 곳이 꽤 많은데, 고창 선운사 동백나무 숲은 천연기념물 제184호, 강진 백련사 동백나무 숲은 천연기념물 제151호로 지정되었으며, 통영 충렬사 동백나무, 부산 가덕도 자생동백나무 군락, 제주도 위미 동백나무 군락 등도 잘 알려진 동백나무들이다.

　늘푸른나무로 공해에도 강하여 생울타리용으로 심기에 적합한 나무이며 방화용이나 방풍용으로도 좋다. 목재는 노란빛을 띤 갈색으로 공예품, 가구재로 쓰인다. 열매에서 짠 동백유는 머릿기름, 등잔불, 식용유, 화장품 원료, 윤활유 등 다용도로 사용된다. 꽃은 지혈, 소종, 장염, 어혈 등에 약으로 쓰인다. 꽃말은 신중, 허세 부리지 않음이다.

비슷한 나무들
- **흰동백나무** : 흰색 꽃이 피는 동백으로 거문도와 홍도에서 자란다.
- **애기동백나무** : 어린 가지와 잎 뒷면의 맥 위와 씨방에 털이 있으며, 동백나무에 비해 작다.

봄철 최고의 산나물

039 두릅나무 | 두릅나무과 |

Aralia elata (Miq.) Seem.

두릅은 알싸하면서도 단맛이 나고 향이 그윽하다. 어린순을 데쳐서 먹기도 하지만 튀김, 산적, 부침, 전골, 장아찌 등 다양하게 요리할 수 있다.

형태 갈잎 넓은잎 떨기나무 또는 작은큰키나무(낙엽활엽관목 또는 소교목)　**꽃** 8~9월

열매 10월

　두릅은 봄날 미각을 돋워주는 나물로 유명하다. 어린순을 따서 초고추장에 찍어 먹는데, 어린순이 다 올라와 억세졌을 때에는 그중 보드라운 것을 따서 살짝 데친 후 껍질을 벗겨 속살을 나물로 해 먹으면 오히려 연한 순보다 더욱 향이 강하고 맛있다.

　두릅은 두릅나무와 땅두릅의 두 종류가 있는데, 일반적으로 두릅 하면 두릅나무를 말한다. 잎자루에 가시가 돋아 있고 잎의 앞뒷면에 가는 털이 나 있는 것으로 땅두릅과 구분을 위해 참두릅이라고도 한다. 그 외에도 개두릅이 있는데, 흔히 음나무라고 부르며 잎과 잎자루에 가시

두릅나무 싹

두릅나무 잎

두릅나무 모양

가 없다. 두릅나무는 강원도에서, 땅두릅은 강원도와 충청북도에서 많이 재배된다.

　두릅나무 이름은 목두채에서 '둘훕'이 유래되었고 다시 '두릅'으로 변한 것이다. 두채는 나무줄기의 끝에서 나오는 어린순이 마치 머리처럼 나오는 것을 비유하여 붙여진 이름이다. 드릅나무, 참두릅나무, 참두릅, 참드릅 등으로도 불린다.

　나무껍질은 회색이며 줄기에 가시가 많다. 잎은 어긋나며 홀수 깃꼴 겹잎이며 잎줄기와 잔잎에 가시가 있다. 잔잎은 넓은 달걀 모양으로 가장자리에 큰 톱니가 있고 뒷면은 회색으로 맥 위에 털이 있다. 꽃은 흰색이며 가지 끝에서 나오는 원추꽃차례로 8~9월에 흰색으로 핀다. 열매는 둥글고 5개의 능선이 있으며 10월에 검은색으로 익는다.

　우리나라와 중국, 일본, 만주, 사할린 등지에서 자란다. 우리나라에서는 전국의 양지바른 산기슭이나 골짜기, 자갈밭에서 잘 자란다. 이런 곳에서 자라는 식물들은 거의 햇빛을 좋아하거나 척박하고 건조지에서 잘 견디는 식물들인데 붉나무, 산초나무, 부처손 등이 있다.

　두릅은 알싸하면서도 단맛이 나고 향이 그윽하다. 어린순을 데쳐서 먹기도 하지만 튀김, 산적, 부침, 전골, 장아찌 등 다양하게 요리할 수 있다. 쇠고기와 함께 꼬챙이에 꿴 뒤 밀가루를 묻히고 달걀옷을 입혀 지지거나 구워 먹기도 한다.

두릅나무 꽃

두릅나무 열매

두릅나무 겨울눈

두릅나무 껍질

두릅의 뿌리에는 아랄로사이드, 비타민 A·B·C가 들어 있으며, 잎에는 헤데라게닌, 단백질, 지방, 당질, 회분, 인, 칼슘, 섬유질, 철분, 비타민 C·B_1·B_2, 나이아신 등이 들어 있다. 뿌리껍질은 당뇨병과 위장병에 쓰이며, 잎과 뿌리와 열매는 건위제, 간장질환 등에 사용된다. 그 외에도 신경안정, 통증, 염증, 위염, 간염, 관절염, 양기부족 등에 사용된다. 꽃말은 애절, 희생이다.

🌳 비슷한 나무들

- **둥근잎두릅나무** : 잎이 작고 둥글며 잎줄기의 가시가 크다.
- **애기두릅나무** : 잎의 뒷면에 회색 또는 노란색의 부드러운 털이 나 있다. 두릅나무에 비해 잎이 작고 둥글다.
- **땃두릅나무** : 자인삼, 자삼, 천삼이라고도 부른다. 줄기와 잎맥에 가시가 빽빽하게 나 있으며, 원추꽃차례에는 털과 가시가 빽빽하게 나 있다.
- **땅두릅** : 흔히 독활이라고 부르는 풀이다. 어린순은 먹고 뿌리는 약용한다.

시원한 그늘을 만들어 주는

040 등 |콩과|

Wisteria floribunda (Willd.) DC.

천연기념물로 지정된 것이 몇 그루 있는데 그중 유명한 것은 서울 삼청동 국무총리 공관의 등이다. 나이가 900년 정도로 추정되며 천연기념물 제254호로 지정되었다.

형태 갈잎 넓은잎 덩굴나무(낙엽활엽덩굴성 목본)   꽃 5~6월   열매 9~10월

등은 무더운 여름철 시원한 그늘을 만들어준다. 흐드러지게 핀 등꽃은 당면을 섞어 떡을 만들어 먹는데, 이를 '등라병'이라 한다. 어린잎이나 꽃도 먹는다. 특히 꽃으로 만든 화채는 '등화채'라고 부른다.

등은 나무지만 칡과 같이 다른 식물을 감고 오르는 덩굴나무이며 참등나무, 조선등나무, 왕등나무, 연한붉은참등덩굴이라고도 한다. 길이는 16m 정도이고 작은 가지는 회색빛을 띤 갈색이다. 잎은 어긋나며 13~19개의 잔잎으로 된 홀수 깃꼴 겹잎이고, 잔잎은 길쭉한 둥근 모양으로 길이는 4~8cm이다. 꽃은 길이 30~40cm의 총상꽃차례에 달린다. 연한 자주색으

등 잎

등 나무껍질

등 나무 모양

로 5~6월에 잎과 같이 핀다. 열매는 보드라운 털로 덮였는데, 아래는 넓고 기부로 갈수록 좁아지는 꼬투리 열매로 9~10월에 익는다.

　우리나라와 일본, 중국 등지에서 자란다. 우리나라에서는 경상남도와 전라남도, 충청남도 등 일부 지역에서 자란다. 비옥한 계곡이나 산기슭에서 잘 자라고, 건조하고 척박한 곳과 바닷가에서도 잘 자란다. 추위와 공해에도 강해서 우리나라 전국의 공원이나 정원에 많이 심는다.

　등은 쓰임새가 매우 많다. 등의 줄기로 만든 베개는 '등침'이라 하여 여름에 낮잠을 잘 때 베고 자면 좋고, 이 나무로 만든 술잔은 '등배'라고 한다. 또한 종이를 만들 수도 있는데 이 종이를 '등지'라 한다. 또 줄기가 단단해 지팡이로 사용하는데, 조선의 영조도 등으로 지팡이를 사용했다고 한다. 몇 년 전에는 등으로 만든 가구도 유행했는데, 이는 우리나라에서 자라는 나무가 아니라 인도네시아산의 라탄이라는 나무로 만든 것이다.

　등은 천연기념물로 지정된 것이 몇 그루 있는데 그중 유명한 것은 서울 삼청동 국무총리

등 꽃봉오리

등 열매

등 단풍

등 줄기

공관의 등이다. 나이는 900년 정도로 추정되며 줄기 밑동 둘레가 2.42m나 되는 커다란 나무로 천연기념물 제254호로 지정되었다. 경주시 오류리의 등은 용처럼 구불구불한 줄기를 가지고 있어 '용등'이라고 하며, 천연기념물 제89호로 지정되었다.

비슷한 나무들
- 흰등 : 흰색 꽃이 피는 등이다.
- 애기등 : 등에 비해 잎과 꽃이 적다.

줄기에 때가 많은 듯한

041 때죽나무 | 때죽나무과 |

Styrax japonicus Siebold & Zucc.

노가나무, 족나무, 왕때죽나무, 때쭉나무라고도 하며, 종처럼 생긴 흰 꽃이 아래를 보고 피어 영어로는 'snowbell'로 불린다.

형태 갈잎 넓은잎 작은큰키나무(낙엽활엽소교목)   꽃 5~6월   열매 9~10월

    때죽나무는 열매껍질에 독성이 있어 옛날에는 열매를 찧어 물에 풀어 물고기를 잡았는데, 물고기가 떼로 죽는다고 해서 떼죽나무라 하던 것이 때죽나무로 바뀌었다는 유래가 있다. 또 사포닌 성분이 들어 있어서 비누로도 썼는데, 기름때를 죽 뺀다고 하여 때죽나무라고 했다는 설도 있고, 다갈색의 줄기가 마치 때가 많은 것처럼 보여 때죽나무라고 했다는 설도 있다. 열매가 회색으로 반질반질해서 마치 스님이 떼로 몰려 있는 것 같다 하여 떼죽나무라고 불렀다는 설도 있다. 노가나무, 족나무, 왕때죽나무, 때쭉나무라고도 한다.

    밑에서 많은 줄기를 내는데 줄기는 검은빛을 띤 갈색으로 세로로 줄이 나 있으며 어린줄

때죽나무 새싹

때죽나무 잎

때죽나무 모양

기에는 나무껍질이 세로로 일어난다. 잎은 어긋나고 좁은 달걀 모양이다. 꽃은 2~5송이가 잎겨드랑이에 총상꽃차례로 달리는데 종처럼 생긴 흰 꽃이 아래를 보고 5~6월에 핀다. 열매는 달걀 모양으로 긴 자루에 주렁주렁 매달리며 9~10월에 회색빛을 띤 녹색으로 익는다. 씨앗은 갈색으로 1~2개가 들어 있다.

여름철 가지 끝에 작은 바나나처럼 생긴 것을 볼 수 있는데, 이것은 열매가 아니라 때죽납작진딧물의 벌레혹(충영)이라고 하는 진딧물집이다. 벌레가 벌레처럼 보이면 살아남기 어려워 열매 모양을 하고 있는 것으로 이 벌레의 살아남기 위한 방법이다. 《동의보감》에 따르면 때죽나무에 달리는 진딧물집을 화상에 붙이면 즉효가 있다고 한다.

종 모양의 흰 꽃과 향기 좋은 열매가 아름다워 정원에 심는다. 나무는 세공품, 기구재, 장기 알, 지팡이, 양산자루, 목기를 만드는 데 사용된다. 열매는 기름을 짜서 등잔불 기름과 머릿기름으로 사용되었으며 꽃은 향기가 좋아 향수의 원료로 사용되었다. 줄기에 흠집을 내어 흘러나오는 유액은 처음에는 우윳빛이지만 차츰 노란색의 덩어리로 변한다. 이 유액은 달콤한 향기를 내는데 예로부터 향료로 널리 쓰였다. 가지는 빗물을 정수하는 데 쓰기도 했는데, 특히 물이 귀한 제주도에서 많이 썼다.

한편 《본초강목》에 따르면, 악한 것을 없애고 요사한 기운을 잠재운다는 뜻으로 안식향이

때죽나무 꽃

때죽나무 열매

때죽나무 껍질

때죽나무 벌레혹(충영)

란 이름을 붙였다고 하며, 《동의보감》에는 나쁜 기운을 쫓는 데 쓴다고 적혀 있다. 종교의식에서 훈향(태워서 향기를 내는 물질)으로도 쓰였고 화장품 등의 방부제로 이용되었으며 거담제, 진통제, 궤양 치료제 등으로도 쓰였다. 꽃은 '매마등'이라 하는데 화를 풀어주고 풍을 몰아내며 습한 것을 없애고 생리작용을 돕는다고 한다. 한편 민간에서는 꽃을 인후통이나 치통에, 잎과 열매는 풍습에 썼다. 그러나 약한 독성이 있기 때문에 많이 복용하면 위장 장애를 일으킨다.

비슷한 나무들
- **쪽동백나무** : 0.8~1cm 길이의 꽃자루에 20송이 정도의 꽃들이 달린다. 이에 비해 때죽나무는 1~3cm 길이의 꽃자루에 2~5송이의 꽃들이 달린다.

떡을 찔 때 시루에 까는

042 떡갈나무 | 참나무과 |

Quercus dentata Thunb.

갈잎은 가랑잎이라는 뜻이며 특히 떡갈나무의 잎을 뜻한다. 그래서 떡갈나무를 흔히 가랑잎나무라고도 한다. 떡갈나무라는 이름은 떡을 찔 때 시루에 잎을 까는 나무라는 데에서 유래한다.

형태 갈잎 넓은잎 큰키나무(낙엽활엽교목)　**꽃** 4~5월　**열매** 9~10월

엄마야 누나야 강변 살자
뜰에는 반짝이는 금모래빛
뒷문 밖에는 갈잎의 노래
엄마야 누나야 강변 살자
엄마야 누나야 강변 살자

　　　　　　　　　김소월의 〈엄마야 누나야〉 중에서

이 시는 동요로도 만들어진 김소월의 시 〈엄마야 누나야〉인데, 셋째 줄의 '갈잎의 노래'에

떡갈나무 새잎

떡갈나무 잎

떡갈나무 모양

서 갈잎은 흔히 갈대 잎으로 생각하기 쉽다. 그러나 갈잎은 국어사전에도 나오듯 가랑잎이라는 뜻이며 특히 떡갈나무의 잎을 뜻한다. 그래서 떡갈나무를 흔히 가랑잎나무라고도 한다.

떡갈나무라는 이름은 떡을 찔 때 시루에 잎을 까는 나무라는 데에서 유래한다. 잎이 두꺼워 일본에서도 찹쌀떡을 싸서 먹는 습관이 있다. 그렇게 하면 잎의 향긋한 냄새와 잎에 묻은 진딧물 오줌의 달짝지근한 맛이 배어서 떡 맛이 좋다. 또한 피톤치드의 핵심 물질인 테르펜의 살균효과가 미생물의 생육을 억제해 떡이 상하지 않게 하는 효과도 있다고 한다.

나무껍질이 두껍기 때문에 산불에 강하고 줄기는 곧게 자라며 작은 가지는 조밀하다. 잎은 거꿀 달걀 모양으로 가장자리는 물결 모양으로 갈라지며, 잎자루는 짧고 두꺼우며 뒷면에 갈색 털이 빽빽하다. 수꽃은 새 가지에서 길게 늘어지고, 암꽃은 위로 곧게 나오며 4~5월에 핀다. 단단한 깍정이는 열매를 1/2 이상 감싸며 뒤로 젖혀지고 붉은빛을 띤 갈색이며, 열매는 달걀 모양으로 9~10월에 익는다.

우리나라와 중국, 타이완, 몽골, 일본 등지에서 자란다. 우리나라 전국의 산기슭과 산 중턱에서 자라며 바닷가의 야

떡갈나무 씨앗

떡갈나무 암꽃

떡갈나무 수꽃

떡갈나무 열매

떡갈나무 껍질

산이나 섬에서도 볼 수 있다. 비옥하고 깊은 땅에서 잘 자랄 뿐만 아니라 건조한 곳에서도 잘 자라는데 생장은 느리지만 공해에는 강하다.

목재는 거칠고 단단하며 무거우나 잘 갈라진다. 탈취제, 건축재, 식용 등으로 사용하며 또한 나무껍질이 두껍기 때문에 방화용으로도 적합하다. 떡갈나무의 피톤치드는 특히 내장의 세균들을 멸균시키는 효능이 있다고 한다.

비슷한 나무들
- **청떡갈나무** : 잎 뒷면에 털이 없다.
- **깃떡갈나무** : 잎이 거의 주맥까지 갈라진다.

열매가 앵두처럼 생긴

043 뜰보리수 | 보리수나무과 |

Elaeagnus multiflora Thunb.

보리수나무, 왕보리수나무는 토종이지만 뜰보리수는 일본에서 들여온 것이다. 한여름에 빨갛게 익는 열매가 마치 작은 앵두 같은 느낌을 주는 것이 특징이다.

형태 갈잎 넓은잎 떨기나무 또는 작은큰키나무(낙엽활엽관목 또는 소교목)　**꽃** 4~5월

열매 5~6월

　　보리수나무 종류는 원예종으로 심어지는데, 이 나무는 뜰에 많이 심는다고 하여 뜰보리수라는 이름을 얻었다. 그만큼 야생에서는 많이 자라지 않는다. 보리수나무, 왕보리수나무는 토종이지만 뜰보리수는 일본에서 들여온 것이다. 한여름에 빨갛게 익는 열매가 마치 작은 앵두 같은 느낌을 주는 것이 특징이다. 왕보리수나무는 이에 반해 열매가 가을에 익는다.

뜰보리수 잎(앞면)

뜰보리수 잎(뒷면)

뜰보리수 나무 모양

　빨간 열매가 미각을 자극해 따 먹는 사람이 많지만 덜 익은 상태이므로 매우 시고 떫다. 그래서 맛이 없다고 여길지 모르겠으나 좀 더 익어 붉은색이 검게 익어 갈 때 따 먹으면 훨씬 맛이 좋다.

　높이가 2~4m밖에 안 되며 나무껍질은 검은빛을 띤 갈색이다. 어린 가지는 붉은빛을 띤 갈색의 비늘털로 덮여 있다. 잎은 어긋나며 긴 타원형으로 양 끝이 좁고, 길이는 3~10cm이며 가장자리는 밋밋한 편이다. 4~5월에 연한 노란색 꽃이 잎겨드랑이에 한두 송이씩 달리는데, 꽃에는 흰색과 갈색의 털이 난다. 열매는 긴 타원형으로 길이가 1.5cm이며, 5~6월에 붉게 익으면 약간 떫기는 하지만 먹을 수 있다.

　일본이 원산지이며 우리나라 남부지방과 일본, 중국 해안가, 타이완 등지에서 자란다. 관상용이나 과실나무용으로 심으며, 한방에서 열매를 약재로 사용한다.

　최근에는 항산화, 미백, 항염 효과가 있는 성분이 발견되어 화장품, 특히 피부질환이나 염증이 있는 경우에 사용하는 연구가 이루어지고 있다. 잘 익은 열매를 따서 잼을 만들어 먹기도 하고, 천식이 있는 사람은 열매를 말려 가루를 만들어 물에 타서 마시기도 한다.

뜰보리수 꽃

뜰보리수 열매

뜰보리수 줄기(1년생)

뜰보리수 나무껍질

🌳 비슷한 나무들

- ♠ 왕보리수나무 : 높이는 3~4m이다. 잎이 뜰보리수보다 두껍고 크며, 잎 가장자리에 주름이 잡혀 있다.
- ♠ 보리수나무 : 열매가 1cm 미만으로 작다. 줄기 끝이 약간 처지고 가시가 있다.

044 리기다소나무 | 소나무과 |

송진이 많은

Pinus rigida Mill.

송진이 다른 소나무에 비해 많은 편이라서 영어 이름도 'pitch pine'이다. pitch가 바로 송진 또는 수지라는 뜻이다.

형태 늘푸른 바늘잎 큰키나무(상록침엽교목)   꽃 5월   열매 이듬해 9~10월

당신을 처음 만났을 때
당신은 한 그루 리기다소나무 같았지요
푸른 리기다소나무 가지 사이로
얼핏얼핏 보이던 바다의 눈부신 물결 같았지요

정호승의 〈리기다소나무〉 중에서

소나무라고 하면 백송이니 해송이니 하는 말은 많이 들었을 테지만 리기다소나무는 약간 낯설 것이다. 리기다라는 이름도 낯설다. 자라는 속도가 빠른 까닭에 전국의 산에 많이 심

리기다소나무 새잎

리기다소나무 잎

리기다소나무 모양

어졌다. 여기에서 '리기다'라는 말은 '질긴', '빳빳한'이라는 뜻이다.

   리기다소나무는 송진이 다른 소나무에 비해 많은 편이라서 영어 이름도 'pitch pine'이다. pitch가 바로 송진 또는 수지라는 뜻이다. 야구경기를 보면 투수가 흰 주머니를 만지작거리는 것을 볼 수 있다. 이것을 '로진 백'이라고 하는데, 송진 가루가 들어 있는 작은 주머니를 말한다. 리기다소나무를 강엽송, 송절이라고 부르며, 세잎소나무나 삼엽송이라고도 한다.

   가지가 넓게 퍼지고 원줄기에서도 짧은 가지가 나와 잎이 달릴 정도로 싹트는 힘이 강한 편이다. 나무껍질은 붉은빛을 띤 갈색으로 깊게 갈라지며 바늘잎은 3개씩 모여 나는데 딱딱하면서도 조금씩 비틀려 있다.

   암수한그루로 5월에 꽃이 핀다. 수꽃은 원기둥 모양으로 노란빛을 띤 자주색으로 피며, 암꽃은 달걀 모양으로 새잎 위에 핀다. 열매는 달걀형의 원뿔 모양으로 길이 3~9cm이고 가지에 달려 있으며, 열매조각(실편)에 가시 모양의 돌기가 보인다. 씨앗은 달걀 모양의 삼각형으

리기다소나무 암꽃

리기다소나무 수꽃

리기다소나무 열매

리기다소나무 껍질

로 이듬해 9~10월에 갈색으로 익는다.

   북아메리카의 대서양 연안이 원산지로 우리나라에는 1907년경에 처음 들어왔다고 한다. 특히 1970년대에 많이 심어져 민둥산 일색이던 전국의 산을 울창한 숲으로 변화하였으나 외국에서 들여온 나무를 심게 되어 원래 자라던 나무에 영향을 미쳤다. 비록 금강소나무나 다른 나무처럼 재목으로서는 가치가 적지만 산사태를 막고 땔감으로도 꽤나 유용한 나무이다.

비슷한 나무들

- **테에다소나무** : 미국 남부 원산으로 우리나라에는 남부 지방에 많이 심어졌다. 바늘잎은 3개가 모여 나며 딱딱하다.
- **리기테에다소나무** : 리기다소나무와 테에다소나무의 잡종이며, 잘 자라고 추위에도 강하다. 육종학자 현신규가 보급한 나무이다.

꽃이 바람개비를 연상케 하는

045 마삭줄 | 협죽도과 |

Trachelospermum asiaticum (Siebold & Zucc.) Nakai

꽃이 하얗게 피어서 점점 노란빛으로 바뀌어간다. 다섯 장의 꽃잎이 마치 바람개비처럼 돌려나는 모습이 재미있다. 꽃말이 바람개비, 하얀 웃음이라니 실로 적절한 표현이다.

형태 늘푸른 넓은잎 덩굴나무(상록활엽덩굴성 목본)　**꽃** 6~7월　**열매** 10~11월

늘푸른 식물은 잎이 사철 내내 푸른 식물을 말한다. 하지만 늘푸른 식물 중에도 단풍이 드는 것이 꽤 된다. 단지 낙엽이 되어 떨어지지 않을 뿐이다. 넓은잎 식물인데, 겨울이 되면 조건에 따라서 붉은 빛깔이나 노란빛, 갈색으로 적절하게 바뀐다. 이 잎은 떨어지지 않고 겨울을 지내고 봄이 되면 다른 새잎이 연하게 나온다.

마삭줄은 삼으로 꼰 밧줄 같다고 해서 붙여진 이름이다. 마삭나무, 겨우사리덩굴, 마삭덩굴, 마살풀이라고도 한다. 전체 길이가 5m 정도까지 벋는데, 재미있는 것은 줄기가 땅에 닿으면 그곳에 뿌리를 내리며, 다른 물체에 닿으면 그 물체에 붙어 위로 올라간다. 잎은 타원

마삭줄 새잎

마삭줄 잎

마삭줄 나무 모양

　형 또는 달걀 모양으로 마주나며, 표면은 짙은 녹색으로 윤기가 흐르고 뒷면은 털이 있기도 하고 없기도 하다.

　꽃은 6~7월에 하얗게 피어서 점점 노란빛으로 바뀌어간다. 다섯 장의 꽃잎이 마치 바람개비처럼 돌려나는 모습이 재미있다. 꽃말이 바람개비, 하얀 웃음이라니 실로 적절한 표현이다.

　꽃은 지름이 2~3cm 내외이며 열매는 10~11월에 길이 1.2~2.2cm로 2개씩 달린다. 꼬투리처럼 생긴 긴 열매가 활처럼 굽어 달리는데, 바람개비처럼 생긴 꽃에서 활 같은 모양의 열매를 맺다니 신기하고 재미나다.

　돌과 바위를 휘감는다고 해서 낙석등이라는 이름을 가지고 있으며 여름에 잎이 붙은 줄기를 베어 햇볕에 말려서 해열, 강장, 진통에 사용한다. 꽃과 열매를 감상할 수 있어 관상용으로 키우기도 한다. 원산지는 우리나라로 우리나라 전역과 일본 등지에서 자란다.

마삭줄 꽃

마삭줄 덜 익은 열매

마삭줄 익은 열매

마삭줄 씨앗

마삭줄 잎(겨울)

마삭줄 나무껍질

🌳 비슷한 나무들

- **털마삭줄** : 줄기와 잎에 털이 있으며, 잎은 길이 4~8cm, 너비 2~5cm로 마삭줄 잎보다 약간 크고 통통해 보인다. 이에 비해 털이 없는 마삭줄은 민마삭줄이라고도 부른다.
- **백화등** : 잎이나 꽃의 크기는 마삭줄과 비슷하나 꽃이 여러 겹을 이룬다. 가지에 털이 난 점도 다르다. 남부지방 특히 전라남도 여수 오동도에서 많이 자란다.

열매가 말발굽을 닮은

046 말발도리 | 범의귀과 |

Deutzia parviflora Bunge

열매가 말발굽 모양으로 생겨서 말발도리라고 한다. 추위와 공해에 강하며 건조한 땅이나 습지를 가리지 않고 아무 곳에서나 잘 자라며 꽃이 아름답다.

형태 갈잎 넓은잎 떨기나무(낙엽활엽관목) **꽃** 5~6월 **열매** 9월

밑부분에서 많은 줄기가 올라와 덤불을 이루며, 작은 가지는 초록빛을 띤 갈색으로 별 모양의 털이 있다. 잎은 달걀 모양의 타원형으로 마주나며 뒷면에 별 모양의 털이 있다. 꽃은 우산 모양의 산형꽃차례를 이루고 꽃잎이 5개로 갈라지며 흰색으로 5~6월에 핀다. 가지 끝의 새잎이 달린 자리에서 꽃이 피는 것이 특징이다. 열매는 별 모양의 털이 있으며 9월에 익

말발도리 잎

말발도리 나무껍질

말발도리 나무 모양

말발도리 꽃

는다. 말발도리라는 이름은 열매가 말발굽 모양으로 생겨서 붙여졌다.

우리나라와 중국 등지에서 자란다. 우리나라에서는 제주도를 제외한 전국 산지의 계곡이나 바위틈에서 자란다. 추위와 공해에 강하며 토양을 가리지 않아 건조한 땅이나 습지를 가리지 않고 아무 곳에서나 잘 자란다. 꽃말은 애교이다.

말발도리 열매

비슷한 나무들

- **빈도리** : 줄기 속이 비어 있고 꽃은 총상꽃차례로 달린다.
- **매화말발도리** : 꽃이 전년도 가지의 잎겨드랑이에서 1~3개씩 나오고 별 모양의 털이 빽빽이 난다.
- **바위말발도리** : 매화말발도리에 비해 1~3개의 꽃이 새 가지에 달린다.
- **애기말발도리** : 잎 가장자리에 잔톱니가 있으며 양면에 별 모양의 털이 있다. 각시말발도리라고도 한다.
- **둥근잎말발도리** : 잎이 말발도리에 비해 둥글다. 꽃은 원추꽃차례에 달리며 꽃차례와 열매에 별 모양의 털이 있다. 꽃말발도리라고도 한다.
- **물참대** : 말발도리와 비슷하지만 잎에 털이 없다.

매의 발톱처럼 예리한 가시를 지닌

047 매발톱나무 | 매자나무과 |

Berberis amurensis Rupr.

줄기와 잎에 매의 발톱처럼 날카로운 가시가 3개씩 달려 있어서 매발톱나무라고 한다. 미나리아재비과의 여러해살이풀인 매발톱꽃도 있지만 전혀 다른 종이다.

형태 갈잎 넓은잎 떨기나무(낙엽활엽관목)　**꽃** 4~5월　**열매** 9~10월

줄기와 잎에 매의 발톱처럼 날카로운 가시가 3개씩 달려 있어서 매발톱나무라고 한다. 미나리아재비과의 여러해살이풀인 매발톱꽃도 있지만 전혀 다른 종이다.

나무껍질은 회색으로 표면이 세로로 갈라지며 밑에서 많은 줄기가 올라온다. 작은 가지는 노란빛을 띤 회색으로 길이 1~3cm의 잎 같은 가시가 나 있다. 잎은 어긋나며 거꿀 달걀 모양의 타원형으로 잎 가장자리에 불규칙한 잔톱니가 있다. 꽃은 연노란색이고 밑으로 처지는 총상꽃차례로 달리며 4~5월에 핀다. 열매는 타원형으로 9~10월에 붉은색으로 익는다.

우리나라와 일본, 중국, 만주, 우수리강 유역 등지에서 자라며, 우리나라에는 중부 이북의

매발톱나무 잎

매발톱나무 꽃

매발톱나무 어린 열매

매발톱나무 익은 열매

매발톱나무 모양

매발톱나무 줄기에 난 가시

매발톱나무 껍질

해발 100~1900m에서 자란다. 습기가 있는 모래흙을 좋아하고 양지와 음지를 가리지 않고 잘 자라며 추위에는 강하나 공해에는 약하다.

열매와 뿌리껍질을 채취하여 그늘에 말렸다가 달여 먹으면 염증, 건위, 간질환 등에 좋으며 베르베린, 옥시칸틴 등의 성분이 있어 항암 효과도 있다. 열매에는 비타민 C가 많이 들어 있어 잼을 만들거나 즙을 내어 먹을 수 있다. 한편 속껍질은 노란색 염료로 사용된다. 꽃과 열매가 아름다워 조경용으로 심으며 가시가 나 있어 생울타리용으로 심기에 적합하다. 꽃말은 승리의 맹세이다.

🌱 비슷한 나무들

- **섬매발톱나무** : 가지에 3개로 갈라진 큰 가시가 있고, 잎은 거꿀 피침 모양이며 열매는 긴 타원형이고, 제주도 한라산에서 자란다.
- **왕매발톱나무** : 잎이 공 모양 또는 달걀 모양의 원형으로 울릉도와 강원도에서 자란다.
- **일본매자나무** : 잎에 톱니가 없으며 꽃이 우산 모양의 산형꽃차례로 모여 핀다.

이른 봄에 꽃을 피우는
048 매실나무 |장미과|

Prunus mume (Siebold) Siebold & Zucc.

추위를 무릅쓰고 피는 매화는 선비의 불굴의 정신을 뜻한다고 하여 예로부터 사군자로 추앙받은 나무이기도 하다.

형태 갈잎 넓은잎 작은큰키나무(낙엽활엽소교목) 꽃 2~4월 열매 6~7월

나막신 신고 뜰을 걸으니 달은 날 따르고
매화 곁을 몇 번이나 서성여 돌았던고
밤 깊도록 오래 앉아 일어설 줄 몰랐더니
옷깃 가득 향기 스미고 달그림자 몸에 닿네

이황의 〈도산월야영매〉 중에서

조선 중기 대학자 퇴계 이황은 매화를 사랑하였다. 추위를 견디며 곱게 피는 꽃이 선비의 표상이기 때문이다. 위 시는 이황이 지은 〈도산월야영매〉 중 일부로, 임종을 할 때도 "매화

매실나무 어린잎

매실나무 잎

매실나무 모양

에게 물을 주어라"라고 했다고 전해진다.

　매화는 아주 이른 봄에 꽃을 피우기로 유명해 흔히 설중매라는 별칭으로도 불릴 정도이다. 이황의 시에서도 소개했듯 추위를 무릅쓰고 피는 매화는 선비의 불굴의 정신을 뜻한다고 하

매실나무 꽃

매실나무 덜 익은 열매

매실나무 익은 열매

매실나무 껍질

여 예로부터 사군자로 추앙받은 나무이기도 하다. 물론 사랑을 상징해 시나 그림의 소재로도 많이 등장한다. 매화 하면 동양의 꽃으로도 유명한데, 원산지도 일본과 중국을 동시에 꼽는다. 다만 우리나라는 이들 국가로부터 들여온 것이고 자생하지는 않았던 것으로 보인다.

잎은 어긋나고 달걀 모양으로 가장자리에는 잔톱니가 나 있다. 꽃은 전년도 잎겨드랑이에 1개 또는 2개가 잎

매실나무 씨앗

보다 2~4월에 먼저 피고, 은은한 향기가 강하며 꽃잎은 거꿀 달걀 모양으로 연분홍색을 띤다. 꽃이 예뻐 가정에서는 관상수로 심는다. 열매는 6~7월에 초록빛을 띤 노란색으로 익는다.

장성 백양사는 300년 전부터 스님들이 매화를 많이 가꿔온 곳으로 유명하다. 1863년에 대홍수가 나자 절을 100m 정도 북쪽으로 옮기며 홍매와 백매 한 그루씩 옮겨왔는데, 백매는 죽고 홍매만 남았다고 한다. 이 매실나무는 천연기념물 제486호로 지정되어 있다. 고목이 기품 있고 꽃이 아름다우며 향기도 좋아 호남 오매(고불매, 대명매, 계당매, 선암매, 소록도 수양매) 중 하나로 손꼽힌다. 꽃말은 고격, 기품, 인내, 맑은 마음이다.

비슷한 나무들

- **흰매실나무** : 흰 꽃이 피는 매실나무이다.
- **능수매** : 가지가 아래로 처지는 특징을 지닌다.
- **만첩홍매실** : 붉은색 꽃이 겹겹이 둘러싸여 핀다.
- **홍매실** : 꽃잎이 붉으며 홑꽃으로 핀다.

열매가 꿀처럼 단

049 멀꿀 |으름덩굴과|

Stauntonia hexaphylla (Thunb.) Decne.

멀꿀은 제주 방언에서 유래된 이름으로 열매의 속살 맛이 꿀과 같다고 하여 붙여진 것이다. 제주도에서는 멍꿀, 멍줄이라 부르며 완도에서는 먹나무, 멍나무라 부르기도 한다.

형태 늘푸른 넓은잎 덩굴나무(상록활엽덩굴성 목본) **꽃** 5~6월 **열매** 10월

멀꿀은 제주 방언에서 유래된 이름으로 열매의 속살 맛이 꿀과 같다고 하여 붙여진 것이다. 그러나 열매 속살은 으름과 같이 씨앗이 대부분을 차지하고 속살은 얼마 되지 않는다. 그래서 먹기에도 상당히 불편하다. 으름처럼 벌어지지 않으나 맛은 으름보다 맛있다. 제주도에서는 멍꿀, 멍줄이라 부르며 완도에서는 먹나무 또는 멍나무라 부르기도 한다.

1년생 줄기는 털이 없고 녹색이며 왼쪽으로 감아 올라가는 습성이 있다. 잎은 손바닥 모양이고 잔잎은 5~7장으로 이루어졌으며 두껍고 타원형이다. 꽃은 총상꽃차례에 달리는데, 연한 노란빛을 띤 흰색 바탕 안쪽에 붉은빛을 띤 갈색 선이 있으며 5~6월에 핀다. 열매는 타

멀꿀 새싹

멀꿀 잎

멀꿀 나무 모양

원형의 붉은빛을 띤 갈색으로 10월에 익으며 속살은 노란색으로 단맛이 난다. 씨앗은 검은색으로 열매에 100개 이상 들어 있다.

  우리나라와 일본, 중국, 타이완 등지에서 자라며, 우리나라는 전라남도, 경상남도, 충청남도 등 남부 지방의 해발 700m 이하의 계곡이나 숲속의 양지바르고 습기가 많은 곳에서 자란다. 따뜻한 남쪽 지방의 습기가 있는 모래흙에서 잘 자라고 양지와 음지에서 모두 잘 자라며 바닷가에서도 잘 자란다. 추위에는 약하여 추운 중부지방에서는 잘 자라지 못하나 새로운 줄기가 많이 나온다.

  주로 정원수로 이용하기도 하고 분재나 꺾꽂이용으로 사용한다. 늘푸른 넓은잎 덩굴나무이며 꽃과 열매가 아름다워서 나무로 많이 심는 나무이다. 한방에서는 뿌리와 줄기를 해열, 소염 등에 사용한다. 줄기는 질겨서 작은 바구니 같은 기구 등을 만들기도 한다. 전라남도 고흥에서는 대량 번식에 성공하여 도로변이나 절개지 등에 많이 심는다. 남부지방의 도심지에서도 쉽게 볼 수 있다. 꽃말은 애교, 즐거운 나날이다.

멀꿀 꽃봉오리

멀꿀 암꽃

멀꿀 수꽃

멀꿀 덜 익은 열매

멀꿀 익은 열매

멀꿀 씨앗

멀꿀 어린줄기

멀꿀 나무껍질

비슷한 나무들

- **으름덩굴** : 황해도 이남의 산과 들에서 자란다. 열매가 멀꿀 열매보다 길고 날렵하다. 마치 작은 바나나 같다.

산기슭, 논·밭둑에 기며 자라는
050 멍석딸기 | 장미과 |

Rubus parvifolius L.

우리나라 산야에서 흔하게 볼 수 있는 딸기나무이다. 제주도에서는 멍석딸기를 콩탈이라고도 부르며 지방에 따라 멍딸기, 번둥딸나무, 멍두딸, 수리딸나무라고도 한다.

형태 갈잎 넓은잎 덩굴나무(낙엽활엽덩굴성 목본)   꽃 5월   열매 6~7월

우리나라 산야에서 흔하게 볼 수 있는 딸기나무이다. 원예종이 들어오기 전에는 산딸기와 함께 멍석딸기를 많이 먹었는데 줄기나 잎, 열매 주위, 꽃 등에 작은 가시가 많이 나 있어 열매를 딸 때 찔리기도 한다.

원예종 딸기는 그 역사가 200년 정도이다. 남미 칠레의 야생딸기와 북미 버지니아의 토종 딸기를 교배해 품종개량을 통해 얻은 씨앗이 퍼진 것으로 알려져 있다. 그런데 이 원예종이 개발된 배경이 흥미롭다. 제국주의 시대 스페인의 식민지 칠레를 염탐하려고 보낸 프랑스의 스파이가 딸기 연구가처럼 위장을 하고 활동했다. 그는 칠레 곳곳에 있는 야생딸기를 스케

멍석딸기 잎(앞면)

멍석딸기 잎(뒷면)

멍석딸기 나무 모양

치하고 씨앗이나 덩굴줄기도 수집해 곁에서 보면 영락없는 딸기 연구가였다. 그의 연구를 바탕으로 하여 유럽에서 딸기 교배를 시도해 오늘날 식탁에 오르는 큼지막한 딸기가 탄생하게 되었다는 것이다.

제주도에서는 멍석딸기를 콩탈이라고도 부르며 지방에 따라 멍딸기, 번둥딸나무, 멍두딸, 수리딸나무라고도 한다. 높이가 30cm 정도로 옆으로 퍼지며 자란다. 이렇게 퍼지는 줄기와 잎들이 마치 멍석처럼 펼쳐져 멍석이라는 이름을 붙인 모양이다.

줄기에 갈고리 모양의 작은 가시가 난다. 잎은 어긋나며 잔잎이 3개로 이루어지는데, 어린잎은 5개인 것도 흔하다. 잔잎은 거꿀 달걀 모양이거나 원형의 달걀 모양을 이룬다. 잎 뒷면에 흰 털이 빽빽하며, 가장자리에는 톱니가 난다. 꽃은 5월에 분홍색으로 위를 향해 핀다. 꽃자루에도 가시가 있으며, 꽃잎은 5장으로 이루어져 있다. 열매는 6~7월에 붉은색으로 1.2~1.5cm의 크기로 둥글게 익는데, 맛이 좋은 편에 속한다.

멍석딸기 새잎

멍석딸기 꽃

멍석딸기 덩굴줄기와 열매

멍석딸기 열매

산기슭 이하의 낮은 지대에서 잘 자란다. 우리나라가 원산지이며 일본의 오키나와, 타이완, 중국, 오스트레일리아 등지에서도 자란다. 추운 지역이나 건조한 지역에서도 잘 자라고 산기슭이나 논·밭둑에서 기어가듯 자라는 것이 특징이다. 열매는 먹을 수 있으며, 약재로도 사용한다.

비슷한 나무들
- **사슨딸기** : 잔잎은 길이가 2cm 정도이고 줄기에 가시가 많다.
- **곰딸기** : 잎이 3~5개의 겹잎이며 줄기, 잎, 꽃차례 등 전체에 붉은색 털이 빽빽이 난다.

051 메타세쿼이아 | 낙우송과 |

멋진 가로수로 되살아난 화석식물

Metasequoia glyptostroboides Hu & W.C.Cheng

세쿼이아는 세계 각국에서 화석으로 발견되었는데, 우리나라에서도 포항에서 화석이 발견되었다. 세쿼이아라는 이름은 현지 인디언 부족인 체로키족의 추장 이름에서 딴 것이라고 한다.

형태 갈잎 바늘잎 큰키나무(낙엽침엽교목)   꽃 4~5월   열매 10~11월

쭉쭉 뻗은 모습, 울창한 가지 아래로 시원한 그늘, 가을이면 노란 갈색으로 물드는 메타세쿼이아가 늘어선 가로수 길은 여간 운치 있는 것이 아니다. 나무가 자라는 모습이 원시적인데, 실제로 메타세쿼이아는 화석으로만 발견되던 나무였다. 그러나 1940년대에 중국의 양쯔강 상류인 쓰촨성과 후베이성에서 발견되어 세상을 놀라게 했다. 메타세쿼이아란 '후에 발견된 세쿼이아'라는 뜻이다.

메타세쿼이아는 세계 각국에서 화석으로 발견되었는데, 중생대 백악기로부터 신생대 제3기 사이에 북반구에 널리 퍼져 무성하게 자라던 나무이다. 우리나라에서도 포항에서 화석

메타세쿼이아 잎

메타세쿼이아 나무껍질

메타세쿼이아 나무 모양

이 발견되었다. 살아 있는 것은 미국 캘리포니아 주에 남아 있고, 세쿼이아라는 이름은 현지 인디언 부족인 체로키족의 추장 이름에서 딴 것이라고 한다. 나무의 수가 적은 반면 나무 나이가 4000~5000년이나 되는 것이 있어 미국에서는 자생지 일대를 세쿼이아 국립공원으로 선정해 보호하고 있다. 하지만 메타세쿼이아와 세쿼이아는 다른 나무이다.

　나무껍질은 붉은빛을 띤 갈색이며, 얇고 세로로 갈라지고 길게 벗겨진다. 나무 모양은 원뿔 모양이다. 잎은 마주나며, 길이는 10~25mm, 너비는 1.5~2mm이다. 밑부분은 둥글며 끝이 뾰족하고 날개 모양으로 두 줄로 배열된다. 꽃은 4~5월에 피는데, 수꽃은 작은 가지 끝에 이삭처럼 달리고, 암꽃은 작은 가지에 1개씩 달린다. 열매는 공 모양으로 아래로 처지고 씨앗은 거꿀 달걀 모양으로 날개가 있으며 10~11월경에 익는다.

　메타세쿼이아는 생장이 빠르면서도 나무 모양이 원뿔 모양으로 아름다워 세계 곳곳에 가로수로 많이 심어지는데, 칠엽수와 개잎갈나무와 함께 세계 3대 가로수로 일컬어진다. 우리나라에는 1970년대부터 담양과 남이섬 등 곳곳에 심어졌다. 도심지인 창경궁과 동묘에도 심어졌으나 대기오염에는 약한 편이다.

메타세쿼이아 암꽃　　　　메타세쿼이아 수꽃(꽃피기 전)　　　　메타세쿼이아 수꽃

메타세쿼이아 덜 익은 열매　　　　메타세쿼이아 익은 열매

　중국이 원산지로 관상용, 가로수용으로 심으며 재질이 연하고 부드러워 주로 펄프재로 사용된다. 또 섬유원료, 가구, 연필로 만드는 데에도 유용하다. 담양의 메타세쿼이아 가로수 길은 8.5km로 2006년 국토교통부가 우리나라의 아름다운 길로 선정했다.

🌳 비슷한 나무들

- 낙우송 : 낙우송의 잎은 어긋나게 달리나 메타세쿼이아의 잎은 마주 보고 달린다.
- 세쿼이아 : 미국 캘리포니아 주에서 자란다. 레드우드와 빅트리 등 두 종이 있는데, 빅트리는 높이가 60~90m, 지름이 3.5~6m로 자란다.

씨앗으로 염주를 만들던

052 모감주나무 | 무환자나무과 |

Koelreuteria paniculata Laxmann

염주나무라고도 하는데, 꽈리 모양의 열매 안에 들어 있는 까맣고 단단한 씨앗으로 염주를 만들어 붙여진 것이다.

형태 갈잎 넓은잎 작은큰키나무 또는 큰키나무(낙엽활엽소교목 또는 교목) 꽃 6~7월

열매 9~10월

모감주나무란 이름은 불교와 인연이 깊은 나무로 묘각주나무 또는 묘감주나무로 부르다가 현재의 이름으로 바뀐 것이다. 그 흔적은 경상남도 거제 한내리의 모감주나무 군락에서 찾을 수 있는데, 현지에서는 묘감주나무라고 부른다. 별명으로 염주나무라고도 하는데, 꽈리 모양의 열매 안에 들어 있는 까맣고 단단한 씨앗으로 염주를 만들어 붙여진 것이다. 서양

모감주나무 잎

모감주나무 껍질

175

모감주나무 모양

에서는 'golden rain tree'라고 하는데, 나무의 꽃 모양이 마치 황금 비가 내리는 듯하다고 하여 붙여진 이름이다. 한자명은 보리수 또는 난수라고 하는데, '보리수'라는 이름으로는 불교와 인연이 있음을 알 수 있고, '난수'는 마치 실이 엉켜 있는 모습으로 보인다고 하여 중국에서 붙여진 이름이다.

잎은 어긋나며 7~15개의 잔잎으로 된 홀수 깃꼴 겹잎이고 가장자리에 불규칙한 둔한 톱니가 있다. 꽃은 원추꽃차례를 이루며 가지 끝에 달리고 노란색으로 6~7월에 핀다. 열매는 꽈리 주머니 모양으로 9~10월에 익으며 씨앗은 둥글고 검은색으로 약간 광택이 난다.

우리나라와 중국, 타이완, 일본 등지에서 자란다. 우리나라에서는 충청남도 안면도, 백령도를 중심으로 한 서해안 및 경상남도 등 주로 해안가에서 자라는데 독도와 울진에서도 자란다. 척박한 곳에서도 잘 자라고 추위와 공해에 강하며 바닷바람에도 강하여 주로 섬이나 바닷가에서 잘 자란다. 예전에는 절이나 마을 부근에서 많이 볼 수 있었던 나무이다.

충청남도 태안의 안면도 방포 해안에는 500여 그루의 모감주나무 군락이 자리하고 있으

모감주나무 꽃

모감주나무 덜 익은 열매

모감주나무 익은 열매

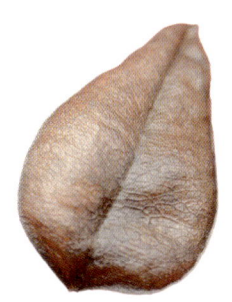
모감주나무 열매 속에 든 씨앗

며, 천연기념물 제138호로 지정되어 있다. 경상북도 포항의 발산리 모감주나무 역시 천연기념물 제371호로 지정되었으며, 거제 한내리의 모감주나무 군락은 경상남도 기념물 제112호로 지정되었다.

　꽃과 열매가 아름다워 정원수로 심는다. 열매로 만드는 염주는 옛날에는 지위가 높은 승려만 사용할 수 있을 만큼 고급 염주로 여겼다. 뿌리를 눈병, 요도염, 종기, 소화불량을 치료하는 데 쓴다. 민간요법으로 눈병, 종기에 꽃을 달여 마시고 소화불량 등에 뿌리를 달여 마신다. 잎과 꽃은 염료로도 사용된다. 꽃말은 자유로운 마음, 기다림이다.

생김새, 향기, 열매살에 세 번 놀라는

053 모과나무 |장미과|

Chaenomeles sinensis (Thouin) Koehne

지방기념물로 지정, 보호하고 있는 모과나무는 네 그루가 있다. 이 중 순창 강천사의 모과나무는 나이가 300년으로 강천사의 스님이 심었다고 하는데, 아직도 꽃이 피고 열매가 열린다.

형태 갈잎 넓은잎 작은큰키나무 또는 큰키나무(낙엽활엽소교목 또는 교목) **꽃** 5월
열매 9~10월

 예로부터 사람들은 모과를 보고 세 번 놀란다고 한다. 우선 너무나 못생겨서 놀라고, 다음으로는 못생긴 과일에서 향기가 많이 나 놀라며, 마지막으로 향기에 취해 모과를 먹으려고 입을 대보지만 한입도 베어 물 수 없다는 것에 한 번 더 놀란다는 것이다. 이런 못난 과일 때문에 '모과나무 심사'라는 말도 생겨났다. 모과나무처럼 뒤틀리어 성질이 심술궂고 순수하지 못한 마음을 비유하는 말이다.

 모과는 목과에서 유래된 이름으로 '나무에 열리는 참외'라는 뜻인데, 목의 받침 ㄱ이 탈락

모과나무 잎

모과나무 껍질

모과나무 모양

하여 모과가 된 경우이다. 목과, 목계 등으로도 불린다.

 어린 가지에는 가시가 없고 털이 있다. 나무껍질은 붉은 갈색을 띠며 얼룩무늬가 있고 매끄러우며 비늘 모양으로 벗겨진다. 또한 줄기는 골이 지고 혹 같은 것이 만져지는 독특한 모양이다. 잎은 어긋나고 달걀 모양으로 양 끝이 좁으며 가장자리에는 뾰족한 잔톱니가 있는데 어린잎은 뒷면에 털이 있다가 점차 없어진다. 꽃은 5월에 연한 붉은빛으로 가지 끝에 1개씩 달린다. 열매는 긴 타원형으로 단단해지며 9~10월에 녹색에서 노란색으로 익는다. 향기가 매우 좋아 천연 방향제로 사용하는데 벌레 먹고 못생긴 모과일수록 향기가 짙다.

 중국이 원산이다. 우리나라에서는 자라지 않고 전라도, 경기도에 많이 심어졌으며, 그 외에 가정의 정원이나 과수원에 심어 관상용이나 약용으로 이용된다. 햇빛이 잘 들고 습기가 있는 비옥한 땅에서 잘 자라고 추위를 잘 견디며 공해에도 강하다.

 모과나무는 지방기념물로 지정, 보호되는 나무만 네 그루가 있다. 이 중 마산 의림사 모과나무는 나무 나이가 250년으로 높이는 10m, 둘레는 3.3m이며 경상남도 기념물 제77호이다.

모과나무 암꽃

모과나무 수꽃

의령 충익사 모과나무는 나이가 500년이나 되는데, 높이는 의림사 모과나무보다 작아 8.5m, 둘레는 3m로 경상남도 기념물 제83호로 지정되었다. 순창 강천사 모과나무는 높이가 20m로 매우 크며 나무 나이가 300년이다. 강천사의 스님이 심었다고 하는데, 아직도 꽃이 피고 열매가 열린다. 전라북도 기념물 제97호로 지정되었다.

모과나무 열매

꽃과 열매가 아름다워 정원수로 심으며 열매는 식용, 약용, 향료용으로 심는다. 목재는 재질이 치밀하고 광택이 있어 가구재로 쓴다. 《흥부전》에 나오는 화초장이 바로 모과나무로 만든 장이다.

비슷한 나무들
- **양모과** : 유럽 중남부 지역의 캅카스에서 자라며, 가지에 가시가 있으나 재배종은 없다. 꽃은 지름이 3~4cm이며 열매는 지름이 3~5cm로 작은 편이다.

꽃은 아름다우나 향기는 없는

054 모란 | 작약과 |

Paeonla suffruticosa Andrews

부귀화라고 부르는데 이 꽃이 부귀와 풍요를 상징하기 때문이다. 예전에는 병풍에 모란을 많이 그렸는데, 이를 모란병이라 해서 집안에 경사스러운 일이 있을 때 병풍을 치곤 했다.

형태 갈잎 넓은잎 떨기나무(낙엽활엽관목)　**꽃** 5월　**열매** 7~8월

모란이 피기까지는
나는 아직 나의 봄을 기다리고 있을 테요
모란이 뚝뚝 떨어져 버린 날
나는 비로소 봄을 여읜 설움에 잠길 테요

　　　　　　　　　　　　김영랑의 〈모란이 피기까지는〉 중에서

모란 어린나무

모란 잎

모란 나무 모양

　많은 사람들이 암송하는 김영랑의 시이다. 사실 모란이라는 이름은 작약과 헷갈리기도 한다. 작약을 모란이라고 부르기도 하고, 한자로는 목단이라고 쓰기도 하니까 말이다. 하지만 작약과 모란은 다른 종류이며, 목단은 모란의 한자 이름이다. 또 부귀화라고 부르는데 이 꽃이 부귀와 풍요를 상징하기 때문이다. 그래서 예전에는 병풍에 모란을 많이 그렸는데, 이를 모란병이라 해서 집안에 경사스러운 일이 있을 때 병풍을 치곤 했다.

　그러나 향기가 나지 않는 꽃으로 재미있는 이야기가 전해진다. 옛날 중국의 한 노인이 모란 모종과 모란 꽃이 그려진 그림을 얻어왔는데, 손자가 보고는 꽃에 향기가 없을 것이라고 했단다. 왜 그러냐고 물으니 나비와 벌이 없기 때문이라는 것이다. 그 후 노인이 모종을 심어서 키워내니 꽃은 아름답지만 정말 향기가 없었다고 한다.

　잎은 겹잎으로 길이 20~25cm이며 잔잎은 넓은 달걀 모양으로 3~5개로 갈라지고, 뒷면에는 잔털이 있으며 흰빛을 띤다. 꽃은 암수한꽃으로 가지 끝에 달리며 꽃받침조각은 5장

모란 꽃봉오리

모란 꽃

모란 열매

모란 익은 열매와 씨앗

모란 나무껍질

으로 녹색이고, 꽃잎은 5개로 자줏빛을 띤 붉은색 또는 흰색으로 5월에 핀다. 열매는 골돌과의 긴 원형이며 노란빛을 띤 갈색 털이 빽빽이 나고 7~8월에 익으며, 씨앗은 공 모양으로 검은색이다. 뿌리는 굵고 희다. 어린 싹이 돋아날 때는 붉은빛을 띠며 잎과 동시에 꽃봉오리가 자란다.

햇빛이 드는 모래흙에서 잘 자라나 건조한 곳에서는 잘 자라지 못하며 추위에는 강하다. 모란꽃은 꽃꽂이용으로 이용하거나 또는 꽃이 아름다워 관상수로 많이 심는다. 뿌리껍질은 약용하는데 소염, 두통, 요통, 지혈 등에 쓰인다. 꽃말은 부귀이다.

봄을 맞이하는 꽃

055 목련 | 목련과 |

Magnolia kobus DC.

목련은 나무에 피는 연꽃이라 하여 붙여진 이름이다. 흔히 봄을 맞이하는 꽃이라 하여 영춘화라고 부르는데, 물푸레나무과의 영춘화와는 다르다.

형태 갈잎 넓은잎 큰키나무(낙엽활엽교목)　**꽃** 3~4월　**열매** 9~10월

목련은 나무에 피는 연꽃이라 하여 붙여진 이름이다. 연꽃은 불교를 상징하는데, 목련 역시 불교에서 많이 쓰인다. 사찰 문에 창살로 표현된 여섯 장의 꽃잎 무늬는 바로 목련을 형상화한 것이다. 목련을 흔히 봄을 맞이하는 꽃이라 하여 영춘화라고 부르는데, 물푸레나무과의 영춘화와는 다르니 혼동하지 말아야 한다.

목련은 종류가 매우 많다. 제주도에서만 자라는 목련, 흰 꽃이 피는 백목련 등이 있다. 이 밖에도 자주색 꽃이 피는 자목련은 봄이 끝나가는 시기에 핀다고 하여 망춘화라고 부르기도 한다. 산목련인 함박꽃나무, 일본목련, 꽃이 크고 늘푸른나무인 태산목도 목련의 일종으로

목련 잎

목련 나무껍질

목련 나무 모양

이들은 잎이 난 뒤에 꽃이 피는 특징이 있다.

위의 여러 목련 중에서 목련과 함박꽃나무만 우리나라에서 자란다. 그런데 우리가 흔히 볼 수 있는 목련은 중국이 원산지인 백목련을 말한다. 우리나라의 자생 목련은 제주도 한라산에서 자라며, 꽃잎 안쪽이 붉은색을 띠는 것이 특징이다. 꽃잎은 6~9장으로 향기가 매우 진하다. 3~4월에 흰 꽃이 피며 열매는 9~10월에 익는다.

나무껍질은 회색빛을 띤 흰색이며 조밀하게 갈라지고 작은 가지는 연한 녹색이다. 잎은 거꿀 달걀 모양의 타원형으로 잎자루에 흰색 털이 있다. 꽃은 잎보다 먼저 3~4월에 흰색으로 피지만 기부는 연한 붉은색이다. 열매는 원통형으로 곧거나 구부러지고, 씨앗은 타원형으로 하얀 실 같은 것이 붙어 있는데 9~10월에 익는다.

우리나라와 일본에서 자라며, 우리나라는 전역에서 자란다. 습기가 있는 땅을 좋아하는데 그늘에서는 꽃이 잘 피지 못하나 추위와 공해에는 강하다.

목련은 북쪽을 향해 꽃을 피우는 성질이 있는데, 그래서 예로부터 임금을 향한 충절을 상징하기도 했다. 이렇게 꽃이 북향이 되는 것은 햇볕을 많이 받은 남쪽 꽃덮개 껍데기의 세포가 북쪽보다 빨리 자라 꽃이 북쪽으로 기울기 때문이라는 설이 있다. 또 꽃이 상당히 매혹적

목련 꽃봉오리

목련 꽃

목련 덜 익은 열매

목련 익은 열매

이지만 진화가 덜 된 원시적인 상태로 겉씨식물과 같은 완벽한 씨방은 없다. 그래서 열매가 씨앗을 완전히 감싸지 못해 씨앗이 일부 밖으로 드러나기도 한다.

한방에서는 꽃봉오리가 콧병과 축농증에 쓰인다. 꽃봉오리와 나무껍질과 잎에는 여러 가지 성분이 들어 있어 약재로 사용한다. 줄기의 나무껍질에는 유독 성분이 함유되어 있으므로 적당량만을 먹어야 하며 또한 기력이 없고 땀을 많이 흘리는 사람이나 빈혈이 있는 사람은 먹지 말아야 한다. 꽃말은 고귀함이다.

🌷 비슷한 나무들
- ♠ 백목련 : 꽃은 흰색이지만 목련과 달리 기부에 연한 붉은색이 없다.
- ♠ 자주목련 : 꽃잎 겉이 연한 붉은빛을 띤 자주색이고 안쪽이 흰색이다.
- ♠ 자목련 : 꽃이 검은 자주색으로 핀다.
- ♠ 일본목련 : 높이는 20m로 꽃은 5~6월에 흰색으로 핀다.
- ♠ 별목련 : 꽃잎이 흰색의 별 모양으로 핀다.

잎이 코뿔소의 뿔을 닮은

056 목서 | 물푸레나무과 |

Osmanthus fragrans Lour.

목서는 나무에 달린 잎이 코뿔소의 뿔처럼 생겼다고 해서 붙은 이름이다. 목서 종류로는 금목서, 은목서, 구골나무, 박달목서가 있다.

형태 늘푸른 넓은잎 작은큰키나무(상록활엽소교목)   **꽃** 9~10월   **열매** 이듬해 2~3월

목서는 나무에 달린 잎이 코뿔소의 뿔처럼 생겼다고 해서 붙은 이름이다. 목서 종류로는 금목서, 은목서, 구골나무, 박달목서가 있다. 이 중 은목서는 꽃의 색깔이 은빛이 난다 하여 붙여진 이름이다. 그리고 금목서는 꽃과 껍질이 금빛을 띠는데, 보통 목서라고 하면 대개는 은목서를 말한다.

나무껍질은 갈색 또는 엷은 노란빛을 띤 회색이다. 잎은 가장자리에 톱니가 있다. 꽃은

목서(은목서) 잎

목서(은목서) 잎차례

목서(은목서) 나무 모양

  3~5개가 잎겨드랑이에 모여 달리고 꽃받침은 술잔 모양이며 흰색으로 9~10월에 핀다. 열매는 타원형으로 이듬해 2~3월에 익는다.

   중국 원산으로 우리나라에서는 경상남도, 전라남도 지방의 따뜻한 곳에서 잘 자란다. 물이 잘 빠지는 비옥한 모래흙에서 잘 자라며 추위와 공해에는 약하다. 꽃이 아름답고 향기로워 관상용, 생울타리용으로 심는다. 목재는 조각재로 이용된다.

   한편, 목서 꽃가지는 옛날 선비들의 놀이기구로도 사용되었다고 한다. 꽃가지를 돌리다가 북소리를 멈출 때 꽃가지를 가진 사람이 시를 한 수 짓고 벌주를 마셨다고 전해진다.

목서(은목서) 꽃

목서(은목서) 꽃차례

금목서 꽃과 잎

목서(은목서) 나무껍질

🌳 비슷한 나무들

♠ **금목서** : 꽃이 붉은빛을 띤 노란색이고 잎 가장자리의 톱니가 위쪽에만 있다. 향기가 은목서보다 강하다.

아름다운 우리나라 꽃

057 무궁화 |아욱과|

Hibiscus syriacus L.

무궁화 꽃은 한 나무에 2000~3000송이가 약 100일간 피고 지고를 반복한다. 오늘 핀 꽃은 그날 저녁 시들고 내일은 다른 꽃이 핀다. 끊임없이 이어서 핀다고 해서 무궁화이다.

형태 갈잎 넓은잎 떨기나무 또는 작은큰키나무(낙엽활엽관목 또는 소교목) **꽃** 7~8월

열매 10월

　일본이 우리나라를 강제로 점령하였을 때 일본은 우리나라 꽃인 무궁화를 없애려고 안달이 났다. 지방 곳곳에서 자라는 무궁화 뽑기에 혈안이 되어 있었다. 이때 오히려 무궁화 묘목을 심고, 무궁화 노래를 만들어 보급한 이가 있었으니 바로 애국지사 남궁억(1863~1939년) 선생이다. 언론인이자 교육자, 독립운동가였던 남궁억 선생은 고향인 강원도 홍천에서 무궁화 운동을 벌이다 1933년 일제에 체포되어 2년간 옥살이를 했다. 오늘날 강원도 홍천은 무궁화의 성지로 불리는데, 남궁억 선생의 공로를 기리는 의미가 깊다.

무궁화 잎

무궁화 나무껍질

무궁화 나무 모양

　무궁화는 꽃이 피는 특징 때문에 붙여진 이름이다. 무궁화 꽃은 한 나무에 2000~3000송이가 약 100일간 피고 지고를 반복한다. 놀라운 것은 무궁화 꽃이 단 하루만 피고 사라진다는 것이다. 즉 오늘 핀 꽃은 그날 저녁 시들어 사라지고 내일은 다시 다른 꽃이 피는 것이다. 그렇게 끊임없이 이어서 핀다고 해서 무궁화이다. 목근, 흰무궁화, 단심무궁화, 근화, 목근피, 순화 등으로도 불린다.

　무궁화에 대한 기록 중 가장 오래된 것은 신라 때로 최치원이 당나라에 보낸 국서에 근화향이라고 쓴 것이다. 이후 우리나라를 근역이라고 부르기도 했다.

　한 가지 흥미로운 일화는 당나라 현종이 양귀비의 환심을 사려고 꽃이란 꽃은 모두 궁궐에 심게 했는데, 유독 이 나무만 꽃을 피우지 않아 '궁에 없는 꽃'이라고 해서 무궁화라고 했다는 것이다. 이런 일화를 가져와 '우리 민족이 중국에 굽히지 않는 기상'을 나타낸 것으로 해석하기도 한다.

　인도 북부와 중국 북부지방에 걸쳐 자라는 나무로 우리나라와 싱가포르, 홍콩, 타이완 등지에 심어 재배한다. 우리나라는 평안남도 및 강원도 이남의 깊은 산을 제외한 전역에 심는다. 새로운 줄기가 많이 나오고 잘 자라는 특성이 있다. 공기 정화력도 뛰어나 아황산가스, 자동차 매연에도 강하며 추운 지역에서도 잘 자란다.

　나무껍질은 회색이며, 잎은 어긋나고 삼각형의 달걀 모양으로 가장자리가 크게 3갈래로 갈라지며 톱니가 있다. 꽃은 가지 끝이나 잎겨드랑이에 한여름인 7~8월까지 계속해서 핀다.

무궁화 꽃

무궁화 열매

무궁화는 광복 뒤부터 서울대학교 농과대학에서 우리나라 토양에 맞게 개발하여 보급하고 있는데 새로운 품종만 해도 100가지가 넘는다. 무궁화 하면 크게 3종으로 배달계, 아사달계, 단심계가 있으며, 그중 홑꽃이고 순백색인 배달계가 우리나라 국화이다.

무궁화는 관상용, 약용으로 심는데, 한방에서는 껍질을 목근이라 하여 피부병 등에 쓴다. 또 씨앗은 목근자라 하여 담천이나 해수, 편두통에 사용하며, 꽃은 목근화라 하여 이질이나 복통에, 잎은 종기에 쓴다. 서양에서도 약용하여 '약용장미'라고도 불렀다.

무궁화 꼬투리

🌱 비슷한 나무들

- ♠ 흰무궁화 : 흰 꽃이 핀다.
- ♠ 겹무궁화 : 꽃이 겹으로 핀다.
- ♠ 흰겹꽃무궁화 : 흰 꽃이 겹으로 핀다.

꽃이 숨어 잘 보이지 않는

058 무화과나무 | 뽕나무과 |

Ficus carica L.

고대 로마에서는 바쿠스라는 주신이 무화과나무에 열매가 많이 달리는 방법을 가르쳐 주었다고 하며, 그런 까닭에 자손을 많이 낳는다는 뜻이 있다.

형태 갈잎 넓은잎 떨기나무 또는 작은큰키나무(낙엽활엽관목 또는 소교목) 꽃 6~7월

열매 8~10월

무화과란 꽃이 없는 과일이란 뜻인데, 꽃이 필 때 꽃받침과 꽃자루가 긴 타원형의 주머니처럼 커지면서 작은 꽃들이 씨방 속으로 들어가 버리고 꼭대기만 조금 열려 있어서 꽃을 잘 볼 수 없어 붙여진 것이다.

나무껍질은 회색빛을 띤 흰색에서 점차 회색빛을 띤 갈색으로 변하며 가지를 많이 친다. 잎은 어긋나며 두껍고 손바닥 모양으로 3~5개로 깊게 갈라지는데, 표면은 거칠고 뒷면은 잔

무화과나무 잎(앞면)

무화과나무 잎(뒷면)

털이 나 있으며 5개의 맥이 뚜렷하다. 꽃은 잎겨드랑이에 숨겨진 꽃으로 달리는데, 줄기에 꽃잎, 꽃받침 등 꽃의 모든 기관이 붙어 있는 작은 꽃들이 수꽃은 위에, 암꽃은 아래에 달리며 6~7월에 핀다. 열매는 거꿀 달걀 모양이며, 속살이 8~10월에 검은빛을 띤 자주색 또는 노란빛을 띤 녹색으로 익는다.

아라비아 서부 및 지중해 연안이 원산으로 우리나라와 유럽, 중국, 일본 등지에서 재배된다. 우리나라는 1927년경 들어와 남부의 따뜻한 곳에 심어졌다. 비옥한 땅에서 잘 자라며 추위에 약하여 충청도 이남에서 잘 자란다. 특히 전라남도 영암은 우리나라 무화과 생산량의 90%를 차지할 정도로 많이 재배하는 지역이다.

무화과나무 잎차례

무화과나무 겨울눈

무화과나무 열매

무화과나무 껍질

무화과나무 모양

열매는 소화를 돕는 물질이 들어 있어 소화가 잘 되며 또한 변비에도 좋다. 고대 로마에서는 바쿠스라는 주신이 무화과나무에 열매가 많이 달리는 방법을 가르쳐 주었다고 하며, 그런 까닭에 자손을 많이 낳는다는 뜻이 있다. 열매 그대로 먹거나 잼을 만들어 먹기도 하고 각종 요리재료로 사용한다. 잎은 신경통의 약재로도 쓴다. 꽃말은 다산이다.

비슷한 나무들
- **천선과나무** : 잎이나 열매에 상처를 주면 무화과나무처럼 흰색 유액이 흐른다. 남해안 및 제주도에서 자란다.
- **모람** : 늘푸른 덩굴나무로 남서 해안 및 제주도에서 자란다.

오리나무 중 가장 흔한

059 물오리나무 | 자작나무과 |

Alnus sibirica Fisch. ex Turcz.

오리나무는 종류가 매우 많은데, 그중에서 물오리나무는 산지에서 자라기 때문에 흔히 산오리나무로도 불린다.

형태 갈잎 넓은잎 큰키나무(낙엽활엽교목) 꽃 4월 열매 10월

오리나무는 그 종류가 매우 많은데, 그중에서 물오리나무는 산지에서 자라기 때문에 흔히 산오리나무로도 불린다. 이 밖에도 털물오리나무, 산오리나무, 산오리, 민물오리나무, 참오리나무 등으로도 불린다. 여러 오리나무 중에서 가장 흔한 나무로 잎이 둥글며 잎 가장자리에 겹톱니를 갖고 있는 것이 특징이다.

나무껍질은 회색빛을 띤 갈색이다. 잎은 넓은 달걀 모양으로 겹톱니가 있으며 5~8개로 얕게 갈라지는데 잎의 표면은 회색빛을 띤 흰색이다. 수꽃은 2~4개가 가지 끝에 달리며, 암꽃은 수꽃 밑에 3~5개씩 모여 달리고 4월에 핀다. 열매는 이삭처럼 자잘한 열매가 달린 모양으로 타원형이며 검은빛을 띤 갈색으로 10월에 익는다.

물오리나무 잎

물오리나무 껍질

물오리나무 암꽃

물오리나무 수꽃

물오리나무 모양

물오리나무 열매

우리나라와 일본, 중국 동북부, 러시아 등지에서 자란다. 사방조림 나무로 햇빛을 좋아하며, 어릴 때는 햇빛을 더 많이 필요로 하고 추위를 잘 견디며 건조한 곳에서도 잘 자란다. 뿌리에는 뿌리혹박테리아가 있어 공기 중의 질소를 직접 양분으로 이용하도록 바꿔주는 근류균이 공생하여 땅속의 영양분을 만들어주는 비료 나무이기도 하다.

나무는 조직이 치밀하고 견고하여 기구재, 토목재로 쓰이며, 잎은 가축의 사료로, 껍질과 열매는 염료로 사용된다.

비슷한 나무들

- 오리나무 : 습지 근처에서 자라며 높이는 20m에 달한다.
- 민물오리나무 : 어린 가지에 털이 없다.
- 떡오리나무 : 오리나무와 물오리나무의 잡종으로 잎이 넓은 타원 모양이다.
- 참개암나무 : 산지에서 자라며, 높이는 4m이다.
- 뾰족잎오리나무 : 잎끝이 매우 뾰족하다.
- 털오리나무 : 어린 가지와 잎 뒷면에 갈색 털이 빽빽이 난다.
- 웅기오리나무 : 어린 가지와 잎에 점질이 많다.
- 섬오리나무 : 거문도에서 자라는 나무로 잎의 톱니가 날카롭다.
- 사방오리 : 가장자리에 불규칙한 겹톱니가 있고 뒷면 맥 위에 잔털이 난다. 일본 원산으로 사방 조림용으로 많이 심어져 사방오리라고 한다.

미국에서 들여온 버들

060 미루나무 | 버드나무과 |

Populus deltoides Marsh.

미국에서 들여온 버들이라는 뜻으로 '미류'라고 부르던 것이 '미루'로 되었다. 양버들과 함께 포플러로 불리면서 20세기 초부터 우리나라 각지에 심어진 나무이다.

형태 갈잎 넓은잎 큰키나무(낙엽활엽교목) **꽃** 3~4월 **열매** 5월

　

미루나무는 미국에서 들여온 버들이라는 뜻으로 '미류'라고 부르던 것이 '미루'로 되었다. 흔히 포플러라고도 하지만 포플러는 미루나무와 양버들의 잡종으로 병충해로 인해 잎이 빨리 떨어지는 단점을 개선한 개량 나무이다. 양버들과 함께 포플러로 불리면서 20세기 초부터 우리나라 각지에 심어졌다. 목재를 얻기 위해 강가와 산자락 등의 공터에 조림용으로 많이 심어 놓았는데 아직도 서울 시내에는 그 당시 심어진 미루나무들이 군데군데 남아 있다.

미루나무 잎

미루나무 껍질

미루나무 모양

    나무껍질은 세로로 터지면서 검은빛을 띤 갈색으로 된다. 잎은 달걀 모양의 삼각형으로 잎 가장자리에 안으로 굽은 톱니가 있다. 암수딴그루로 수꽃은 40~60개의 수술이 달리고 암꽃의 암술은 3~4개로 3~4월에 핀다. 열매는 3~4개로 갈라지며 5월에 익는데 씨앗은 솜털에 싸여 있다.
    미루나무 특징 중 하나는 꽃 피는 시기와 열매 맺는 시기가 짧다는 것이다. 한편, 능수버들은 4월에 꽃이 피고 5월에 열매를 맺으며, 콩버들은 4~5월에 꽃이 피고 6~7월에 열매를

미루나무 씨앗

미루나무와 비슷한 양버들

맺는다.

　원산지는 미국으로 빨리 자라고 옮겨 심기가 잘 되어 가로수로 많이 심었으나 요즘에는 거의 심지 않는다. 나무는 상자재, 펄프재로 사용된다.

🌳 비슷한 나무들

- ♠ **양버들** : '서양에서 들여온 버들'에서 유래된 이름이며, 잎이 찌그러진 삼각형이고 미루나무보다 너비가 더 길며 가지가 위로 자라 나무 모양이 마치 빗자루처럼 생겼다.
- ♠ **포플러** : 버드나무과 사시나무속 식물을 말한다. 가지가 넓게 벌어진다.

061 박태기나무 |콩과|

밥알을 튀겨 놓은 듯한 꽃이 피는

Cercis chinensis Bunge

밥알을 튀겨서 붙여 놓은 것처럼 줄기에 다닥다닥 붙어 있어서 밥튀기라고 부르다가 박태기로 바뀐 것이니 정겨운 나무로 볼 수 있다.

형태 갈잎 넓은잎 떨기나무 또는 작은큰키나무(낙엽활엽관목 또는 소교목)　**꽃** 4월
열매 9~10월

꼭 사람 이름 같지만 유래를 보면 밥알을 튀겨서 붙여 놓은 것처럼 줄기에 다닥다닥 붙어 있어서 밥튀기라고 부르다가 박태기로 바뀐 것이니 정겨운 나무로 볼 수 있다. 소방목, 밥태기꽃나무, 구슬꽃나무라고도 한다.

박태기나무는 성서에도 등장한다. 본래 흰 꽃이 피었는데, 예수를 팔아넘긴 제자 유다가 나중에 후회를 하며 목을 멘 나무가 바로 박태기나무였다. 그래서 그 후로 꽃 색깔도 자주색

박태기나무 잎(앞면)

박태기나무 잎(뒷면)

박태기나무 모양(봄)

박태기나무 모양(여름)

박태기나무 꽃봉오리

박태기나무 꽃

박태기나무 열매

박태기나무 껍질

으로 바뀌었다는 이야기가 전해진다.

　나무껍질은 회색빛을 띤 갈색이며 작은 가지의 나무속은 사각형이다. 잎은 한 장씩 심장 모양으로 어긋나게 달린다. 꽃은 적게는 7~8개, 많게는 20~30개씩 모여 달리며 자줏빛을 띤 붉은색으로 4월에 잎보다 먼저 핀다. 열매는 콩깍지 모양으로 9~10월에 익는다. 씨앗은 편평한 타원형으로 노란빛을 띤 녹색이다.

　중국이 원산지이며, 우리나라에서도 관상용으로 심는다. 햇빛을 좋아하고 척박한 땅에서 잘 자라며 추위에도 강하다. 우리나라에는 300년경에 도입하여 중부 이남의 해발 400~800m 지역에 심어진 것으로 추정된다.

　꽃이 화려하고 아름다워 도시에서도 아파트 화단이나 공원 등지에 심어진 것을 흔하게 볼 수 있다. 나무껍질은 약용하는데 피를 맑게 하고 혈액순환, 해열 등에 효과가 있다.

비슷한 나무들

♠ 흰박태기나무 : 전체적으로 박태기나무와 같지만 꽃이 흰색이다.

우리나라 3대 과실나무 중 하나

062 밤나무 | 참나무과 |

Castanea crenata Siebold & Zucc.

우리의 생활과 밀접한 나무로 대추, 감과 함께 3대 과실나무 중 하나이다. 결혼식 폐백에서 자식을 많이 낳으라는 의미로도 쓰인다.

형태 갈잎 넓은잎 큰키나무(낙엽활엽교목)　**꽃** 5~6월　**열매** 9~10월

예로부터 중요한 과실나무 가운데 하나였으며, 밥 대용으로 많이 먹었다고 해서 밥나무로 불리다 밤나무가 되었다는 설이 있다. 그만큼 우리네 생활과 밀접한 나무로 대추, 감과 함께 3대 과실나무 중 하나이다. 결혼식 폐백에서 자식을 많이 낳으라는 의미로도 쓰인다.

밤나무는 산에 심은 뒤 내버려두어도 잘 자라는 편이어서 옛날부터 많이 심어져 왔다. 북

밤나무 모양

한에는 약밤나무가, 중부지방에는 한국밤나무가 재래종으로 많이 자란다. 요즘에는 충청남도 공주가 주생산지로 유명하나, 예전에는 과천과 시흥 등지에서 밤이 많이 나 옛 책에도 '밤의 크기가 먹는 배만 하다'고 씌어 있다.

밤나무 잎

나무껍질은 세로로 갈라지고 작은 가지는 자줏빛이 도는 붉은빛을 띤 갈색이며 털이 났다가 없어진다. 잎은 어긋나고 곁가지에는 두 줄로 배열되며 가장자리는 침 같은 톱니가 있고 측맥은 17~25쌍이다. 수꽃은 곧게 피고 암꽃은 수꽃 밑에 대개 3개씩 모여 달리며 5~6월에 핀다. 굳은 열매는 9~10월에 익는다. 열매가 밑부분 전부를 차지하며 윗부분에는 흰색 털이 나 있다.

밤나무 암꽃

밤송이는 특이하게 가시를 잔뜩 달고 있는데 이는 외부의 적으로부터 자기를 보호하기 위한 장치로 살아가기 위한 생존 전략이기도 하다. 이 밤송이 안에 밤이 1~3개 들어 있다.

밤나무 수꽃

밤에는 탄수화물, 단백질, 비타민과 칼슘, 철, 나트륨 등의 무기질이 골고루 들어 있고 비타민 B_1은 쌀보다 4배 많이 들어 있다. 한방에서는 율자라 하여 위와 장을 튼튼하게 하고 신장에 좋으며 혈액순환, 지혈 등에 사용된다. 또 밤꽃에는 알긴산이라는 성분이 있어 심한 설사 등에 쓰며, 잎은 타닌을 함유하고 있어 가려움증을 낫게 한다.

밤나무 덜 익은 열매

이 밖에도 습진, 두드러기, 고름 딱지증(농가진), 땀띠 등에는 밤 잎을 진하게 달인 물로 씻어내거나 천에 묻혀 펴 바르면 좋다. 생선뼈가 목에 걸렸을 때에는 밤의 속껍질을 태운 가루를 삼키면 생선뼈가 내려간다. 구토를 하여 입이 말랐을 때 밤 껍질을 끓여 물을 우려내어 마시면 좋다. 익히

밤나무 익은 열매

지 않은 생밤은 장거리 여행에서 오는 차멀미나 뱃멀미에 효과가 있는 것으로 알려졌으며 특히 태음인에게 효과가 크다고 한다. 그러나 생밤을 한꺼번에 많이 먹으면 설사를 할 수도 있으며 삶은 밤을 많이 먹으면 변비에 걸릴 수 있으니 적당히 먹어야 한다.

밤나무 껍질

목재는 기구재, 가공재, 조각재, 건축재 등의 용도로 사용된다. 천마총에서 발견된 목책이나 영국의 웨스트민스터 사원의 목재로 사용되었고, 서양에서는 술통으로도 많이 이용되었다. 또 철도 침목으로도 많이 이용되는데, 목재에 들어 있는 타닌 성분이 방부제 역할을 해 잘 썩지 않아 수명이 매우 길다고 한다.

우리나라와 중국, 일본 등지에서 자란다. 우리나라에서는 해발 100~1100m에서 자라는데, 햇빛이 잘 들고 물이 잘 빠지는 비옥한 산기슭에서 잘 자라지만 건조지에서는 잘 자라지 못하며 공해에 강하고 싹이 잘 튼다. 꽃말은 호화로움, 정의, 공평, 포근한 사랑 등이다.

🌳 비슷한 나무들

- **너도밤나무** : 참나무과에 속하며, 울릉도에서 자란다. 높이는 20m 정도이고 지름이 70cm이다.
- **나도밤나무** : 나도밤나무과로 밤나무와는 과명이 다르며, 나무껍질은 갈색이다.

과일의 으뜸, 꿀의 아버지

063 배나무 | 장미과 |

Pyrus pyrifolia var. *culta* (Makino) Nakai

옛 사람들은 배를 과일의 으뜸이라는 뜻으로 '과종'이라 부르며, 꿀의 아버지라 하여 '밀부'라 부르기도 하였다.

형태 갈잎 넓은잎 큰키나무(낙엽활엽교목)　**꽃** 4월　**열매** 9~10월

　옛말에 '배 먹고 이 닦기'라는 말이 있다. 이 말은 배도 먹고 이도 닦는다는 뜻으로 일석이조와 같은 의미이다. 배에는 다른 과일에는 없는 석세포가 들어 있어 이를 닦는 효과를 내어 나온 말이다. 또 '배 썩은 것은 딸을 주고 밤 썩은 것은 며느리 준다'는 속담도 있는데, 이는 자기 태생의 자식은 언제나 남의 자식보다 아낀다는 뜻이다. 배의 과실은 다른 과실보다 더 맛있고 좋다고 하여 옛사람들은 배를 과일의 으뜸이라는 뜻으로 '과종'이라 부르며, 또한 꿀의 아버지라 하여 '밀부'라 부르기도 하였다.

　배나무 열매인 배는 막힘이 없이 밑으로 잘 내려가는 성질이 있는데, 배에 병이 났을 때 먹는 과일이라는 뜻으로 배나무라 했다고 알려져 있다. 쾌과라고도 하는데 이는 '상쾌한 과일'

배나무 꽃봉오리

배나무 잎

배나무 모양

이라는 뜻이다. 그러나 너무 많이 먹으면 설사를 하기도 한다. 이는 배가 변을 무르게 하는 작용을 하기 때문인데, 대변이 묽게 나오는 사람은 먹지 않는 것이 좋다.

줄기껍질은 붉은빛을 띤 갈색이다. 잎은 타원형으로 어긋나며 잎자루가 길고 끝이 꼬리처럼 뾰족하다. 꽃은 4월에 5장으로 둥글고 가늘며 긴 꽃술이 사방으로 갈라져 나온다. 열매는 9~10월에 둥글고 황금색으로 익는데 열매살에는 석세포가 뭉쳐 있다.

배에는 비타민 $B_1 \cdot B_2 \cdot C$, 칼슘, 인, 마그네슘, 요오드, 단백질, 사과산, 구연산, 포도당, 과당, 자당, 알부틴, 타닌, 탄수화물 등이 들어 있다. 한방에서 뿌리, 줄기껍질, 가지, 잎, 열매껍질 모두 약으로 쓰는데, 소화불량, 진정작용, 편도선염, 기침감기, 천식, 당뇨 등에 효과가 있다.

목재는 가구재, 조각재, 공예재 등으로 쓴다. 야생종으로 돌배나무와 콩배나무, 남해배나무, 문배나무가 있으며 개량품종으로는 일본종, 서양종, 중국종이 있다.

배나무 꽃

배나무 덜 익은 열매

배나무 익은 열매

배나무 껍질

돌배와 먹골배

오늘날 우리가 먹는 배는 개량종으로 예전에는 돌배였다. 돌배는 가을에 익는데, 지름 3cm 정도에 불과하다. 물론 이 열매는 먹을 수가 있다. 한편 먹골배라는 이름은 맛이 좋아서 붙여졌다. 묵동의 옛 이름인 먹골에서 따온 것으로 이 지역의 토양이 모래가 많아 유달리 달고 맛있는 배가 열려 붙여진 것이다.

비슷한 나무들

- **돌배나무** : 야산에서 저절로 자라는 나무로, 흰색 꽃이 피며 검은빛을 조금 띤 갈색 열매가 열린다. 열매는 작고 보잘것없다.
- **산돌배나무** : 돌배나무와 비슷하지만 열매가 익을 때까지 꽃받침이 떨어지지 않고 남아 있다.
- **콩배나무** : 열매가 비슷하지만 매우 작아 콩에 비유된다. 꽃이 아름다워 정원수로 심는다.

꽃이 100일간 피는
064 배롱나무 | 부처꽃과 |
Lagerstroemia indica L.

하나의 꽃이 지면 다른 꽃이 피기를 100일 동안 이어져 '목백일홍'이라고도 하는데, 초본 식물에도 백일홍이 있어 보통은 초본을 가리키므로 이와 구분하기 위해 목백일홍이라고 하는 것이다.

연대 갈잎 넓은잎 작은큰키나무(낙엽활엽소교목) **꽃** 7~9월 **열매** 10월

꽃이 100일을 간다고 해서 목백일홍이라고도 한다. 초본 식물에도 백일홍이 있는데, 보통 백일홍 하면 초본을 가리키므로 이와 구분하기 위해 '목백일홍'이라고 하는 것이다. 배롱나무라는 이름은 백일홍에서 유래한 것이다. 꽃이 100일간이나 간다고는 하지만 하나의 꽃이 지면 다른 꽃이 피어서 전체적으로 꽃이 100일 동안이나 피어 붙여진 이름이다.

나무껍질은 붉은빛을 띤 갈색으로 껍질이 벗겨진 자리는 희고 편평하며 매끄럽다. 간질이

배롱나무 새잎

배롱나무 잎

배롱나무 모양

듯 줄기를 긁으면 나뭇가지가 움직여서 흰색간질나무라고도 하며, 충청도 일부 지방에서는 간지럼을 잘 타는 나무라 하여 간지럼나무라고 부른다.

잎은 두껍고 마주나며 타원형 및 거꿀 달걀 모양이고 뒷면에는 맥을 따라 털이 있다. 꽃은 가지 끝에 원추꽃차례로 달리며 붉은색 또는 흰색으로 7~9월에 핀다. 열매는 넓은 바늘 모양의 튀는열매(삭과)로 10월에 갈색으로 익는다.

중국 원산으로 우리나라에서는 중부 이남에 관상용으로 심는다. 늦은 여름에 꽃이 핀다고 해서 게으름뱅이나무라는 별명도 있다. 그만큼 추위를 싫어하는 나무이다. 햇빛이 들고 습기가 있는 비옥한 땅을 좋아하나 추위에는 약해 중부 이북지방에서는 겨울을 나기 어렵다.

꽃이 아름다우며 꽃 피는 기간도 길어 정원수, 관상수로 심는다. 목재는 기구재, 공예재로 사용하며, 잎과 뿌리를 약으로 쓴다. 경상북도에서는 꽃을 좋게 보고 도화로 지정했지만, 제주도에서는 나무 모양이 뼈만 남아 앙상한 듯하고 붉은 꽃이 마치 피 같다고 하여 불길한 나무라며 심지 않는다고 한다.

강릉 오죽헌의 죽헌 배롱나무는 이율곡 선생이 애지중지하던 나무라고 한다. 나이가 450

배롱나무 꽃(붉은색)

배롱나무 꽃(흰색)

배롱나무 열매

배롱나무 껍질

년은 넘었음을 짐작할 수 있다. 부산 양정동의 배롱나무는 나이가 800년으로 추정되며, 높이는 8.3m, 지름은 0.9m로 천연기념물 제168호로 지정되어 있다. 꽃말은 '떠나는 벗을 그리워하다'이다.

🌳 비슷한 나무들

♠ 흰배롱나무 : 꽃이 흰색으로 핀다.

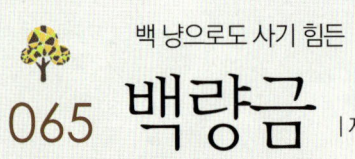

백 냥으로도 사기 힘든

065 백량금 | 자금우과 |

Ardisia crenata Sims

백량금이라는 이름은 빨갛게 익은 열매가 백 냥 이상의 값어치가 있을 만큼 아름답다고 해서 붙여졌다고 한다. 한방에서는 전체 또는 잎을 상처 난 곳에 찧어 바른다.

형태 늘푸른 넓은잎 떨기나무(상록활엽관목) **꽃** 5~6월 **열매** 9월~이듬해 2월

백량금이라는 이름은 빨갛게 익은 열매가 백 냥 이상의 값어치가 있을 만큼 아름답다고 해서 붙여졌다고 한다. 또 일본의 에도 시대에 이 나무가 매우 비싸서 백 냥 이하로는 살 수가 없다 하여 붙여졌다는 설도 있다. 왕백량금, 탱자아재비, 큰백량금, 선꽃나무, 그늘백량금 등으로도 불린다. 일본에서는 만냥금이라고도 하는데, 이는 백량금을 유통시키는 사람들이 '백'을 '만'으로 바꿔 부르면서 이름이 바뀌었다고 한다.

백량금 잎

백량금 나무껍질

백량금 나무 모양

줄기에 털이 없으며 뿌리는 3~4개의 굵은 뿌리가 덩이뿌리 모양으로 생긴다. 잎은 어긋나며 타원형으로 톱니 사이에 검은색 샘점(유점)이 있다. 꽃은 줄기 끝에 우산 모양의 산형꽃차례를 이루며 꽃은 5갈래로 갈라지고 붉은색으로 뒤로 젖혀지며 5~6월에 핀다. 열매는 붉은색으로 9월에 익는데, 이듬해 2월까지 떨어지지 않고 달려 있다.

우리나라와 일본, 중국, 타이완, 인도 등지에서 자란다. 우리나라는 남부지방에서 자란다. 그늘에서도 잘 자라며 추위와 공해에는 약하지만 따뜻한 섬지방이나 바닷가에서 잘 자란다. 붉은 열매가 아름다우며 오랫동안 나무에 매달려 있어 관상용, 분재용으로 많이 심는다. 한방에서는 전체 또는 잎을 주사근, 주사근엽이라 하여 약으로 쓴다. 꽃말은 덕 있는 사람, 부, 재산 등이다.

백량금 꽃

백량금 열매(붉은색)

백량금 열매(흰색)

백량금 씨앗

🌳 비슷한 나무들

♠ **왕백량금** : 제주도에서 자라고, 높이는 2m 정도이며, 잎 길이는 12cm로 물결 모양 톱니가 있다.

겨울눈이 붓끝처럼 생긴

066 백목련 |목련과|

Magnolia denudata Desr.

이른 봄에 흰 꽃이 커다랗게 피어 매우 화려한데 겨울에 매달려 있는 붓끝처럼 생긴 큰 겨울눈은 보기에 좋다.

형태 갈잎 넓은잎 큰키나무(낙엽활엽교목)　**꽃** 4~5월　**열매** 9~10월

이른 봄에 흰 꽃이 커다랗게 피는 백목련은 매우 화려한데 겨울에 매달려 있는 붓끝처럼 생긴 큰 겨울눈은 보기에 좋다. 꽃 색깔은 목련과 비슷하지만 꽃잎이 작고 완전히 벌어지는 목련과 구분하기 위해 백목련이라 부르게 되었다. 우리나라 곳곳에 많이 심어져 있어서 흰색 꽃을 피우는 목련이 우리나라 꽃인 줄 알겠지만 원산지는 중국이다. 우리나라 자생 목련은 꽃잎 안쪽이 붉은 기가 돈다. 옥란, 백옥란, 목필이라고도 한다.

나무 모양은 둥글고 나무껍질은 회색빛을 띤 흰색이며 작은 가지는 회색빛을 띤 갈색이다. 잎은 거꿀 달걀 모양의 타원형으로 어긋나며 표면은 맥 위에 털이 있고 뒷면은 연한 녹색이며 잎맥에 털이 약간 있다. 꽃은 잎보다 먼저 나오고 흰빛으로 4~5월에 가지

백목련 잎

백목련 나무껍질

백목련 나무 모양

백목련 꽃봉오리

백목련 꽃

끝에 피는데 향기가 짙다. 열매는 붉은빛을 띤 갈색으로 원기둥 모양이며 씨앗은 달걀 모양으로 9~10월에 익는다. 습기가 있고 비옥한 모래흙을 좋아하며 바닷가나 해안지방에서도 잘 자란다. 추위에 강하고 양지와 음지를 가리지 않고 잘 자란다.

    한방에서는 뿌리와 줄기 속껍질, 꽃봉오리, 꽃을 약재로 사용한다. 또 코가 자주 막히고 염증이 있을 때는 꽃봉오리를 생으로 찧어 바르면 좋다.

백목련 꽃 무리

백목련 덜 익은 열매

백목련 익은 열매

비슷한 나무들

- **목련** : 꽃은 백목련과 같이 흰색이지만, 기부가 연한 붉은색인 점이 다르다.
- **자목련** : 꽃은 검은빛을 띤 자주색으로 핀다.
- **일본목련** : 높이는 20m로 꽃은 5~6월에 흰색으로 핀다.

나무껍질이 하얀 소나무

067 백송 | 소나무과 |

Pinus bungeana Zucc. ex Endl.

보은의 어암리에 있는 백송은 김상진이라는 사람이 정조 17년(1793)에 중국에 갔다가 씨앗을 얻어와 심은 것이 아직도 자라고 있다. 천연기념물 제104호로 지정되어 보호받고 있다.

형태 늘푸른 바늘잎 큰키나무(상록침엽교목) **꽃** 4~5월 **열매** 이듬해 10~11월

흰 소나무라고 해서 백송이라고 불리는 나무로 본래 중국이 원산지이다. 그래서 옛날에 이 나무를 들여왔을 때에는 당송이라고도 했다. 나무껍질이 본래부터 흰 것은 아니고 어릴 때는 연한 녹색을 띠지만 자라면서 회색빛을 띤 흰색으로 변한다. 버즘나무처럼 나무껍질이 얇게 박편으로 벗겨지는 것이 특징이다.

백송의 특징은 자라는 속도가 아주 느리고 공해에 약하다는 점이다. 그래서 전국에 오래된 백송이 드문 편이며, 100년 이상 된 나무의 경우 천연기념물로 지정해 보호할 정도이다. 특이한 것은 서울에 천연기념물로 지정된 백송이 몇 그루 있다는 점인데, 공기가 나쁜 도심에서 겨우 자라고 있다.

백송 잎

백송 나무껍질

이 중 서울 재동 백송이 단연 최고로 높이가 15m, 가슴 높이 둘레가 2.1m나 된다. 가지가 사방으로 넓게 퍼지는 것이 특징인데 동쪽 5m, 서쪽 8m, 남쪽 7m, 북쪽 7m까지 펼쳐져 있다. 본래는 통의동 백송보다 작은 규모였으나 통의동 백송이 1992년 폭풍에 쓰러져 죽은 뒤 국내 최고의 백송 자리를 차지했다. 나무 나이는 600년 정도로 추정되며 천연기념물 제8호로 지정되었다. 서울 수송동 조계사의 백송은 높이 10m, 가슴 높이 둘레 1.64m로 천연기념물 제9호이다.

　이 밖에도 천연기념물로 지정된 백송이 몇 그루 더 있는데, 이들 대부분이 중국에서 가져와 심은 것이다. 특히 충청북도 보은 어암리에 있는 백송은 김상진이라는 사람이 정조 17년(1793) 중국에 갔다가 씨앗을 얻어와 심은 것이 아직도 자라고 있다고 해서 나이를 분명하게 알 수 있는 나무이다. 높이가 11m에 지름이 1.8m로 천연기념물 제104호로 지정되어 보호받고 있다.

　줄기는 많이 갈라지며 나무껍질은 흰색의 얇은 조각으로 벗겨진다. 바늘잎은 3개씩 모여 나며 꽃은 4~5월에 핀다. 수꽃은 긴 타원형이고 암꽃은 달걀 모양이다. 열매

백송 나무 모양

백송 암꽃

백송 수꽃

백송 열매

백송 전년도 열매

는 원뿔형의 달걀 모양으로 이듬해 10~11월에 익는다. 씨앗은 거꿀 달걀 모양으로 노란빛을 띤 갈색의 줄이 있으며 불완전한 날개가 있다.

중국 베이징 부근이 원산지이다. 나무껍질의 빛깔이 우아해 예로부터 절과 정원에 기념수나 관상수로 심었으나 워낙 자라는 속도가 늦고 공해에 약하다는 단점이 있다.

비슷한 나무들

♠ 소나무 : 백송은 삼엽송인 데 반해, 일반 소나무는 잎이 2개가 모여 나는 이엽송이다.

오뉴월에 흰 꽃이 가득 피는

068 백정화 | 꼭두서니과 |

Serissa japonica (Thunb.) Thunb.

실제로 오뉴월에 꽃이 피면 흰 꽃이 녹색 잎을 다 가릴 정도로 뒤덮는다. 오뉴월에 눈이 온 듯하다고 해서 유월설이라는 이름도 있다.

형태 늘푸른 넓은잎 떨기나무(상록활엽관목) 꽃 5~6월 열매 7월

옆에서 보면 흰 꽃이 '고무래 정(丁)' 자처럼 보인다고 해서 백정화라고 한다. 하늘에 별이 꽉 차 있다는 뜻을 가지는 만천성이라는 멋진 이름도 있으며 두메별꽃, 백마골이라고도 불린다. 실제 오뉴월에 꽃이 피면 흰 꽃이 녹색 잎을 다 가릴 정도로 뒤덮는다. 오뉴월에 눈이 온 듯하다고 해서 유월설이라는 이름도 있다.

높이가 작은 반면 가지는 여러 갈래로 갈라져 나무 모양이 아름답다. 마주나는 잎은 긴 타원형으로 길이는 2cm이며, 가장자리가 밋밋하다. 꽃은 5~6월에 잎겨드랑이에 피는데, 새

백정화 잎

백정화 꽃

백정화 나무 모양

하얀색은 아니고 연한 붉은색을 띤다. 7월에 열매가 익는다.

중국 남부가 원산지이며 타이완과 중국 남부에서 인도차이나 반도에까지 자란다. 울타리용 또는 관상용으로 심으며, 꿀이 많은 식물로도 이용된다. 꽃이 아름다워 원예품종으로 개발되었는데, 겹꽃이나 만첩 꽃 그리고 잎에 반점이 있는 것 등이 있다.

비슷한 나무들

- **무늬백정화** : 잎은 노란색 또는 크림 빛깔의 흐린 노란색 테두리가 있는 초록색이다.

강가에 가지를 축 늘어뜨리며 서 있는

069 버드나무 | 버드나무과 |

Salix koreensis Andersson

버드나무 하면 우리나라 토종 나무로 많은 이야기가 숨어 있다. 흔히 칫솔질을 하는 것을 양치질이라고 하는데, 이는 옛날에 버드나무 가지인 양지에서 비롯한 것이다.

형태 갈잎 넓은잎 큰키나무(낙엽활엽교목)　꽃 4월　열매 5월

강가에 가면 버드나무가 가지를 축축 늘어뜨리고 서 있는 풍경을 쉽게 보게 된다. 워낙 물가를 좋아하는 나무라서 햇빛이 잘 드는 강가에는 늘 그렇게 버드나무가 줄지어 서 있다. 시원한 그늘도 만들어 주고 뿌리가 얽히고설켜 강둑을 보호해 주기도 한다.

버드나무 모양

버드나무 잎

버드나무 암꽃

버드나무 하면 우리나라 토종 나무로 많은 이야기가 숨어 있다. 흔히 칫솔질을 하는 것을 양치질이라고 하는데, 이는 옛날에 버드나무 가지인 양지에서 비롯한 것이다. 특히 스님들이 수행을 할 때 부드러운 버드나무 가지를 준비했다가 양치를 했다. 이는 석가모니가 탁발이나 수행을 다니며 지참해야 하는 18종 도구 중 하나로 그 역사가 깊다.

버드나무 하면 이별을 상징하는 나무이기도 하다. 대개 옛날에는 강가나 나루터에서

버드나무 수꽃

이별을 하곤 했는데, 근처에 자라는 버드나무 가지를 꺾어주며 이별을 아쉬워했다. 이러한 것을 절류 또는 절지라고 하며, 이 말은 '떠나는 이를 배웅한다'는 의미로 바뀌었다. 좀 더 파고들어가 보면 버드나무는 죽은 이를 보낼 때의 이별도 상징한다.

나무껍질은 갈색이다. 잎은 피침 모양인데 어긋나고 앞면은 녹색으로 털이 없으며 뒷면은 흰빛을 띤다. 암수딴그루이며 수꽃은 타원형으로 털이 있고 암꽃은 달걀 모양이며 녹색으로 털이 있다. 꽃은 4월에 잎과 함께 피고 달걀 모양의 열매는 5월에 익는다.

버드나무 열매

버드나무 껍질

우리나라가 원산지이다. 전국 산과 강가나 냇가, 개울가에 자라며 우리나라 이외에 만주에도 자란다. 햇빛과 물을 좋아하여 햇빛이 드는 물가에서 잘 자란다. 저습지와 척박한 토양에서도 잘 자라며 또한 뿌리가 얕게 자라는 나무이기도 하여 황폐한 하천변의 녹화나 방수림으로 적합하나 그늘에서는 잘 자라지 못한다.

예로부터 연못이나 우물가에 버드나무를 심어두면 물을 정화시키는 기능이 있어 이롭지만 하수도 옆에는 심지 말라 하였는데 버드나무 뿌리가 물을 따라 하수도를 막기 때문이다. 약용식물로 잎과 가지는 진통제, 해열제로 쓰이며, 목재의 재질은 가볍고 연하며 독이 없어 고약을 다지는 데 쓰이고, 도마 등의 각종 기구나 가구를 만드는 데 사용된다.

비슷한 나무들
♣ 왕버들 : 줄기가 굵고 몸집이 크며 오래 산다.

봄을 수놓는 꽃나무

070 벚나무 |장미과|

Prunus serrulata var. *spontanea* (Maxim.) E.H.Wilson

꽃잎은 4~5월에 피어 있다가 바람이 부는 봄, 마치 흰 눈이 내리듯 후드득 떨어져 내린다. 열매는 버찌라 하여 생으로 따 먹는다.

형태 갈잎 넓은잎 큰키나무(낙엽활엽교목)　**꽃** 4~5월　**열매** 6~7월

　현재 창경궁은 한때 동물원과 식물원이 있던 곳으로 창경원이라고 불렸다. 일본인들이 우리나라 궁궐을 격하하기 위해 일반인들을 위한 시설로 만들었던 것이다. 그리고 그때 심은 것이 일본 국화인 벚나무이다. 창경원은 1970년대까지 서울의 중요 관광지로 손꼽혔고, 1980년대에 동물원이 과천으로 이전하고 나서야 창경궁으로 본래의 모습을 되찾았다.

　1908년 프랑스의 한 신부가 한라산 북쪽 관음사 부근의 숲속에서 왕벚나무를 발견함으로써 제주도가 자생지임이 처음으로 알려졌고, 이후에도 지리산 화엄사 근처에서 자생지가 발견되었다. 전국 곳곳에 벚나무가 많이 심어져 해마다 봄이면 벚꽃 축제를 여는 곳이 한두 곳이 아니다.

벚나무 잎(앞면)

벚나무 잎(뒷면)

벚나무 이름의 유래는 알려져 있지 않지만 벚나무의 열매 버찌를 줄여서 부른 데에서 비롯된 것으로 추정된다. 산벚나무, 참벚나무 등으로도 불리며 한자로는 산앵화라고도 한다.

우리나라와 일본, 중국에 자란다. 우리나라에는 전 지역의 산지에 자라며 주로 전라남도, 경상남도, 함경북도에 많이 자란다.

나무껍질은 검은빛을 띤 갈색이고 꽃은 2~3개가 우산 모양의 산형꽃차례로 달리며 연분홍색이나 흰색으로 핀다. 꽃잎은 거꿀 달걀 모양이며 끝부분이 凹형으로 4~5월에 피어 있다가 바람이 부는 봄, 마치 흰 눈이 내리듯 후드득 떨어져 내린다. 열매는 둥글며 6~7월에 검은빛을 띤 자주색으로 익는데 버찌라 하여 생으로 따 먹는다. 열매를 이용하기 위한 원예품종이 많이 개발되고 있다. 나무껍질은 반질거리고 가로로 줄을 그은 듯 죽죽 나 있다.

벚나무 모양

양지를 좋아하며 한지에서도 잘 견딘다. 벚나무 중 산벚나무는 공기 정화력은 강하나 공해에 약하며, 왕벚나무와 올벚나무도 공해에 약하다.

꽃이 아름다워 가로수 또는 관상수로 심는다. 특히 가로수로 많이 심어져 있다. 열매는 식용, 약용으로 쓰이며, 목재는 가구재를 만드는 데 사용된다. 꽃말은 결박, 정신의 아름다움이다.

벚나무 꽃

벚나무 열매

벚나무 씨앗

벚나무 껍질

비슷한 나무들

- 올벚나무 : 가지가 늘어지며 벚나무 중에서 꽃을 가장 먼저 피운다.
- 산벚나무 : 꽃과 잎이 같이 나오는데 꽃은 우산 모양의 산형꽃차례로 흰색 또는 연한 붉은색으로 5월에 핀다.
- 잔털벚나무 : 꽃가지와 작은 꽃가지 및 잎 뒷면과 잎자루에 잔털이 있다.
- 만첩개벚나무 : 꽃이 여러 겹이다.
- 왕벚나무 : 우리나라에는 한라산에 자란다. 꽃잎은 끝이 오목하며 암술대에 퍼진 털이 있다.
- 분홍벚나무 : 꽃은 우산 모양의 산형꽃차례로 달리며, 잎자루, 꽃자루에 털이 많다.

071 꽃 색깔이 바뀌는 병꽃나무 |인동과|

Weigela subsessilis (Nakai) L.H.Bailey

우리나라 특산종 중에는 희귀식물도 많지만 어디서나 잘 자라는 흔한 식물도 많다. 병꽃나무도 우리나라 특산종으로 세계에서 우리나라에만 자란다.

형태 갈잎 넓은잎 떨기나무(낙엽활엽관목) **꽃** 4~5월 **열매** 9~10월

    우리나라 특산종 중에는 희귀식물도 많지만 어디서나 잘 자라는 흔한 식물도 많다. 어느 산에 가도 볼 수 있는 병꽃나무도 우리나라 특산종으로 세계에서 우리나라에만 자란다.

    연한 회색빛을 띠는 줄기에 얼룩무늬가 있는 점이 독특하다. 잎은 마주나고 잎자루는 거의 없다. 잎은 거꿀 달걀 모양의 타원형 또는 넓은 달걀 모양으로 끝이 뾰족하다. 잎 양면에 털이 있고 뒷면 맥 위에는 퍼진 털이 있다. 잎 가장자리에는 작은 톱니가 난다.

    꽃은 4~5월에 노랗게 피며 점점 붉어진다. 잎겨드랑이에 한두 개씩 달리는데, 꽃의 모양이 병처럼 생겨서 병꽃나무라는 이름을 얻었다. 꽃받침은 5개로 갈라지며 털이 나 있다. 열매는 바나나처럼 길게 구부러지며 길이는 1~1.5cm로서 9~10월에 익어 2개로 갈라지고 씨

병꽃나무 잎

병꽃나무 껍질

병꽃나무 모양

병꽃나무 꽃

병꽃나무 열매

앗에 날개가 있다.

　주로 산지의 중턱 아래에서 자라며 추위에 잘 견디고 공해에도 잘 견디며 음지에서도 잘 자라 관상용으로도 좋은 나무이다. 꽃말은 전설이다.

🌳 비슷한 나무들

- **붉은병꽃나무** : 꽃이 처음부터 붉은색으로 핀다.
- **흰병꽃나무** : 꽃이 흰색이다.
- **삼색병꽃나무** : 꽃부리는 흰빛을 띤 녹색이고 통꽃부리 겉면은 붉은빛이 돌며 안쪽에는 노란색이 돈다.
- **골병꽃나무** : 잎 뒷면에 흰색의 연한 털이 빽빽하며, 꽃은 붉은색이다.

열매가 군것질거리가 되기도 했던

072 보리밥나무 | 보리수나무과 |

Elaeagnus macrophylla Thunb.

먹을 것이 귀했던 시절, 보릿고개에 먹는 밥이나 마찬가지니 보리밥이라는 이름이 붙여졌다.

빨간 열매가 먹음직스럽기는 하지만 시큼하면서도 떫은맛이 나곤 한다.

형태 늘푸른 넓은잎 덩굴나무(상록활엽덩굴성 목본) 꽃 10~11월 열매 이듬해 3~4월

보리가 익을 무렵 빨갛게 열매를 맺는 보리밥나무는 어린이들 군것질거리로 이용되곤 했다. 먹을 것이 귀했던 시절, 보릿고개에 먹는 밥이나 마찬가지니 보리밥이라는 이름이 붙여졌다. 빨간 열매가 먹음직스럽기는 하지만 시큼하면서도 떫은맛이 나곤 한다. 이는 다른 보리수나무 열매들과 마찬가지이다.

보리밥나무는 봄보리수나무, 보리똥나무, 봄보리똥나무라고도 하며 울릉도에서는 뽈뚜나무라고도 한다. 뽈뚜는 울릉도에서 이 나무의 열매를 이르는 말로, 어린아이들의 군것질거

보리밥나무 잎(앞면)

보리밥나무 잎(뒷면)

보리밥나무 모양

리가 되기도 했다.

    높이가 2~3m 되는 늘푸른 넓은잎 덩굴나무로 나무껍질은 검은빛을 띤 갈색이다. 어린 가지에 연한 갈색의 비늘털로 덮여 있는 것이 특징이다. 어긋나는 잎은 둥근 달걀 모양을 이룬다. 잎 양면에 은백색 비늘털이 뒤덮여 있다가 나중에 앞면의 털은 사라진다. 잎 가장자리는 밋밋한 편이다. 10~11월에 꽃이 잎겨드랑이에 몇 개씩 달린다. 노란빛을 띤 흰색의 꽃받침

보리밥나무 새잎

보리밥나무 꽃

보리밥나무 열매

보리밥나무 씨앗

보리밥나무 어린나무껍질

보리밥나무 껍질

은 종처럼 생긴다. 열매는 타원형으로 이듬해 봄인 3~4월에 붉게 익으며 길이는 1.5~1.7cm 이다.

주로 바닷가의 계곡에서 많이 자란다. 원산지는 우리나라로 남부지방과 울릉도, 대청도 등과 일본, 타이완 등지에 자란다. 관상수나 과실나무로 심으며, 꽃말은 결혼, 부부의 사랑, 해탈 등이다.

비슷한 나무들
- 보리수나무 : 열매가 1cm 미만으로 작다. 줄기 끝이 약간 처지고 가시가 있다.

열매가 보리를 닮은

073 보리수나무 | 보리수나무과 |

Elaeagnus umbellata Thunb.

열매 모양이 보리와 비슷하다고 해서 붙여진 이름이다. 열매가 달리는 모양을 보고 못자리를 내거나, 보리 수확량을 짐작했으며, 팥 모양 같기도 하여 팥의 수확량을 짐작하곤 했다.

형태 갈잎 넓은잎 떨기나무(낙엽활엽관목)   꽃 5~6월   열매 9~10월

보리수나무는 열매 모양이 보리와 비슷하다고 해서 붙여진 이름이다. 초가을쯤에 붉은색 열매가 열리는데 맛이 달콤하여 어린아이의 간식거리로 사랑을 받았던 추억 어린 나무이기도 하다. 열매가 달리는 모양을 보고 못자리를 내거나, 보리 수확량을 짐작했으며, 팥 모양 같기도 하여 팥의 수확량을 짐작하곤 했다. 지방에 따라 부르는 이름이 다양해 볼네나무(제주도), 보리장나무(전라남도), 보리화주나무, 보리똥나무(경상도), 산보리수나무 등이 있다.

보리수나무 잎

보리수나무 껍질

보리수나무 모양

보리수나무 꽃

보리수나무 열매

    가지에는 가시가 있고 작은 가지는 은백색 또는 갈색이다. 잎은 어긋나며 타원형 및 달걀 모양의 긴 타원형이고 뒷면에 은백색 비늘털이 빽빽하게 나며 잎자루는 흰색이다.

    암수딴그루로 꽃은 새 가지 잎겨드랑이에서 1~7개가 산형꽃차례로 달리는데, 흰색에서 노란색으로 변하며 5~6월에 핀다. 열매는 둥근 모양으로 은백색의 비늘털로 덮여 있으며 9~10

보리수나무 열매와 잎

월에 붉은색으로 익는다.

우리나라와 일본, 중국, 인도 등지에 자란다. 우리나라에서는 황해도 이남에 자란다. 건조하고 척박한 땅에서도 잘 자라나 그늘에서는 잘 자라지 못하며 추위와 공해에 매우 강하다.

꽃이 아름다워 관상용과 밀원식물용, 식용으로 심는다. 목재는 농기구나 연장, 지팡이를 만드는 데 쓰인다. 열매는 보리밥, 보리똥으로 불리며, 달콤하여 잼 등을 만들어 먹기도 한다. 꽃말은 부부의 사랑, 결혼이다.

비슷한 나무들

- **뜰보리수** : 가지에 갈색의 비늘조각이 많고 열매의 길이가 1.5cm 정도의 긴 타원형으로 보리수나무보다 크며 밑으로 처진다.
- **왕보리수나무** : 잎이 넓은 타원형이고 표면에 털이 나 있다.

봄날 피는 복사꽃이 아름다운

074 복사나무 |장미과|

Prunus persica (L.) Batsch

복사꽃이 아름답게 피는 시절을 도요시절이라고 하는데, 처녀가 시집가기에 알맞은 '꽃다운 시절'이라는 뜻이다. 봄날 여성의 마음을 흔들기에 충분하다.

형태 갈잎 넓은잎 작은큰키나무(낙엽활엽소교목) **꽃** 4~5월 **열매** 8~9월

복숭아만큼 흥미로운 이야기가 많은 과일도 드물다. 먼저 자주 먹는 과일이면서도 제사상에 올리지 않는 것은 복사나무가 귀신을 쫓는다는 데에서 기인한다. 옛날 복숭아는 요즘처럼 달콤하기보다는 시큼해서 먹고 나서도 시원치 않아 귀신도 무서워했다는 이야기가 생겼다.

복사꽃이 아름답게 피는 시절을 도요시절이라고 하는데, 이는 처녀가 시집가기에 알맞은 '꽃다운 시절'이라는 뜻이다. 화사하게 핀 연분홍 복사꽃은 따뜻한 봄날 여성의 마음을 흔들

복사나무 잎

복사나무 껍질

복사나무 모양

어놓기에 충분하다.

　복사나무 열매를 복숭아라고 하는 것은 본래 열매에 털이 많아 털복숭이라고 하던 것이 변한 것으로 본다.

　잎은 어긋나고 끝이 뾰족한 피침 모양이며 가장자리에 둔한 잔톱니가 있다. 꽃은 4~5월에 1개씩 잎보다 먼저 연분홍색으로 핀다. 열매는 털이 많으며 달걀 모양의 원형으로 8~9월에 붉은빛을 띤 노란색으로 익는다.

　학명에는 원산지가 페르시아로 되어 있지만 중국이 원산지이다. 비단길을 따라 페르시아로 건너간 것이 유럽으로 전해졌다고 한다.

　햇빛을 좋아하여 그늘에서는 잘 자라지 못하나 추위를 잘 견디어 추운 중부지방에서도 심어 자라고 있으나 간혹 겨울에 얼어 죽기도 한다.

　복숭아의 가장 안쪽에 있는 씨앗을 도인이라 하고 열매는 도실이라 한다. 우리 몸에도 복

복사나무 꽃

복사나무 덜 익은 열매

복사나무 익은 열매

숭아와 관련된 이름이 있다. 발목의 복사뼈는 모양이 복숭아를 닮아 붙여진 이름이며, 목젖의 편도는 복숭아의 한 종류인 편도를 닮아 붙여진 것이다. 편도 열매는 복숭아와 비슷한데 익으면 터져서 속에 든 열매를 먹는다.

비슷한 나무들
- **천도복숭아** : 털이 없으며 당도가 높다.
- **산복사나무** : 잎은 달걀 모양의 끝이 뾰족한 바늘 모양이고 열매는 길이가 3cm 정도로 작다.

술에 취한 듯 붉게 피는

075 부용 |아욱과|

Hibiscus mutabilis L.

양귀비와 더불어 아름다운 여인에 비유하는 꽃이다. 흰 꽃이 점차 붉어져서 술에 취해가는 듯하다고 해서 취부용이라고도 한다.

형태 갈잎 넓은잎 떨기나무(낙엽활엽관목)　**꽃** 8~10월　**열매** 11월

　양귀비와 더불어 아름다운 여인에 비유하는 꽃으로 부용자가 있다. 이는 '아름다운 여자의 몸맵시'라는 뜻으로 부용의 꽃이 아름다워 붙여진 이름이다. 흰 꽃이 점차 붉어져서 술에 취해가는 듯하다고 해서 취부용이라고도 하며 산부용, 땅부용, 부용화라고도 한다. 또 연꽃을 부용이라고도 해서 이를 구분하기 위해 연꽃은 수부용, 부용은 목부용으로 부르기도 한다.

　부용이 우리나라 역사에 처음 등장하는 것은 조선 숙종 때 발간한 《산림경제》이다. 이 책에서 중국의 목부용을 언급했는데, 우리나라에는 1700년경 이전에 들여온 것으로 추정된다. 옛날에는 혼인할 때 신부가 신랑 집으로 가거나 신랑이 신부 집으로 갔는데, 이때 신부의 하인이 향기가 좋은 부용을 향에 꽂아 들고 가기도 했다. 이것을 부용향이라 한다. 또 꽃이 화사해 그림으로도 자주 그려졌다. 특별히 부용을 그린 휘장을 부용장이라 하는데 규방에 어울렸다.

　중국 원산으로 작은 가지, 꽃자루, 잎자루에 별 모양의 털이 빽빽

부용 잎

부용 나무 모양

부용 꽃봉오리

부용 꽃(진분홍색)

이 있다. 잎은 어긋나고 손바닥 모양의 3~7갈래로 얕게 갈라지거나 갈라지지 않는 것도 있으며, 끝이 뾰족하고 둔한 톱니가 있다. 꽃은 8~10월에 연한 분홍색 또는 붉은색으로 핀다. 꽃의 크기가 무궁화보다 크다. 열매는 11월에 익으며 씨앗은 검은빛을 띤 갈색이다. 꽃 색깔은 아침에는 흰색 또는 연분홍색으로, 낮에는 진분홍색으로, 저녁에는 붉은 분홍색으로 바뀌다가 시드는 것으로 알려져 있다.

부용 꽃(연분홍색)

부용 꽃(흰색)

부용 열매

부용 나무껍질

우리나라에 심어 가꾸고 중국, 일본에 자란다. 미국부용도 있는데, 이는 아욱과의 여러해살이풀로 잎이 둥근 타원형이다. 부용은 햇빛이 잘 들며 습기가 있고 비옥한 땅을 좋아하며 추위에 강하고 섬이나 바닷가에서도 잘 자란다.

꽃이 아름다워 도로변이나 공원에 관상용으로 심는다. 약용식물로 한방에서는 흰 꽃을 목부용화라 하여 기침, 출혈에 사용하며, 뿌리껍질은 목부용근이라 하여 종기, 해열, 가래나 기침 등에 사용된다. 생잎은 짓찧어 피부병이나 화상 등의 상처에 바르며, 꽃가루는 한지에 빛을 내는 데 쓰기도 한다. 꽃말은 섬세한 아름다움, 매혹, 정숙한 여인, 행운은 반드시 온다 등이다.

🌷 비슷한 나무들

- ♠ 황근 : 갯부용, 갯아욱이라 부르기도 한다. 무궁화 꽃과 비슷하나 노란색 꽃이 핀다. 제주도, 남쪽 섬 바닷가에서 드물게 자란다.

076 분꽃나무 | 인동과 |

꽃이 분꽃을 닮은

Viburnum carlesii Hemsl.

잎과 꽃이 분꽃가루를 바른 것처럼 부드럽고, 꽃향기가 여인들의 분 향기와 비슷하다고 해서 붙여진 이름인 듯하다. 분꽃나무의 향을 맡으면 여인의 향기가 느껴진다.

형태 갈잎 넓은잎 떨기나무(낙엽활엽관목) **꽃** 4~5월 **열매** 10~11월

꽃부리 바깥은 붉고 안쪽은 흰 것이 분꽃을 닮았다고 하여 분꽃나무라고 한다. 잎과 꽃이 분꽃가루를 바른 것처럼 부드럽고, 꽃향기가 여인들의 분 향기와 비슷하다고 해서 붙여진 이름인 듯하다. 분꽃나무의 향을 맡으면 여인의 향기가 느껴진다고 하여 여자화라고도 한다.

새로 난 가지는 붉은 녹색이었다가 점차 붉은 갈색으로 바뀌며 나중에는 회색빛을 띤 갈색으로 된다. 작은 가지와 겨울눈에는 털이 빽빽이 난다. 잎은 마주나고 달걀 모양 또는 원형이다. 잎의 길이는 3~10cm이고 양면에 별 모양으로 갈라진 털이 나며 뒷면에는 털이 빽빽하다. 잎의 가장자리에는 불규칙한 톱니가 있다. 꽃은 4~5월에 잎과 동시에 피며, 연분홍

분꽃나무 잎

분꽃나무 잎차례

분꽃나무 꽃

분꽃나무 덜 익은 열매

분꽃나무 익은 열매

분꽃나무 껍질

색이다. 꽃은 지름 1~1.4cm로 향기가 강한 편이고, 꽃받침은 5개로 갈라진다. 열매는 10~11월에 검은색으로 익으며, 길이 1cm이고 타원형이다.

우리나라, 일본 등지의 산기슭 양지에서 자란다. 관상용으로 심으며 추위를 잘 견뎌 도시나 해안가에서도 잘 자라고, 특히 도시에서는 공원수로 잘 어울리는 나무이다.

분꽃

한해살이풀로 여름철에 흔하게 볼 수 있다. 꽃 색깔이 노란색, 분홍색, 흰색 등 다양한데, 까만 씨앗 속에 든 흰 가루는 옛날에 화장용으로 얼굴에 발랐다고 하여 분꽃이라는 이름이 붙었다.

비슷한 나무들

♣ 산분꽃나무 : 높이는 5m까지 자라며 꽃은 길고 가늘다. 열매에서 윤기가 난다.

나무껍질 속이 붉은

077 붉가시나무 | 참나무과 |

Quercus acuta Thunb.

줄기가 곧게 자라면서도 가지가 많으며 잎이 무성하여 전체적인 모양이 장중한 느낌을 준다. 가히 숲의 제왕이라는 표현이 어울리는 나무이다.

형태 늘푸른 넓은잎 큰키나무(상록활엽교목)　**꽃** 5월　**열매** 이듬해 10월

　가시나무 하면 가시나무새가 떠오른다. 일생에 단 한 번만 운다는 전설의 새, 가시나무새는 단 한 번 울기 위해 가시나무를 찾아 숲을 헤맨다. 그러다 결국 가시나무를 발견하면 가장 길고 날카로운 가시에 찔려 붉은 피를 흘리며 생명이 끝나는 순간까지 운다. 그 울음은 상상을 초월하는 고통의 소리요, 무엇으로도 낼 수 없는 지상 최고의 아름다운 소리이다. 그리고 가시나무새는 죽는다. 인생의 가장 아름답고 가장 순수하며 위대한 가치는 가장 처절한 고통에서 피어난다는 것을 의미한다.

　붉가시나무는 참나무과 가시나무의 한 종류이다. 나무의 빛깔이 붉기 때문에 붉가시나무

붉가시나무 잎(앞면)

붉가시나무 잎(뒷면)

붉가시나무 암꽃

붉가시나무 수꽃

붉가시나무 열매(1년생)

붉가시나무 열매(2년생)

라는 이름이 붙었다. 높이는 약 20m이며, 지름이 60cm로 가시나무 종류 중에는 비교적 큰 나무이다. 줄기가 곧게 자라면서도 가지가 많으며 잎이 무성하여 전체적인 모양이 장중한 느낌을 준다. 가히 숲의 제왕이라는 표현이 어울리는 나무이다.

나무껍질은 초록빛과 회색빛을 띤 검은색이다. 작은 가지에 갈색 털이 생기지만 2년생 가지에는 털이 없다. 대신 검은빛을 띤 자주색 나무껍질이 공 모양 또는 타원형으로 생기곤 한다. 어긋나는 잎은 긴 달걀 모양이며, 처음에는 갈색 털로 덮이나 곧 사라진다. 암수딴그루로 5월에 꽃이 피는데, 암꽃은 위에 선 채 달리며 수꽃은 어린 가지 밑부분에서 밑으로 처지며 핀다. 열매는 이듬해 10월에 타원형 또는 넓은 타원형으로 익으며 크기는 약 2cm이다.

주로 양지바른 산기슭과 계곡에서 자란다. 우리나라와 일본, 중국 남부 등지에 자란다. 우

붉가시나무 모양

붉가시나무 겨울눈

붉가시나무 껍질

리 나라에서는 제주도 등 남부지방의 섬에서 자란다. 그런데 육지에서는 전라남도 함평군 기각리가 붉가시나무가 자라는 북쪽 한계선이 되므로, 보존 가치가 커서 천연기념물 제110호로 지정·보호하고 있다.

비슷한 나무들

♠ 개붉가시나무 : 잎의 위쪽 가장자리에 톱니가 있다. 완도 지역에 자란다.

249

열매에 소금 성분이 있는

078 붉나무 | 옻나무과 |

Rhus javanica L.

열매가 익어서 갈라지면 씨앗에서 소금 성분이 나오는데, 옛날 소금을 구할 수 없었던 산간벽지에서는 이 열매의 짠맛을 우려내어 소금 대용이나 간수로 썼다.

형태 갈잎 넓은잎 작은큰키나무(낙엽활엽소교목)　**꽃** 7~9월　**열매** 10월

가을에 단풍이 마치 불이 붙은 듯하다고 해서 붉나무라고 부른다. 지방에 따라 오배자나무, 굴나무(경상도), 뿔나무(강원도), 불나무(전라남도)로 부르기도 하며, 오배자수, 염부목, 산오동이라고도 한다. 여기에서 염부목은 이 나무에 소금 성분이 들어 있기 때문에 붙여진 것으로, 열매가 가을에 익어서 갈라지면 씨앗에서 소금 성분이 나오는데 흰 가루로 싸여 있다. 옛날 소금을 구할 수 없던 산간벽지에서는 이 열매의 짠맛을 우려내어 소금 대용이나 간수로 썼다.

한편 오배자수라는 이름은 잎줄기, 새잎, 어린순에 오배자벌레가 붙어살며 혹같이 생긴 벌

붉나무 잎(앞면)

붉나무 잎(뒷면)

붉나무 모양

레집을 만드는데, 이를 오배자라고 해서 붙여진 것이다.

한방에서는 뿌리껍질을 염부자근, 줄기껍질을 염부수백피, 잎을 염부엽, 열매를 염부자라 하여 오배자와 함께 지혈, 해열, 염증, 지사, 해독 등을 치료하는 데 사용한다.

나무껍질은 진한 갈색이며 작은 가지에 털이 있다. 잎은 어긋나고 홀수 깃꼴 겹잎이며 잔잎은 7~13개이고 달걀 모양의 타원형이다. 잎의 가장자리에 톱니가 드문드문 나 있으며 잎줄기에 날개가 있다. 꽃은 암수딴그루로 7~9월에 노란빛을 띤 흰색으로 핀다. 수꽃 꽃차례는 길고 암꽃 꽃차례는 짧게 핀다. 열매는 납작하게 둥근 모양이고 10월에 노란빛을 띤 붉은색으로 익는데 노란빛을 띤 갈색의 잔털이 덮여 있으며 시고 짠맛이 난다.

우리나라와 중국, 일본, 타이완, 히말라야 등지에 자란다. 전국의 해발 100~1300m의 산기슭 양지의 햇빛이 들고 건조한 땅에서 잘 자라며 추위와 공해에도 강하다.

가을에 단풍이 붉게 물드는 나무로 조경용, 약재용, 염료용으로 심는다. 봄에 나오는 어린 순은 나물로 해 먹기도 하고 염료로도 사용된다. 오배자는 약재로 이용된다. 입병, 기침, 가래, 설사, 종기, 편도선염에 효과가 있다.

붉나무 암꽃

붉나무 수꽃

붉나무 열매

붉나무 오배자(오배자면충 벌레집)

비슷한 나무들

- 옻나무 : 잔잎은 7~17개이며 달걀 모양이고 잎 뒷면에 잎맥을 따라 연한 노란색 털이 빽빽하다. 꽃차례가 위로 향한다.
- 개옻나무 : 잔잎은 9~17개인데, 잎 뒷면에 털이 있으며 잎자루는 짧다.

079 목재와 열매가 쓰임이 많은
비자나무 | 주목과 |

Torreya nucifera (L.) Siebold & Zucc.

제주도 구좌읍 평대리 비자림은 500~800년 된 비자나무가 2800여 그루나 자라는 세계 최대의 비자나무 숲으로 유명하다.

형태 늘푸른 바늘잎 큰키나무(상록침엽교목) **꽃** 4~5월 **열매** 이듬해 9~10월

비자나무에서 '비'는 한자로 榧인데, 이는 비자나무의 특징을 잘 보여주는 것으로 잎이 아닐 비(非) 자를 꼭 닮았다. 잎은 바늘 모양으로 뒷면에 노란빛을 띤 흰색의 공기구멍이 양쪽에 늘어서 있다. 꽃은 4~5월에 핀다. 수꽃은 달걀 모양이며 암꽃은 가지 끝에 2~3개씩 달린다. 열매는 타원형으로 이듬해 9~10월에 익고 씨앗은 타원형이다.

비자나무 모양

비자나무 잎(앞면)

비자나무 잎(뒷면)

비자나무 암꽃

비자나무 수꽃

　　비자나무는 암수딴그루이다. 전라북도 내장산, 전라남도 해안 및 제주도에 자란다. 제주도 제주시 구좌읍 평대리 비자림은 나이 500~800년 비자나무가 2800여 그루나 자라 단일 수준으로는 세계 최대의 비자나무 숲으로 유명하며, 천연기념물 제374호로 지정되었다. 이 제주도 비자나무는 품질이 워낙 좋아서 옛날에는 중국 원나라에서 궁궐 재목으로 사용하기 위해 가져갔다고 한다.

　　제주도 비자림 이외에도 전라남도 해남 연동리의 비자나무 숲, 백양사의 비자나무 분포 북한지대, 고흥 포두면의 비자림, 강진 병영면의 500년 된 비자나무, 진도 임회면의 비자나무 등이 천연기념물로 지정되어 있다. 늘푸른나무로 관상수와 공원수로 어울린다. 꽃말은 소중, 사랑스러운 미소 등이다.

비자나무 열매

비자나무 씨앗

비자나무 껍질

비자나무 겨울눈

제주도 비자림의 사랑나무 연리목

제주도 비자림에는 연리목이 있다. 두 나무가 가까이 자라다가 맞붙은 것을 연리목이라고 하는데, 연리목은 어떻게 이루어질까? 두 나무가 맞닿으면 서로의 껍질이 붙고 세포막이 엉켜서 하나가 되는 것이다. 그래서 연리목은 남녀 간의 변치 않는 사랑을 나타낸다.

비슷한 나무들

- 개비자나무 : 잎이 비슷하나 훨씬 부드러워서 잘 휘어진다. 높이 3m, 지름 5cm로 비자나무에 비해 작다.
- 눈개비자나무 : 뿌리에서 새싹이 돋는 것이 특징이다.

열매를 먹으면 방귀가 나온다는

080 뽕나무 |뽕나무과|

Morus alba L.

오디를 많이 먹으면 소화가 잘 되어 방귀가 뽕 하고 나온다고 해서 나무 이름을 뽕나무라고 했다는 이야기가 전해진다.

형태 갈잎 넓은잎 큰키나무(낙엽활엽교목)　**꽃** 4~5월　**열매** 6~7월

　　오디에는 비타민 A, B_1, D와 당분 등이 들어 있어 위의 소화기능을 촉진시키며 배변을 순조롭게 하는 효능이 있다. 그런데 이 오디를 많이 먹으면 소화가 잘 되어 방귀가 뽕 하고 나온다고 해서 나무 이름을 뽕나무라고 했다는 이야기가 전해진다. 상수, 백수, 가상, 지상, 오디나무, 새뽕나무, 오디나무 등으로도 불린다.

　　나무껍질은 노란빛을 띤 갈색이며 잎은 넓은 달걀 모양으로 가장자리에는 톱니가 있다. 꽃은 암수딴그루로 4~5월에 핀다. 열매는 타원형으로 6~7월에 보라색, 검은색으로 익는다.

　　온대와 아열대 지방이 원산으로 우리나라와 중국에 심어서 가꾼다. 전국에서 양잠용으로 많이 기르는 나무이다. 뽕잎을 먹고 자란 누에는 한 마리에서 약 1km의 명주실을 짜낼 수가 있다고 한다. 또 누에는 당뇨를 다스리는 데 특효로 알려져 있으며, 누에똥도 농작물의 거름이나 약재로 쓰인다. 잎부터 뿌리까지 그리고 누에와 번데기까지 버릴 것이 없는 매우 유용한 나무이다.

　　뿌리를 상근, 줄기껍질을 상근백피, 가지를 상지, 잎을 상엽, 열매를 상실이라 하여

뽕나무 껍질

뽕나무 모양

폐기천식, 건위, 복만, 부종, 이뇨, 간장, 신장, 해열, 토사, 구내염, 경풍 등에 쓴다. 뽕잎은 생잎에서 흰색 즙이 나오는데, 이를 상엽즙 또는 상엽자라고 해서 상처를 치료하는 데 이용한다.

　우리나라에는 뽕나무와 관련된 지명이 상당히 많다. 그중에서도 서울의 잠실과 잠원동은 예전부터 뽕나무를 많이 재배하던 곳이라서 붙여진 이름이다. 잠원동에 있는 잠실뽕나무는 나이가 600년으로 말라 죽은 나무이다. 본래 조선시대 왕가의 잠소로서 뽕나무를 재배하여 농민들에게 시범을 보이던 곳이었으며 잠원동이란 동명도 여기에서 비롯된다. 한강 변에 있는 이 나무는 이미 죽었지만 조선 초기의 것으로 유서가 깊어 서울시 기념물 제1호로 지정되었다. 강원도 정선의 봉양리 뽕나무는 2그루로 나무 나이가 500년이며 강원도 기념물 제7호로 지정되었다. 경상북도 상주의 은척면 뽕나무는 나무 나이가 300년으로 경상북도 기념물 제1호로 지정된 나무이다. 꽃말은 지혜이다.

뽕나무 암꽃

뽕나무 수꽃

뽕나무 덜 익은 열매

뽕나무 익은 열매

비슷한 나무들

- 산뽕나무 : 산에서 야생으로 자란다. 높이는 7~8m, 지름이 약 50cm이다.
- 가새뽕 : 잎이 5갈래로 깊게 갈라진다.
- 꼬리뽕나무 : 가지가 가늘고 길며, 잎끝이 꼬리처럼 길다. 높이는 7~15m로 산기슭에 자란다.
- 좁은잎뽕 : 잎이 깃꼴로 갈라진다.
- 섬뽕나무 : 잎이 두껍고 윤이 나며 바닷가에서 자란다.
- 붉은대산뽕 : 한해살이의 줄기가 붉은 것이 특징이다.
- 몽고뽕나무 : 잎은 어긋나고 넓은 달걀 모양으로 길이 5~13cm, 너비 3~10cm이다.
- 돌뽕나무 : 바닷가의 산기슭에 자라며 높이는 8~15m이다.

오랜 옛날부터 먹어 온 대표 과실나무

081 사과나무 | 장미과 |

Malus pumila Mill.

씨앗에서 자연 발아된 나무는 13년 후에 꽃을 피우며 열매가 매우 작게 달린다. 따라서 큰 열매를 얻으려면 아그배나무나 야광나무를 대목으로 접을 붙여야 한다.

갈잎 넓은잎 작은큰키나무(낙엽활엽소교목)   꽃 4~5월   열매 9~10월

사과 하면 아주 오랜 옛날부터 우리가 먹어온 과일처럼 여겨진다. 그러나 오늘날 우리가 주로 먹는 사과는 조선 말기 또는 대한제국의 시기에 처음 들여왔으며, 1901년 선교사를 통해 들여와 원산에 심은 것이 첫 재배라고 한다. 이후 1906년에 서울 뚝섬에 원예모범장을 개설하고 여러 개량종을 심은 뒤에 전국에 퍼졌다고 한다.

본래 사과는 고대 그리스와 로마에서 재배되어 유럽에 퍼졌으며, 17세기에 미국에 전파되어 더욱 개량되었다. 한편 동양에서도 중국에서 1세기경에 재배한 기록이 있다. 그러나 동양의 사과는 능금이며, 그것이 우리나라와 일본에 전파된 것으로 보인다.

사과나무 잎

사과나무 껍질

사과나무 모양

　사과나무 이름의 유래는 알려져 있지 않지만 한자 사과(沙果)를 보자면 물이 잘 빠지는 모래땅에서 잘 자라는 과일나무라 하여 붙여진 이름이라고 추측할 수 있다. 능금나무, 시과, 임과라고도 한다.
　잎은 타원형으로 가장자리에 둔한 톱니가 있다. 꽃은 짧은 가지에 3~7개씩 산형꽃차례로 달리며 연한 붉은색으로 4~5월에 핀다. 열매는 양 끝이 오목하며 9~10월에 익는다.
　유럽 남동부 및 서아시아 원산으로 우리나라에는 오래전에 도입하여 심은 과실나무이다. 산과 들의 일교차가 크고 경사진 곳에서 잘 자란다. 씨앗에서 싹이 튼 나무는 13년 후에 꽃을 피우며 열매가 매우 작게 달린다. 따라서 큰 열매를 얻으려면 아그배나무나 야광나무를 대목으로 접을 붙여야 한다.
　한방에서 잎을 약재로 쓰는데, 피를 맑게 하고 열을 내려주며 이뇨, 소화불량, 장 운동 등에 효과가 있다. 민간요법으로는 출산 후 기력이 없을 때 잎을 달여 마시면 좋고 딸꾹질, 소화불량, 기침에 열매껍질을 달여 마시면 효과가 있다. 또한 치질, 설사, 장이 안 좋을 때에는 열매를 생으로 갈아 마시면 좋다. 특히 독일에서는 옛날부터 민간요법으로 설사를 치료하는

사과나무 꽃봉오리

사과나무 꽃

사과나무 덜 익은 열매

사과나무 익은 열매

데 사용되었으며 현대에서도 설사, 급만성 소화불량 등에 사용된다.

비타민 A·B·C, 펙틴, 사과산, 카페인산, 시트르산, 클로로겐산, 니코틴산, 과당, 포도당을 함유하고 있다. 산이 많아 위에 자극을 줄 수 있으므로 밤에는 되도록 먹지 않는 것이 좋다. 또 사과 씨앗에는 청산배당체인 아미그달린과 지방유가 들어 있어 먹으면 안 된다.

비슷한 나무들
♠ 능금나무 : 열매의 지름이 4~5cm이다.

흙이 무너져 내리지 않도록 하기 위해 심는

082 사방오리 |자작나무과|

Alnus firma Siebold & Zucc.

사방오리는 산이나 바닷가, 강가 등의 모래나 흙이 떠내려가는 것을 방지하기 위한 공사에 많이 심어 붙여진 이름이다.

형태 갈잎 넓은잎 작은큰키나무(낙엽활엽소교목) 꽃 3~4월 열매 10월

    산이나 바닷가, 강가 등의 모래나 흙이 떠내려가는 것을 방지하기 위한 공사를 흔히 사방공사라 하고, 이때는 나무를 많이 심는다. 흙, 자갈 등이 비나 바람에 무너져 내리는 것을 막기 위해 일본 원산의 오리나무를 많이 심었는데, 그래서 붙여진 이름이 사방오리이다. 사방오리목이라고도 하며, 우리나라에는 1940년경에 들여와 주로 따뜻한 남부지방에 많이 심어졌다.

    줄기는 곧지만 우리나라에는 2~3개로 갈라지는 것이 많다. 나무껍질은 회색빛을 띤 갈색으로 평평하고 미끄러우며 작은 가지에는 털이 나 있다. 잎은 어긋나고 달걀 모양 및 긴 타

사방오리 잎

사방오리 나무껍질

사방오리 나무 모양

사방오리 암꽃

사방오리 수꽃

원형의 피침 모양으로 가장자리는 톱니 모양이며 3~4월에 잎과 함께 꽃이 핀다. 수꽃은 노란색으로 가지 끝에서 밑으로 처지고, 암꽃은 작은 가지 기부에 1개씩 달려 핀다. 좁은 타원형의 씨앗에는 날개가 달려 있으며 10월에 익는다.

햇빛을 좋아하는 나무로 추위를 잘 견디지 못하여 그늘진 곳과 추운 중부지방에서는 잘 자

사방오리 덜 익은 열매

사방오리 익은 열매

라지 못한다. 또한 건조한 땅에서 잘 자라고 자라는 속도도 빠르며 공해에 잘 견디고 도심지, 고속도로 변의 비와 바람을 막는 용도로 심기에 적합하다. 특히 다른 오리나무류와 마찬가지로 공기 중 질소를 고정하여 토양 자체를 비옥하게 하는 역할을 한다.

잎과 나무껍질, 열매는 타닌 성분이 많아 염료용으로 사용하는데 회색, 갈색, 검은색 등을 염색할 때 사용된다. 목재는 기구재 등으로 사용된다.

비슷한 나무들
- **오리나무** : 습지 근처에 자라며 높이는 20m에 달한다.
- **좀사방오리** : 사방오리와 비슷하지만 잎의 측맥이 많다. 높이는 6~8m이다.

083 사시나무 | 버드나무과 |

약한 바람에도 덜덜 떠는

Populus davidiana Dode

'사시나무 떨 듯한다'는 말이 있다. 이는 잎자루가 길고 가늘며 탄력성이 있어 약한 바람에도 잘 흔들리는데, 이러한 특성에 빗대어 두려워서 오들오들 잘 떠는 사람을 표현한 것이다.

양태 갈잎 넓은잎 큰키나무(낙엽활엽교목)　**꽃** 4월　**열매** 5월

흔히 '사시나무 떨 듯한다'는 말이 있다. 이는 사시나무의 잎자루가 길고 가늘며 탄력성이 있어서 약한 바람에도 잘 흔들리는데, 이러한 특성에 빗대어 두려워서 오들오들 잘 떠는 사람을 표현한 것이다. 《동의보감》에도 사시나무에 대해 '약함을 띠고 있어 미풍에도 크게 요동한다. 사람들은 묘지 사이의 빈터에 많이 심는다'고 적혀 있다.

사시나무를 백양목이라고 쓰고 있는데, 이 밖에도 황철나무, 바람나무, 당버들나무라고도 부르며, 줄기가 푸른색이면 청양목이라고 부른다.

사시나무 잎

사시나무 잎차례

줄기는 곧고 가지는 퍼진다. 나무껍질은 회색빛을 띤 녹색이며 밋밋하다가 점차 얕게 갈라져 검은빛을 띤 갈색으로 변한다. 작은 가지는 털이 없고 회색빛을 띤 녹색이다. 잎은 타원형이고 가장자리에는 물결 모양의 톱니가 있으며, 잎 앞면은 녹색이고 뒷면은 회색빛을 띤 녹색이다. 암수딴그루이며 수꽃은 보라색으로 늘어지고 암꽃은 자루에 털이 있다. 4월에 잎보다 먼저 꽃이 피며, 긴 타원형의 열매는 5월에 익는다. 씨앗에는 털이 있다.

우리나라와 중국, 러시아, 몽골 등지에 자란다. 우리나라에서는 해발 100~1900m의 비교적 낮은 곳에 자란다. 습기가 있는 모래흙에서 잘 자라며 추위에 강하고 공해에 강하며 싹도 잘 틔어 도심지 가로수로 심기에 적합하다. 특히 이 나무의 특징은 산불이 났던 곳이나 개방지

사시나무 모양

사시나무 암꽃

사시나무 수꽃

사시나무 열매

사시나무 껍질

등에 들어가 군락을 이룬다.

목재는 성냥과 종이, 조각, 화약 재료로 쓰인다. 나무껍질을 백양목피라 하여 한방에서 생약으로 쓰며, 여름철에 껍질을 벗긴 뒤 푹 삶아 고약처럼 만들어 중풍이나 각기병 치료에도 쓴다. 또한 잎은 출혈, 치통 등에 사용한다.

비슷한 나무들
- **수원사시나무** : 잎이 넓은 달걀 모양의 타원형이다.
- **긴잎사시나무** : 잎이 길고 밑부분이 넓게 뾰족하다. 북한지방에 자란다.
- **일본사시나무** : 사시나무와 비슷하지만 잎이 더 크고 어릴 때 털이 빽빽이 나며 밑부분에 꿀샘이 있다. 나무껍질은 회색빛이 돈다.
- **털사시나무** : 잎 뒷면과 잎자루와 어린 가지에 털이 나 있다.

사철 푸른
084 사철나무 | 노박덩굴과 |

Euonymus japonicus Thunb.

사시사철 푸른 잎을 달고 있다 하여 붙여진 이름이다. 겨우사리나무, 무룬나무, 개동굴나무, 동청목, 넓은잎사철나무, 들축나무, 긴잎사철나무, 무른사철나무, 무른나무, 푸른나무 등으로도 불린다.

형태 늘푸른 넓은잎 떨기나무 또는 작은큰키나무(상록활엽관목 또는 소교목) **꽃** 6~7월
열매 10월

    사철나무라는 이름은 사시사철 푸른 잎을 달고 있다 하여 붙여진 것이다. 겨우사리나무, 무룬나무, 개동굴나무, 동청목, 넓은잎사철나무, 들축나무, 긴잎사철나무, 무른사철나무, 무른나무, 푸른나무 등으로도 불린다.

    작은 가지는 녹색이고 모서리진 모양이다. 잎은 마주나고 타원형이며 길이가 3~7cm이고,

사철나무 잎

사철나무 껍질

사철나무 모양

가장자리에 톱니가 있다. 꽃은 취산꽃차례에 5~12개가 달리며 노란빛을 띤 녹색으로 6~7월에 피는데, 끝에 달린 꽃 밑에서 1쌍의 꽃자루가 나와 각각 그 끝에 꽃이 1개씩 달리고, 그 꽃 밑에서 또다시 각각 1쌍의 작은 꽃자루가 나와 그 끝에 꽃이 1개씩 달린다. 열매는 둥글고 10월에 붉은색으로 익는다.

우리나라와 일본, 중국, 시베리아, 유럽 등지에 자라며, 우리나라에서는 황해도 이남의 바닷가에 자란다. 그늘진 곳에서 잘 자라며

사철나무 꽃

사철나무 덜 익은 열매

사철나무 익은 열매

습지와 건조지를 가리지 않고 잘 자라는 데다 공해에 강하고 우리나라 어느 곳에서나 많이 심어 가꾼다. 마치 약방의 감초 같은 나무로 조경용으로 많이 심으며 도심지의 생울타리용 등으로도 심는다.

줄기는 아주 질겨서 껍질을 벗겨 꼬아 줄을 만드는 데 쓰인다. 한방에서는 줄기껍질을 화두충, 뿌리를 조경초라 해서 약재로 사용한다. 꽃말은 '변화가 없다'이다.

비슷한 나무들

- **은테사철** : 잎 가장자리가 흰색 줄이 있다.
- **금테사철** : 잎 가장자리에 노란색 줄이 있다.
- **금사철** : 잎에 황금색 반점이 있다.
- **줄사철나무** : 덩굴사철나무라고 부르며, 남부지방과 중부 도서지방에 자라는 나무로 담을 타면서 뿌리를 내리는 특징이 있다.

새콤달콤 맛 좋은
085 산딸기 |장미과|
Rubus crataegifolius Bunge

산딸기는 정감 어린 과일이다. 우리가 흔히 먹는 딸기와는 달리 나무에서 열매가 달리므로 나무딸기라고도 하며 흰딸, 참딸이라는 이름도 있다.

형태 갈잎 넓은잎 떨기나무(낙엽활엽관목) **꽃** 5월 **열매** 6~7월

산딸기는 정감 어린 과일이다. 우리가 흔히 먹는 딸기와는 달리 나무에서 열매가 달리므로 나무딸기라고도 하며 흰딸, 참딸이라는 이름도 있다. 산딸기가 달콤새콤해 맛도 있지만 약용하므로 일석이조의 식물이라고 할 만하다. 산딸기를 으깨어 멥쌀가루에 섞어 떡을 해 먹기도 하고, 화채로 만들어 먹기도 한다.

줄기는 붉은빛을 띤 갈색이며 뿌리에서 싹이 나와 무리를 이루는 전형적인 떨기나무의 형태로 자란다. 잎은 달걀 모양 및 타원형으로 3~5갈래로 갈라지며, 표면에는 털이 없으나 뒷면의 맥 위에는 털이 있다. 잎자루에는 갈퀴 같은 가시가 나 있다. 꽃은 5월에 흰색으로 가지

산딸기 잎

산딸기 잎차례

산딸기 나무 모양

끝에 2~3개가 모여 달린다. 열매는 한여름인 6~7월에 노란색으로 익는데 그냥 먹기도 하며 잼이나 파이 등을 만들어 먹기도 한다.

　우리나라와 일본, 중국, 우수리강 유역 등지에서 자란다. 우리나라 전국 산야 또는 화전지대나 황폐한 곳에 자라는데, 그늘에서는 잘 자라지 못한다. 개방된 곳에서 무리를 이루어 자라며 주로 쑥, 닭의장풀, 싸리 등과 함께 나타나는 특징이 있다. 햇빛을 좋아하여 주로 숲 가장자리 쪽에 자라고 있어 산길을 지나다보면 자주 볼 수 있다.

　열매는 유기산, 비타민 C가 풍부해 맛이 달고 새콤하다. 한방에서는 열매를 그늘에, 뿌리와 줄기를 햇볕에 말려 사용한다. 특히 덜 익은 열매의 말린 것을 현구자라고 하는데, 눈이 밝아지고 가래를 삭이는 데 약재로 사용한다.

산딸기 꽃

산딸기 익은 열매

산딸기 열매가 떨어진 뒤의 모습

산딸기 나무껍질

비슷한 나무들

- **섬딸기** : 줄기에 보통 가시가 없고 꽃은 아래로 향해 피고 열매는 연한 노란색으로 익는다. 경상남도, 전라남도 바닷가에서 자란다.
- **거문딸기** : 줄기는 굵고 가시가 없으며 꽃은 위로 향해 핀다. 제주도, 전라남도 남해안 바닷가에서 자란다.

열매가 딸기처럼 붉은

086 산딸나무 | 층층나무과 |

Cornus kousa Bueg.

동그랗게 만들어진 꽃차례에 4장의 꽃잎처럼 생긴 흰색의 꽃턱잎이 꽃처럼 보이게 하여 나비나 벌 등을 유혹한다. 이 나무의 독특한 생존법이다.

형태 갈잎 넓은잎 작은큰키나무(낙엽활엽소교목) **꽃** 6월 **열매** 10월

산딸나무는 열매가 딸기처럼 붉은색으로 익는다고 하여 붙여진 이름이다. 동그랗게 만들어진 꽃차례에 4장의 꽃잎처럼 생긴 흰색의 꽃턱잎이 꽃차례 바로 밑에 십자 모양으로 달린 것이 특징인데, 이는 마치 하나의 큰 꽃처럼 보이게 하여 나비나 벌 등을 유혹하려는 이 식물만의 독특한 생존법이다. 꽃 모양이 십자 모양인 데다가 예수가 이 나무로 만든 십자가에 못이 박혀 운명하였다고 하여 기독교에서는 성스러운 나무로 알려진다. 들메나무, 박달나무, 쇠박달나무, 미영꽃나무, 준딸나무, 소리딸나무, 애기산딸나무, 굳은산딸나무 등으로 불린다.

산딸나무 잎

산딸나무 꽃과 꽃턱잎 무리

산딸나무 모양(여름)

산딸나무 모양(가을)

산딸나무 꽃

산딸나무 열매

산딸나무 씨앗

산딸나무 껍질

　가지는 층을 이루며 수평으로 퍼진다. 잎은 마주나며 달걀 모양이다. 잎 뒷면은 회색빛을 띤 녹색으로 누운 털이 빽빽이 있으며 잎맥 사이에는 갈색 털이 조밀하게 나 있고 잎맥은 4~5쌍이다. 6월에 피는 꽃은 지난해 자란 가지 끝에서 두상꽃차례를 이루며, 열매는 둥글고 10월에 붉은색으로 익는다.

　우리나라와 중국, 일본, 유럽 등에 자라며, 우리나라에서는 중부 이남에 자란다. 습기가 있고 비옥한 땅에서 잘 자라며 추위에 강하다.

　붉은 열매가 아름답고 흰색 꽃턱잎이 독특하여 관상수, 가로수로 심으며 목재는 결이 아름다워 조각재, 가구재, 기구재 등을 만드는 데 사용된다. 더디게 자라 목재가 단단하면서 나이테가 촘촘해 악기를 만드는 데 최고로 치기도 한다. 씨앗을 감싸는 열매는 맛이 좋아 날것으로 먹는다.

 비슷한 나무들
- **미국산딸나무** : 북아메리카 원산으로 꽃잎 모양의 꽃턱잎이 약간 파이고 밑이 좁다. 각각의 열매가 서로 떨어지는 특징이 있다.

야생 뽕나무

087 산뽕나무 | 뽕나무과 |

Morus bombycis Koidz.

옛날에는 뽕나무로 만든 활이 매우 좋은 활로 취급되었는데, 뽕나무로 만든 활과 쑥대로 만든 화살을 상호봉시라고 해서 '남자가 뜻을 세우는 일'이라는 의미로 사용했다.

형태 갈잎 넓은잎 작은큰키나무 또는 큰키나무(낙엽활엽소교목 또는 교목)　**꽃** 4~5월
열매 6~7월

　산에서 나는 야생 뽕나무라고 해서 산뽕나무라고 한다. 그러나 산뿐 아니라 논이나 밭둑에도 자라며, 마을에도 자라는 경우가 흔하다. 그냥 뽕나무라고 부르기도 한다.

　많은 가지가 뻗어 나오며 나무껍질은 노란색이다. 잎은 달걀 모양으로 끝은 꼬리 모양으로 뾰족하고 가장자리에는 날카로운 톱니가 있다. 암수한그루로 수꽃은 새 가지 밑에서 이삭 모양의 미상꽃차례를 이루며 암꽃은 타원형으로 4~5월에 핀다. 열매는 원뿔 모양이며 긴 암술대가 남아 있고 6~7월에 붉은색에서 검은색으로 변하면서 익는다.

산뽕나무 잎

산뽕나무 껍질

산뽕나무 모양

우리나라와 중국, 일본, 타이완 등지에 자란다. 햇빛이 잘 들고 척박한 땅에서 잘 자라지만 그늘에서는 잘 자라지 못하며 추위에는 강하나 공해에는 약하다. 서양에서는 뽕나무가 봄에 가장 늦게 싹을 틔워 꽃샘추위에 피해를 받을 염려가 없어 기다릴 줄 아는 지혜의 나무로 생각하여 고대 로마인들은 뽕나무를 지혜, 전쟁, 학예의 여신인 미네르바에게 바쳤다고 한다.

봄에 나는 어린 뽕잎은 야생이어서 나물로 해 먹으면 별미일뿐더러 건강식으로도 아주 그만이다. 먹을 것이 부족했던 옛날에는 잎을 말렸다 가루를 내어 곡식가루와 섞어 죽을 끓여 먹던 식물이기도 하다. 재배하는 뽕나무와 같이 잎은 누에의 사료로 사용되며 나무껍질은 약용, 제지용으로 쓰인다.

또한 옛날에는 뽕나무로 활을 만들었는데, 상궁 또는 상호라 하여 매우 좋은 활로 취급되었다. 태종 16년에는 산뽕나무에 보호령을 내려 나라가 위급할 때 쓸 수 있도록 했다는 기록도 있고, 뽕나무로 만든 활과 쑥대로 만든 화살을 상호봉시라고 해서 '남자가 뜻을 세우는 일'이라는 의미로 사용했다.

산뽕나무 암꽃

산뽕나무 수꽃

산뽕나무 덜 익은 열매

산뽕나무 익은 열매

비슷한 나무들

- **뽕나무** : 높이는 15m 정도이고 나무껍질은 노란빛을 띤 갈색이다. 잎은 넓은 달걀 모양으로 가장자리에는 톱니가 있다.
- **가새뽕나무** : 잎이 5갈래로 크게 갈라진다.
- **꼬리뽕나무** : 가지가 가늘고 길며, 잎끝이 꼬리처럼 길고 뾰족하다. 높이는 7~15m로 산기슭에 자란다.
- **좁은잎뽕** : 잎이 깃꼴로 갈라진다.
- **섬뽕나무** : 잎이 두껍고 윤이 나며 바닷가에서 자란다.
- **붉은대산뽕** : 한해살이의 줄기가 붉은 것이 특징이다.
- **몽고뽕나무** : 잎은 어긋나고 넓은 달걀 모양으로 길이 5~13cm, 너비 3~10cm이다.
- **돌뽕나무** : 바닷가의 산기슭에 자라며 높이는 8~15m이다.

악마를 쫓는 메이플라워

088 산사나무 | 장미과 |

Crataegus pinnatifida Bunge

유럽에서는 산사나무가 벼락을 막아준다고 믿었으며, 예수가 수난을 받은 성 금요일에 꽃을 피우는 꽃으로 악마를 막아준다고도 믿었다.

형태 갈잎 넓은잎 작은큰키나무(낙엽활엽소교목)　**꽃** 5월　**열매** 9~10월

　　영국에서 청교도들이 아메리카 대륙으로 건너갈 때 탔던 배 이름이 메이플라워로 '5월의 꽃'이라는 뜻으로, 산사나무의 흰 꽃을 뜻한다. 유럽에서는 산사나무가 벼락을 막아준다고 믿었으며, 예수가 수난을 받은 성 금요일에 꽃을 피우는 꽃으로 악마를 막아준다고도 믿었다. 그래서 결혼식에서 들러리들이 산사나무를 들고 신랑·신부에게 나쁜 일이 일어나지 않기를 기원했다. 이런 믿음 때문에 거친 신대륙으로 건너갔던 영국인들을 태운 배 이름을 메이플라워라고 지었던 것이다.

산사나무 잎

산사나무 모양

　산사나무라는 이름은 산사, 산사목에서 유래되었으며 아가위나무, 아그배나무, 찔구배나무, 질배나무, 동배나무, 애광나무라고도 부른다.
　줄기는 회색을 띠며 작은 가지에 예리한 가시가 있다. 잎은 어긋나고 짙은 녹색의 날개 모양이며 깊게 갈라진다. 꽃은 가지 끝에 우산 모양의 산형꽃차례를 이루며 5월에 흰색으로 핀다. 열매는 둥글고 흰색 반점이 있으며 9~10월에 익는다. 우리나라와 중국, 일본, 시베리아 등지에 자라며, 우리나라 전국의 산기슭에 자라고, 특히 전라북도, 경상북도 이북의 해발 100~1250m에 자란다. 햇빛이 잘 들고 비옥한 모래흙에서 잘 자라지만 그늘에서는 잘 자라지 못하며 추위에는 강하다. 뿌리 부근에서 싹이 새로 올라와 산사나무 군락을 이루며 자라는 특징이 있다.
　꽃과 열매가 아름다워 정원수나 공원수로 심으며 열매는 약용 및 식용하고 목재는 가공재로 쓰인다. 목재는 단단하고 치밀하여 목침, 책상, 지팡이, 상자 등을 만드는 데 쓰인다. 꽃말은 유일한 사랑이다.

산사나무 꽃

산사나무 덜 익은 열매

산사나무 익은 열매

산사나무 껍질

🌳 비슷한 나무들

- ♠ **좁은잎산사** : 잎의 열편이 좁고 꽃자루에 털이 없는 것이 특징이다.
- ♠ **넓은잎산사** : 잎이 크고 얕게 갈라지며 열매 지름이 약 2.5cm이다.
- ♠ **미국산사** : 가지의 가시가 매우 크고 거의 직각으로 벌어진다.
- ♠ **가새잎산사** : 잎이 거의 깃꼴 겹잎같이 갈라진다.
- ♠ **털산사** : 잎의 뒷면과 작은 꽃자루에 털이 빽빽이 난다.
- ♠ **자작잎산사** : 잎이 갈라지지 않는다.

산에 피는 수국

089 산수국 |범의귀과|

Hydrangea serrata for. *acuminata* (Siebold & Zucc.) E. H. Wilson

수국이 물을 좋아하는 성질을 가졌듯 산수국 역시 산에서도 물이 많은 곳에서 자란다. 꽃이 모여 달리는 것이 꼭 국화 같다고 해서 산수국이라고도 한다.

형태 갈잎 넓은잎 떨기나무(낙엽활엽관목)　**꽃** 6~8월　**열매** 9~10월

아, 찬물이 맑게 갠 옹달샘 위에
산수국꽃 몇 송이가 활짝 피어 있었습니다
나비같이 금방 건드리면
소리 없이 날아갈 것 같은
꽃 이파리가 이쁘디 이쁜
산수국꽃 몇 송이가 거기 피어 있었습니다

김용택의 〈산수국꽃〉 중에서

산수국 새순

산수국 잎

산수국 나무 모양

　산수국은 산에 사는 수국이란 뜻인데, 수국이 물을 좋아하는 성질을 가졌듯 산수국 역시 산에서도 물이 많은 곳에서 자란다. 꽃이 모여 달리는 것이 꼭 국화 같다고 해서 산수국이라고도 한다. 털이 나 털수국 또는 털산수국이라고도 한다.

　밑에서 많은 줄기가 나와 무리를 이루며 사는 나무로 작은 가지에 잔털이 나 있으며 물이 있는 바위틈이나 계곡에서 잘 자란다. 잎은 타원형 및 달걀 모양으로 마주나며 가장자리에 예리한 톱니가 있고 양면 맥 위에 털이 나 있다.

　꽃은 6~8월에 가지 끝에 큰 우산 모양의 산형꽃차례를 이루며 흰색 또는 푸른빛을 띤 흰색으로 핀다. 가장자리의 중성꽃(무성화)은 지름 2~3cm로 3~5개의 푸른빛이 도는 엷은 붉은색의 꽃잎 같은 꽃받침조각으로 되어 있다. 이는 벌이나 나비를 유인하기 위한 산수국의 특별한 전략이다. 꽃가루받이를 할 수 있는 진짜 꽃은 가운데에 수북하게 자리 잡고 있다. 열매는 거꿀 달걀 모양이고 9~10월에 짙은 갈색으로 익는다.

　우리나라와 일본, 타이완 등지에서 자라며, 우리나라에서는 경기도 및 강원도 이남의 해발 200~1400m에서 자란다. 그늘진 곳과 추운 곳에서도 잘 자라며 공해에도 강해 도심지 공원수나 경계를 요하는 곳에 심거나 큰 나무 밑에 심으면 잘 어울리는 나무이다. 꽃이 아름다워 관상용으로 심으며 꽃꽂이의 소재로도 사용된다. 잎은 단맛이 있어 수국차로 만들어 마신다. 꽃말은 변덕, 고집, 차가운 당신 등이다.

산수국 꽃봉오리

산수국 꽃

산수국 열매

산수국 나무껍질

🌳 비슷한 나무들

- **탐라산수국** : 가장자리의 꽃이 암수한꽃으로 한라산에 자란다.
- **나무수국** : 목질 부분이 발달한 수국으로 꽃은 가지 끝에 큰 원추꽃차례를 이루며, 중성꽃과 암수한꽃이 같이 달린다.
- **등수국** : 갈잎 덩굴나무로 줄기가 바위 곁에 붙어살며 가장자리는 중성꽃이고 안쪽은 암수한꽃이다. 남부지방의 섬 및 울릉도에 자란다.
- **꽃산수국** : 중성꽃의 꽃받침에 톱니가 있다.
- **떡잎산수국** : 잎이 특히 두껍다.
- **수국** : 꽃은 중성꽃으로 6~7월에 피며 크기는 10~15cm이다.
- **미국수국** : 1957년 미국에서 들여온 나무로, 높이는 1m이다. 수국에 비해 목질이 발달하고 추위에 강하다.

090 산수유 |층층나무과|

잎보다 꽃이 먼저 피는

Cornus officinalis Siebold & Zucc.

이른 봄에 잎보다 먼저 꽃을 피운다. 대개 잎이 나기 전 꽃이 먼저 피는 나무들은 무엇보다도 열매를 먼저 맺겠다는 의지를 나타낸 것이다.

형태 갈잎 넓은잎 작은큰키나무(낙엽활엽소교목)　**꽃** 3~4월　**열매** 9~10월

산수유란 이름은 '산에 나는 수유'라는 뜻이다. 층층나무과에 속하며 개나리, 생강나무와 함께 이른 봄에 노란 꽃을 잎보다 먼저 피운다. 대개 잎이 나기 전 꽃이 먼저 피는 나무들은 무엇보다도 열매를 먼저 맺겠다는 의지를 나타낸 것이다.

산수유 나무 모양

산수유 잎

산수유 단풍잎

산수유 꽃봉오리

산수유 꽃(꽃 피기 직전)

　식물들이 꽃을 피워 씨앗을 맺는 일은 많은 에너지와 영양분을 투자하는 것이다. 그래서 꽃이 필 때 가지나 잎은 자라지 못한다. 잎이나 가지를 만들 영양분들이 꽃을 만드는 데 쓰이기 때문인데, 그래서 열매를 맺는 나무들은 해거리를 한다.

　산시유나무, 석조, 육조, 양주, 계족, 초산조 등 다른 이름도 많다. 나무껍질은 벗겨지며 연한 갈색이다. 잎은 마주나며 달걀 모양으로 잎끝이 뾰족하다. 잎의 표면에는 털이 약간 있으나 뒷면에는 털이 많고 특히 맥 사이에 갈색 털이 있다. 꽃은 암수한꽃으로 20~30개의 꽃들이 우산 모양의 산형꽃차례를 이루며 3~4월에 노란색으로 잎보다 먼저 핀다. 열매는 붉은색의 긴 타원형으로 9~10월에 익는다.

　중국에도 자라지만 1970년 우리나라의 광릉에서 자생지가 발견되었다. 또 전라남도와 경상북도에도 분포하는 것으로 알려졌다. 습기가 있고 비옥한 땅을 좋아하고 추위에 강하며 옮

산수유 꽃

산수유 열매

산수유 말린 열매

산수유 나무껍질

겨 심기에도 좋다.

　잘 익은 열매의 씨앗을 빼서 말린 것을 약용하는데, 맛은 시고 약간 달며 약성은 평범하고 독이 없다. 약용 외에도 꽃과 열매가 아름다워 아파트 단지에 관상수나 정원수로 많이 심는다. 특히 지리산 자락에 많이 심으며, 이 나무를 심어 자식들 대학까지 보냈으니 '대학나무'로 유명하다. 한 그루에서 200근이나 되는 열매가 나온다고 한다. 경기도 광주의 곤지암리 신립장군 묘역 근처에 있는 산수유의 나이는 약 200년으로 경기도 보호수로 지정되어 있다. 우리나라에서는 전라남도 구례 산동면과 경기도 이천의 백사면, 경상북도 의성군 일대에서 많이 재배되고 있다. 구례와 이천에서는 해마다 봄에 산수유꽃축제를 열기도 한다.

비슷한 나무들
- **생강나무** : 노란 꽃이 산수유 꽃과 비슷하나 녹나무과에 속하며, 잎은 어긋나고 달걀 모양 또는 달걀 모양의 원형이다.

향신료로 쓰이는

091 산초나무 |운향과|

Zanthoxylum schinifolium Siebold & Zucc.

자잘하게 많이 달린 열매는 다산을 상징한다. 그래서 중국 한나라에서는 황후의 방을 초방이라 하여 황후가 많은 아이를 낳기를 기원하기도 했다.

형태 갈잎 넓은잎 떨기나무(낙엽활엽관목)　꽃 6~8월　열매 9~10월

흔히 여름철 보양식 추어탕에 비린내를 없애기 위해 산초를 넣는데, 실제로는 초피나무 열매에서 추출한 것이고 산초나무와는 관련이 없다. 산초나무도 향신료로 많이 이용되어 왔기에 그냥 산초라고 불렀을 것으로 추측된다. 산초나무나 초피나무는 생김새도 비슷하고 쓰임새도 비슷해 혼동을 주는데, 초피나무 열매가 향이 훨씬 강해 비린내를 없애는 데에는 최고이다. 경상도에서는 제피라고 부르기도 한다. 산초나무는 분지나무, 산추나무, 상초나무, 상초 등으로도 불린다.

작은 가지는 붉은빛을 띤 갈색이며 나무껍질은 검은빛을 띤 회색이다. 잎은 홀수 깃꼴 겹잎이며 잔잎은 피침 모양으로 13~21개이다. 줄기와 가시는 서로 어긋나게 달리며 꽃잎과

산초나무 잎

산초나무 껍질

산초나무 모양

꽃받침이 구분되어 있다. 초피나무처럼 턱잎이 변한 가시가 밑으로 약간 굽었으며 어긋나게 달린다. 꽃은 6~8월에 암수딴그루로 노란빛을 띤 녹색으로 피며 열매는 둥그스름하며 9~10월에 초록빛을 띤 갈색에서 붉은빛을 띤 갈색으로 익는다. 씨앗은 검은빛으로 광택이 난다.

우리나라와 일본, 중국 등지에 자라며, 우리나라에서는 함경도를 제외한, 전국의 높은 산을 제외한 전역에 자란다. 햇빛을 좋아하여 그늘에서는 잘 자라지 못한다.

산초나무는 초피나무와 비슷하지만 잎자루 밑부분에 가시가 1개 달리고 열매가 초록빛을 띤 갈색이며 꽃잎이 있는 것이 다르다. 또 산초나무 꽃은 여름에 피고, 초피나무 꽃은 봄에 피는 것도 차이점이다.

자잘하게 많이 달린 열매는 다산을 상징한다. 그래서 중국 한나라에서는 황후의 방을 초방이라 하여 황후가 많은 아이를 낳기를 기원하기도 했다. 또 산초나무는 가시가 무섭게 나 있는데, 이를 통해 귀신을 물리친다고도 전해진다.

한방에서는 산초 열매껍질을 약재로 사용한다. 또 산초나무를 모기향으로 사용했다. 나무에서 나는 독특한 향이 모기와는 상극으로 산초나무 아래에 평상을 놓고 걸터앉아 부채질을 하면 모기가 얼씬도 않았다는 것이다. 아직도 깊은 산골에는 옛날 방식대로 산초나무로 모기를 쫓기도 한다.

산초나무 암꽃

산초나무 수꽃

산초나무 덜 익은 열매

산초나무 익은 열매

산초나무 씨앗

비슷한 나무들

- **민산초** : 가시가 없다.
- **전주산초** : 가시의 길이가 짧고 잎이 달걀 모양 또는 달걀 모양의 타원형이다.
- **좀산초** : 잎이 좁고 길이가 1cm 미만이다.
- **초피나무** : 턱잎이 변한 가시가 잎자루 밑에 1쌍씩 달리며 가시는 밑으로 약간 굽는다. 꽃은 봄에 피어 가을에 피는 산초나무 꽃과 다르다.

열매가 새콤달콤

092 살구나무 | 장미과 |

Prunus armeniaca var. *ansu* Maxim.

살구는 노란빛을 띤 붉은색 과일로 새콤하면서도 달짝지근한 맛이 난다. 살구나무를 뜻하는 한자는 행(杏)인데, 나무(木)에 열매(口)가 주렁주렁 매달려 있는 모습을 상징한다.

형태 갈잎 넓은잎 작은큰키나무(낙엽활엽소교목) **꽃** 4월 **열매** 6~7월

　살구는 노란빛을 띤 붉은색 과일로 새콤하면서도 달짝지근한 맛이 난다. 살구나무를 뜻하는 한자는 행(杏)인데 나무(木)에 열매(口)가 주렁주렁 매달려 있는 모습을 상징한다. 행목, 행수, 행와라고도 하고 간단히 살구나무라고도 불린다.

　옛날에는 의원을 행림이라고 했다고 전하는데, 살구나무 숲과 병을 치료하는 직업이 대체 무슨 관련이 있을까? 그것은 바로 중국 오나라의 한 의원이 환자를 치료해주고 그 대가로 살구나무를 받았다고 해서 생긴 말이다.

　작은 가지는 갈색으로 나무껍질에 코르크질이 발달하지 않는 것이 특징이다. 잎은 달걀 모

살구나무 잎

살구나무 잎차례

살구나무 모양

양 및 넓은 타원형으로 가장자리에 불규칙한 톱니가 있다. 꽃은 연분홍색으로 4월에 1개씩 잎보다 먼저 핀다. 열매는 공 모양이고 털이 많으며 6~7월에 노란색으로 익는다.

　우리나라와 중국, 몽골, 일본, 미국, 유럽 등지에 자란다. 중국이 원산지이며, 미국이 세계에서 가장 많이 생산한다. 물이 잘 빠지는 모래흙에서 잘 자라고 추위와 공해에는 강하나 그늘진 곳과 건조지에서는 잘 자라지 못한다. 살구는 매실과 구별할 수가 없을 정도로 비슷한데 열매살과 씨앗으로 구분이 가능하다. 즉 살구는 열매살과 씨앗이 잘 분리되지만 매실은 그렇지 않다.

　한방에서는 열매 속의 씨앗을 행인이라 하여 약재로 사용한다. 기관지, 천식, 기침, 호흡곤란, 변비 등을 치료하는 데 쓰이고, 진해거담, 진통, 진정 등의 효과가 있다고 한다. 서양에서는 고기 요리에 말린 살구를 삶아 넣는다. 약재에 관한 한의학 책에 따르면 살구는 약간의 독성이 있으므로 많이 먹으면 정신이 흐리고 근육과 뼈를 상하게 한다고 나온다.

　식용, 관상용으로 재배하며 재목은 다듬잇돌, 목탁, 기구재, 가구재, 도구재로 쓰인다.

살구나무 꽃

살구나무 열매

살구나무 가지와 꽃

살구나무 껍질

살구나무 씨앗

비슷한 나무들

♠ **개살구나무** : 전국의 산에 자라며 나무껍질에 코르크질이 발달되어 있다.

♠ **털살구** : 잎의 뒷면 맥 사이에 털이 나 있다.

♠ **시베리아살구** : 경기도 광릉에 자란다. 씨앗이 납작하고 끝이 뾰족하다.

열매가 수라상에 올랐다는

093 상수리나무 | 참나무과 |

Quercus acutissima Carruth.

임진왜란 때 의주로 피난 간 선조는 피난 중에 상수리나무의 열매인 도토리로 묵을 쑤어 먹었는데 맛이 좋아 즐겨 찾았다. 수라상에 오른 나무라는 뜻으로 상수리라고 했다는 이야기가 있다.

형태 갈잎 넓은잎 큰키나무(낙엽활엽교목) **꽃** 3~4월 **열매** 이듬해 9~10월

옛날 가난했던 시절, 상수리쌀이라는 것이 있었다. 상수리나무 열매인 도토리를 삶아 겨울에 얼려두었다가 봄에 녹여 껍질째 말린 뒤 알갱이를 빻아 밥을 해 먹었다.

상수리나무라는 이름의 유래가 재미있다. 임진왜란 때 의주로 피난 간 선조는 피난 중에

상수리나무 모양

상수리나무 잎

상수리나무 꽃

상수리나무 열매

상수리나무 씨앗

먹을 만한 음식이 없어 상수리나무의 열매인 도토리로 묵을 쑤어 먹었는데 맛이 좋아 즐겨 찾았다. 그래서 수라상에 오른 나무라는 뜻으로 상수리나무라고 했다는 이야기가 있다.

　잎은 끝이 뾰족한 타원형으로 가장자리에는 잎바늘이 발달하고 측맥은 13~18쌍이다. 잎의 표면은 털이 없고 광택이 난다. 수꽃은 밑으로 처지고 암꽃은 위로 곧게 나오는데 1~3개가 3~4월에 핀다. 깍정이는 열매를 1/2쯤 둘러싸고 뒤로 젖혀지며 열매는 긴 타원형으로 이듬해 9~10월에 익는다.

　우리나라와 중국, 일본, 인도 등에 자란다. 우리나라는 평안도 및 함경남도 이남의 해발 800m 이하 양지바른 산기슭에 무리를 이루어 자란다. 햇빛을 좋아하여 그늘에서는 잘 자라지 못하나 추위에 강하고 건조한 땅에서도 잘 자란다. 공기 정화력이 강할 뿐만 아니라 아황산가스에도 강하며 척박한 토양에서도 잘 자란다.

상수리나무 껍질

　도토리를 맺는 참나무들은 대개 꽃이 피고 나서 이듬해에 열매를 맺으나 상수리나무는 굴참나무와 함께 2년에 열매를 맺는다. 이 도토리로 만든 묵은 전분과 타닌 등의 성분이 많아 혈관을 수축시키는 효능이 있다. 또 피톤치드가 많이 배출되어 삼림욕 효과도 좋은데 소독, 혈관수축, 가려움증 및 짓무름 방지, 고혈압 등에도 도움이 된다. 그리고 숯으로 만드는 과정에서 나오는 물은 무좀이나 습진에 좋다. 숯을 만드는 데 좋은 나무는 소나무, 참나무, 잣나무 순이다.

　목재는 거칠고 잘 갈라지며 기구재, 차량재, 갱목, 표고버섯 골목, 신탄재 등의 용도로 쓰인다. 열매는 사료로도 쓰이며, 잎은 누에를 기를 때 이용되기도 한다. 또 나무에 술의 향기와 맛에 영향을 주는 모락톤이 들어 있어 술통을 만들 때도 이용된다. 꽃말은 번영이다.

도토리 이야기

　도토리 열매가 달리는 도토리나무가 별도로 있는 듯하지만 참나무과 나무들이 매달고 있는 열매를 말한다. 떡갈나무나 졸참나무, 물참나무, 갈참나무, 상수리나무 등등이 바로 도토리가 열리는 나무들이다. 이 중 졸참나무의 도토리는 떫은맛이 나지 않으므로 날것으로 먹어도 된다. 도토리의 떫은맛은 타닌 성분 때문인데, 이 성분은 몸에 좋다. 도토리는 묵으로 많이 만들어 먹으며, 장식품을 만들거나 염주를 만들기도 한다.

비슷한 나무들

- 정릉참나무 : 상수리나무와 굴참나무의 잡종으로 서울 정릉에 나는 참나무라는 뜻이다. 높이는 25m, 지름이 1m이다.

094 생강나무
노란 꽃이 산수유 꽃과 비슷한
| 녹나무과 |

Lindera obtusiloba Blume

열매에서 짠 기름은 동백기름처럼 부인들의 머릿기름으로 사용되어 경기도 지방에서는 생강나무 기름을 동백기름이라고 한다. 산골에서는 등잔불의 기름으로도 사용한다.

형태 갈잎 넓은잎 떨기나무 또는 작은큰키나무(낙엽활엽관목 또는 소교목) **꽃** 3월
열매 9~10월

"닭 죽은 건 염려 마라, 내 안 이를 테니."

그리고 뭣에 떠다 밀렸는지 나의 어깨를 짚은 채 그대로 퍽 쓰러진다. 그 바람에 나의 몸뚱이도 겹쳐서 쓰러지며, 한창 피어 퍼드러진 노란 동백꽃 속으로 폭 파묻혀 버렸다.

알싸한, 그리고 향긋한 그 냄새에 나는 땅이 꺼지는 듯이 온 정신이 고만 아찔하였다.

김유정의 〈동백꽃〉 중에서

김유정의 〈동백꽃〉은 농촌을 배경으로 성장기 소년과 소녀의 사랑을 담은 단편소설이다.

생강나무 잎

생강나무 껍질

생강나무 모양

여기에서 동백꽃 하면 남쪽 지방에서 주로 피는 붉은 동백꽃을 떠올리게 되는데, 소설 속을 보자면 '노란 동백꽃'이다. 알싸하면서도 향긋한 향기까지 있다면, 이 역시 동백꽃의 향기와는 다르다. 이 소설에 나오는 동백꽃이란 이른 봄 산수유와 비슷한 노란 꽃들이 피어나는 생강나무를 말한다. 동백나무가 자라지 않는 지방에서는 생강나무의 열매로 기름을 짜 동백기름처럼 사용했기에 이 생강나무를 동백나무라고도 불렀으며, 자연히 이 나무에 피는 꽃도 동백꽃이라고 했던 것이다.

생강나무 꽃은 어쩌면 그렇게도 산수유와 닮았는지 혼동이 되곤 한다. 꽃잎을 들여다봐야 구분이 되는데, 산수유나무의 꽃잎은 4개로 갈라지는 데 비해 생강나무의 꽃잎은 6개로 갈라진다. 생강나무의 어린 가지는 털이 없고 줄기는 검은빛을 띤 회색인 데 비해, 산수유나무의 어린 가지는 흰빛을 띤 녹색이고 겉껍질이 벗겨지며 줄기는 연한 갈색으로 벗겨진다.

생강나무라는 이름은 잎과 가지에 향기 나는 기름이 있어 자르면 생강 냄새가 난다고 하여 붙여졌다. 일본에서는 생강나무를 양념이나 향료로 사용하였는데, 이 역시 이 나무의 특징을 잘 보여준다. 중부 이북지방에서는 산동백, 강원도에서는 동박나무라고 부르기도 한다.

나무껍질은 검은빛을 띤 회색이고 작은 가지는 노란빛을 띤 녹색이다. 잎은 윗부분이 3~5개로 갈라져 산(山) 자 모양이거나 원형에 가까운 달걀 모양이다. 암수딴그루로 꽃은 3월에 잎보다 먼저 피며, 열매는 공 모양으로 녹색에서 노란색 또는 붉은색으로 변하고 9~10월에

생강나무 암꽃

생강나무 수꽃

검게 익는다.

　우리나라와 일본, 중국 등지에 자란다. 우리나라의 경우 전국의 해발 100~1600m에 자라는데, 계곡이나 바위틈, 개천가, 바닷가에서 잘 자란다. 그늘이나 추운 곳, 건조한 곳에서도 잘 자라며 참나무와 소나무 숲에서도 자라는 것이 특징이다.

　이른 봄에 노란 꽃을 피우며 가을에는 단풍이 아름답다. 꽃이 피는 기간은 30일 이상으로 비교적 길며 향기가 좋고, 꽃과 열매가 아름다워 관상용, 정원용, 향료용으로 심지만 옮겨 심은 후 뿌리 내리기가 어렵다.

생강나무 열매

　까만 열매로는 기름을 짜는데, 동백기름처럼 부인들의 머릿기름으로 사용되어 경기도 지방에서는 생강나무 기름을 동백기름이라고 한다. 또 산골에서는 등잔불의 기름으로도 사용했다. 어린잎은 말려서 차로 마시며 새순은 나물로 무쳐 먹기도 한다.

🌳 비슷한 나무들
- **감태나무** : 나무껍질의 색깔이 회색빛을 띤 흰색이며 잎의 뒷면은 회색빛을 띤 녹색 또는 회색빛을 띤 흰색 털이 있다.
- **털조장나무** : 꽃이 생강나무와 유사하지만 잎에 톱니가 없고 줄기가 녹색이며 검은빛을 띤 갈색 무늬가 있다. 무등산, 조계산 등 남부지방에서 자란다.

095 서향 | 팥꽃나무과 |

꽃향기가 천 리를 가는

Daphne odora Thunb.

향기가 천 리를 간다 하여 천리향이라고도 하며, 다른 꽃향기를 뒤덮을 만큼 향기가 강하여 꽃들의 적이라 하여 화적이라고도 부른다.

형태 늘푸른 넓은잎 떨기나무(상록활엽관목)　**꽃** 4~5월　**열매** 5~6월

한 여승이 꿈속에서 향기를 쫓아가다보니 극락으로 들어가는 문 앞에 한 그루 나무가 있었는데, 상서로운 향이 나는 나무라고 하여 서향이라고 했다고 한다. 꿈속에서 향기를 맡았다 하여 수향, 향기가 천 리를 간다 하여 천리향이라고도 하며, 다른 꽃향기를 뒤덮을 만큼 향기가 강하여 꽃들의 적이라 하여 화적이라고도 부른다. 또 침정화, 침향, 중머리 등의 다른 이름도 있다. 중머리라는 이름은 물이 없으면 잎이 떨어져 동그란 꽃 뭉치만 남아 마치 모

서향 잎

서향 꽃

서향 나무 모양

습이 중머리와 비슷해 붙여졌다고 한다.

원줄기는 곧고 가지가 많이 갈라지며 매끄럽고 광택이 난다. 잎은 어긋나고 타원형이다. 꽃은 암수딴그루로 전년도 가지 끝에 두상꽃차례를 이루며 4~5월에 보라색 또는 흰색으로 핀다. 향기가 강하며 꽃받침통은 끝이 4개로 갈라진다. 열매는 5~6월에 익는다.

서향은 건조한 땅과 그늘에서도 잘 자라나 습지에서는 잘 자라지 못하고 추위와 공해에는 약하여 따뜻한 남쪽지방에서 잘 자란다. 중국 및 일본이 원산지이다. 우리나라에서는 남부지방에서 관상용으로 심는다. 서향은 대부분 수그루로 열매를 맺지 못하여 번식은 주로 장마철에 꺾꽂이로 한다. 꽃이 아름답고 향이 좋아 관상용으로 심으며, 뿌리와 나무껍질은 약용한다.

서향 꽃 무리

서향 열매

서향 나무껍질

비슷한 나무들

- **무늬서향** : 잎 가장자리에 연한 노란색 무늬가 있다.
- **백서향** : 우리나라의 제주도, 거제도, 흑산도와 일본 등에 자란다.

열매 속에 씨앗이 많이 든

096 석류나무 |석류나무과|

Punica granatum L.

전통 혼례복인 활옷이나 원삼에는 포도나 석류, 동자 문양이 많다. 이는 열매가 많이 달리는 것처럼 아들을 많이 낳으라는 의미가 있다.

형태 갈잎 넓은잎 작은큰키나무(낙엽활엽소교목)   **꽃** 5~6월   **열매** 9~10월

　전통 혼례복인 활옷이나 원삼에는 포도나 석류, 동자 문양이 많다. 이는 열매가 많이 달리는 것처럼 아들을 많이 낳으라는 의미가 있다. 석류의 원래 이름은 안석류이다. 기원전 2세기 한 무제 때 서한에 속했던 안국(지금의 우즈베키스탄의 부하라)과 석국(지금의 우즈베키스탄의 타슈켄트)의 머리글자와 울퉁불퉁한 혹과 같은 열매라는 뜻의 류(榴) 자를 붙여서 안석류라고 했던 것이 나중에 석류가 되었다. 여기에서 '류'의 뜻은 열매 속에 씨앗이 아주 많이 머무른다는 뜻이다. 석누나무라고도 한다.

　작은 가지는 네모지고 윗부분의 가지는 가시로 되어 있다. 잎은 마주나고 거꿀 달걀 모양

석류나무 새싹

석류나무 잎

석류나무 모양

이다. 꽃은 가지 끝의 짧은 꽃자루 위에 1~5개씩 달리며 붉은색으로 5~6월에 핀다. 열매는 둥글고 끝에 꽃받침조각이 있으며 9~10월에 붉은색으로 익는다. 석류 열매는 불규칙하게 째져서 붉은색의 씨앗을 드러내며, 신맛이 난다.

이란, 아프가니스탄, 파키스탄이 원산지이다. 우리나라 남부지방에 심고 중부지방에서는 바닷가에서 잘 자란다. 햇빛이 들고 습기가 있는 비옥한 모래흙을 좋아하는 아열대성 나무이다.

석류는 꽃이 아름다워 관상용으로, 열매는 식용 및 약용으로 심는다. 열매 즙은 빛깔이 좋아 음료수나 과자를 만들 때 넣기도 한다. 또 올리브유와 섞어서 오일로도 쓰는데 변비에 좋다.

석류나무 잎차례

석류나무 꽃(흰색)

석류나무 꽃(붉은색)

석류나무 열매

석류나무 씨앗

석류나무 껍질

비슷한 나무들

♠ 애기꽃석류 : 높이는 1m 정도로 석류나무보다 작고 가지와 잎도 가늘다.

울릉도에 사는

097 섬잣나무 | 소나무과 |

Pinus parviflora Siebold & Zucc.

섬잣나무는 울릉도에 산다고 해서 붙여진 이름이다. 그러나 바닷바람에는 약한 편이라서 바닷가보다는 해발 500m 내외에 자란다.

형태 늘푸른 바늘잎 큰키나무(상록침엽교목)　**꽃** 5~6월　**열매** 이듬해 9~10월

섬잣나무는 울릉도에 산다고 해서 붙여진 이름이다. 그러나 바닷바람에는 약한 편이라서 바닷가보다는 해발 500m 내외에 자란다.

나무껍질은 짙은 회색이고 암수한그루이다. 잎은 5개씩 모여 나며 양면에 4줄의 흰색 공기구멍이 발달되어 있고 흰색을 띤다. 잎의 길이는 3.5~6cm, 너비는 1~1.2mm로 가장자리에 잔톱니가 뚜렷하지 않다. 꽃은 5~6월에 피는데 수꽃은 연한 갈색으로 긴 타원형이며, 암꽃은 달걀 모양의 타원형이고 붉은빛을 띤 자주색으로 새 가지 끝에 1~6개씩 달린다. 열매는 달걀 모양의 긴 타원형이고, 씨앗은 둥근 모양으로 날개가 달려 있으며 이듬해 9~10월

섬잣나무 겨울눈

섬잣나무 새순

에 익는다.

양지와 음지 모두에서 잘 자라고 건조한 땅에서도 잘 견디지만 습기가 있는 흙을 좋아한다. 추위에 강하여 추운 지방에서도 잘 자라는 나무이다. 그러나 자라는 속도가 느린 편이어서 일반적으로 곰솔을 대목으로 접을 붙여 번식시키는 것이 좋다. 옮겨 심기에도 강해 정원수, 공원수로 많이 심는다.

헛가지가 잘 나오질 않아 전체적인 모양이 단정한 느낌을 주는 나무이며 잎은 촘촘하게 나 있고 가지가 수평으로 나오기 때문에 보기에 좋아 분재용으로 많이 이용된다. 목재는 재질이 좋아 건축재, 기구재, 기계재 등의 용도로 사용된다.

섬잣나무 모양

섬잣나무 암꽃

섬잣나무 수꽃

섬잣나무 열매(2년생)

섬잣나무 껍질

🌳 비슷한 나무들

- **잣나무** : 잎이나 열매가 섬잣나무와 거의 같으나 반듯하게 자라는 점이 다르다. 높이는 20~30m, 지름이 1m로 자란다.
- **눈잣나무** : 높이는 4~5m이고 지름 15cm이다. 누워 자라는 특성 때문에 밑동에서 줄기가 여러 개 나오므로 주된 줄기는 없다. 설악산 대청봉 일대에 자란다.
- **스트로브잣나무** : 섬잣나무보다 잎이 가늘고 열매가 길며 나무껍질이 매끈하다.

우리 민족과 함께 살아온

098 소나무 |소나무과|

Pinus densiflora Siebold & Zucc.

소나무는 우리 민족과 떼려야 뗄 수 없다. 아예 태어날 때부터 금줄이라고 해서 왼새끼줄에 솔가지를 달아 부정을 막았고, 오래 사는 나무라 하여 십장생의 하나로 여겼다.

형태 늘푸른 바늘잎 큰키나무(상록침엽교목) **꽃** 5월 **열매** 이듬해 9~10월

　소나무처럼 우리에게 친근한 나무도 드물다. 우리나라를 대표하는 나무로 참나무 다음으로 많다. 소나무라는 이름은 한자로 소나무를 뜻하는 한자인 송(松)에서 유래된 것으로 보인다. 해송인 곰솔에 비해 육송이라고도 하고, 남송에 비해 여송, 흑송에 비해 적송이라고 부르기도 한다. 이 밖에도 간단히 솔, 암솔 등으로도 불린다.

　소나무는 우리 민족과 떼려야 뗄 수 없다. 아예 태어날 때부터 금줄이라고 해서 왼새끼줄에 솔가지를 달아 부정을 막았고, 오래 사는 나무라 하여 십장생의 하나로 여겼다. 늘 푸른 모습을 간직해 꿋꿋한 절개와 의지를 상징했으며, 사군자의 하나로 많은 서화와 시의 소재가 되기도 했다.

　소나무의 어린 속껍질로 죽을 끓인 송기죽으로 허기를 면하였고 송기떡과 절편, 송편, 송기정과, 송기개피떡을 만들어 먹기도 했다. 또한 송홧가루 묻힌 강정, 꿀에 반죽하여 다식판에 찍어낸 송화다식을 만들어 먹었다. 게다가 소나무의 뿌리를 따라 발생하는 송이버섯은 버섯 중의 으뜸이다.

소나무 새순

소나무 모양

　나무껍질은 붉고 비늘처럼 떨어지는데 오래된 껍질은 검은빛을 띤 갈색으로 바뀌어간다. 바늘잎은 비틀린 모양으로 2개씩 나고 잎은 2년에 걸쳐 떨어진다. 꽃은 5월에 피는데 수꽃은 긴 타원형으로 20~30개의 누런색 꽃이 새 가지에 달리며, 암꽃은 연한 자주색을 띠며 달걀 모양이다. 열매는 노란빛을 띤 갈색으로 이듬해 9~10월에 익는다. 씨앗은 타원형으로 검은빛을 띤 갈색이다.

　소나무는 양지를 아주 좋아하며 건조한 곳, 추운 곳 등 어느 곳에서도 잘 자라지만 공해에는 약한 편이다. 그래서 가로수로는 잘 심지 않았으나 근래에는 꽤 등장하고 있다.

　소나무는 전국에 유명한 것이 많은데, 그중에서 천연기념물 제103호인 충청북도 보은의 정이품송이 대표적이다. 속리산 인근에는 천연기념물 제352호로 지정된 소나무도 있는데, 이 나무는 밑에서 두 갈래로 갈라져 암소나무로 불리며 정이품송의 정부인으로 여긴다. 한국인이 가장 좋아하는 나무는 소나무로, 소나무 송(松) 자를 붙인 지명이 유난히 많은데, 전국에 680여 곳에 이른다. 우리나라 이외에는 중국과 일본, 우수리강 유역 등지에서 자란다.

소나무 암꽃

소나무 수꽃

소나무 열매

소나무 껍질

장관급 소나무 정이품송

충청북도 보은의 속리산 가는 길에는 높이 15m, 지름 4.7m나 되는 소나무가 있는데, 이 소나무에는 1464년에 세조가 법주사로 행차할 때 가지를 들어 올려 임금이 탄 가마가 무사히 통과하게 했다는 전설이 전해진다. 이에 세조는 지금의 장관급인 정이품의 벼슬을 내린 것이 아예 소나무 이름이 되었다. 나이는 600년 정도로 추정되며 천연기념물 제103호로 지정되었다.

비슷한 나무들

- **금강송** : 곧게 뻗은 나무로 나뭇결이 곱고 부드럽다. 속은 붉은빛이 돌고 윤기가 흐른다.
- **반송** : 지표면으로부터 약간 윗부분에서 거의 같은 크기의 가지가 여러 개 나온다.
- **장백미송** : 백두산에서 자라는 소나무로 30m까지 자라고 나무줄기가 곧고 나무 모양이 아름답다.

작은 서어나무, 소서목

099 소사나무 |자작나무과|

Carpinus turczaninowii Hance

인천 강화도의 마니산에 있는 참성단 소사나무는 나이 150년으로 추정되며 천연기념물 제502호로 지정되어 있다. 규모와 아름다움에서 우리나라 소사나무를 대표한다.

형태 갈잎 넓은잎 작은큰키나무(낙엽활엽소교목) **꽃** 5월 **열매** 10월

서어나무와 비슷한 종이지만 서어나무만큼 크지는 않는다. 나무껍질은 갈색이며 줄기는 구불구불하게 자란다. 잎은 달걀 모양으로 겹톱니가 있으며 측맥은 10~12쌍이고 뒷면 맥 위에 털이 많이 나 있다. 수꽃은 작은 가지에서 밑으로 처지고, 암꽃은 2개씩 달리며 5월에 핀다. 열매는 10월에 익는다.

우리나라의 경우 중부 이남의 해안과 강원도 정선에 자라며 제주도에는 해발 1000m 이하의 산 중턱에 자란다. 햇빛을 좋아하며 건조한 곳에서도 잘 자라고 추위에도 강하다. 바닷바람에 잘 견디고 공해에도 강하여 바닷가나 도심지에서도 잘 자란다.

소사나무 잎

소사나무 껍질

소사나무 모양(여름)

소사나무 암꽃

소사나무 수꽃

 인천 강화도의 마니산에 있는 참성단 소사나무는 나이 150년으로 추정되며 높이 4.8m인데 천연기념물 제502호로 지정되어 있다. 참성단의 돌단 위에 단독으로 서 있어 한층 돋보이며, 규모와 아름다움에서 우리나라 소사나무를 대표한다. 또한 영흥도에도 나이 130년 안팎의 소사나무 350여 그루가 울창한 숲을 이루고 있는데, 바람으로부터 농작물을 보호하기 위해 조성한 것이다.

 나무 모양이 아름다워 분재용으로 심고 단풍이 아름다워 공원수나 관상수로도 심는다. 또 분재로 많이 이용되는데, 햇빛이 잘 드는 곳에서 관리하면 보기에 좋다. 분재 종류로는 나무

소사나무 자생지(가을)

소사나무 자생지(겨울)

소사나무 열매

소사나무 나이테

껍질이 흰색에 가까운 백소사나무, 능수버들처럼 가지가 아래로 처지는 능수소사나무, 잎에 황금색 얼룩무늬가 있는 황금소사나무 등 다양하다. 목재는 기구재 등으로 사용된다.

비슷한 나무들
- **왕소사나무** : 소사나무 중 큰 나무로, 잎과 열매가 크다. 인천 옹진과 백아도에서 자란다.
- **섬소사나무** : 꽃이 많이 달리는 우리나라 특산종으로, 인천 근처의 섬 팔미도와 강화의 참성단과 거문도에서 자란다.

줄기에 흰 가루가 붙어 있는

100 솜대 |벼과|

Phyllostachys nigra var. *henonis* (Bean) Stapf ex Rendle

우후죽순이라는 말이 있듯 자라는 속도가 매우 빠르다. 솜대는 줄기에 흰 가루가 붙어 있어서 붙여진 이름이다. 그러나 점차 노란빛을 띤 녹색으로 바뀌어 간다.

형태 늘푸른 넓은잎나무(상록활엽수)

전 세계에 대나무는 무려 400여 종류나 자란다. 우후죽순이라는 말이 있듯 자라는 속도가 매우 빠르고, 이용가치도 높아 매우 유용한 식물이다. 대나무는 예로부터 '풀도 아닌 것이, 나무도 아닌 것'이라는 식으로 많이 표현되어 왔다. 특히 생장점이 매우 특이한데, 죽순은 땅속에 있으며 줄기는 밖으로 나와 있다. 하지만 나이테가 없다. 그래서 나무와 풀의 중간 형태로 보는 것이 일반적이다. 우리나라 대나무는 죽순대와 왕대, 솜대가 대부분을 이룬다.

솜대 죽순

솜대 잎

솜대 빗자루병에 걸린 모습

솜대는 줄기에 흰 가루가 붙어 있어서 붙여진 이름이다. 그러나 점차 노란빛을 띤 녹색으로 바뀌어 간다. 높이는 10m, 지름은 5~8cm에 이른다. 마디의 고리는 2개로 모두 높다. 잎은 2~3개씩 달리는 것이 보통이며, 잎은 잔톱니가 있다. 4~5월에 나오는 죽순은 붉은빛을 띤 갈색이며, 열매는 공 모양으로 붉게 익는다. 대략 60년마다 꽃이 핀다.

줄기가 단단하여 죽세공품 재료로 많이 이용되고 죽순은 식용한다. 다른 대나무들처럼 남부지방에 많이 심지만 드물게 중부지방에서 자라기도 한다.

비슷한 이름으로 자주솜대와 풀솜대가 있지만 전혀 다른 나무이다. 자주솜대는 백합과의 여러해살이풀로 높이가 40cm이며 꽃은 검은빛을 조금 띤 갈색으로 우리나라 특산종이다. 풀솜대는 백합과의 여러해살이풀로 높이는 20~50cm이며 꽃은 여름에 흰색으로 핀다.

솜대 나무껍질(1년생)　　　　　　　　　　　　솜대 나무껍질

🌿 속이 빈 대나무

대나무는 왜 속이 비었을까? 우후죽순과 관련이 깊다. 줄기 벽을 이루는 조직은 빠르게 자라지만, 속을 이루는 조직은 느리게 자라서 속이 비는 것이다. 나이테가 없는 유일한 나무이다.

🌷 비슷한 나무들

- ♠ 오죽 : 줄기가 검은색이다. 높이는 3~6m, 꽃은 6~7월에 핀다.
- ♠ 왕대 : 높이는 10~30m에 이른다. 하지만 추운 곳에서는 매우 작게 자란다.
- ♠ 죽순대 : 높이는 10~20m이며, 대나무 중 가장 굵다. 맹종죽이라고도 한다.

꽃 색이 변화무쌍한
101 수국 | 범의귀과 |

Hydrangea macrophylla (Thunb.) Ser.

수국의 꽃은 마치 칠면조처럼 변화무쌍해 칠변화라고도 한다. 꽃이 피기 시작할 때는 흰색, 점점 꽃이 커지면 푸른색으로 변하다가 다시 붉은빛이 돈다. 나중에는 보라색으로 변한다.

형태 갈잎 넓은잎 떨기나무(낙엽활엽관목) **꽃** 6~7월 **열매** 암술이 퇴화됨

선단상에 심었던 이 꽃이
어느 해에 이 절로 옮겨 왔는가
비록 이 세상에 있지마는 사람들이 몰라보니
그대와 함께 자양화라 부르고 싶네

백거이의 〈자양화〉

당나라의 시인 백거이가 어느 고을에 관리로 있을 때 바람을 쐬려고 소현사라는 절을 찾았을 때의 일이다. 스님이 반갑게 맞으면서 말했다.

수국 새싹

수국 잎

수국 나무 모양

"절에 아름다운 꽃이 피었는데, 아무도 그 꽃의 이름을 모릅니다. 가르쳐주시죠."

백거이가 꽃을 보니 작은 보랏빛 꽃들이 무리를 지어 피어 있었다. 그는 한참이나 넋을 잃고 바라보다 시를 지어주고 떠났다. 시에서 자양화가 곧 수국이다.

수국 하면 국화를 떠올려 풀로 생각되지만 갈잎 넓은잎 떨기나무로 높이는 1m 이상이다. 밑부분에서 많은 줄기가 올라와 둥근 나무 모양을 이룬다.

잎은 달걀 모양으로 마주나고, 꽃은 줄기 끝에 크고 둥근 우산 모양의 산형꽃차례를 이루는 중성꽃이다. 꽃받침조각은 4~5개로 꽃잎 모양이다. 연한 자주색에서 연한 보라색으로 변하며 6~7월에 핀다.

수국은 중국이 원산지이며, 우리나라 중부 이남에 심어 자란다. 반음지 식물로 습기가 있는 비옥한 땅에서 잘 자라나 추위에 약하여 겨울에 대부분 땅 위의 줄기가 죽는다. 중성의 토양을 좋아하는데 강한 산성 토양에서는 푸른 꽃이 피며 알칼리성 토양에서는 붉은 꽃이 핀다.

꽃은 마치 칠면조처럼 변화무쌍해 흔히 칠변화라고도 한다. 꽃이 피기 시작할 때는 흰색, 점점 꽃이 커지면 슬슬 푸른색으로 변하다가 다시 붉은빛이 돈다. 그러나 나중에는 보라색으로 변한다.

수국 꽃

수국 열매

칠변화 외에도 자양화, 분단화, 수구화, 팔선화 등으로도 불리며, 분수국이라고도 한다.
한방에서는 뿌리, 잎, 꽃 모두를 약용하는데 해열, 심장 강화에 좋다. 잎은 단맛이 있어 수국차로 만들어 마신다. 꽃 색깔이 자주 바뀌는 탓에 꽃말은 변하기 쉬운 마음이다.

수국 어린나무 껍질

🌳 비슷한 나무들

- ♠ **탐라산수국** : 가장자리의 꽃이 암수한꽃으로 한라산에 자란다.
- ♠ **나무수국** : 꽃은 가지 끝에 큰 원추꽃차례를 이루고 중성꽃과 암수한꽃이 같이 달린다.
- ♠ **등수국** : 낙엽 덩굴나무로 줄기가 바위 곁에 붙어살며 가장자리는 중성꽃이고 안쪽은 암수한꽃이다. 남부지방의 섬 및 울릉도에 자란다.
- ♠ **꽃산수국** : 중성꽃의 꽃받침에 톱니가 있다.
- ♠ **떡잎산수국** : 잎이 특히 두껍다.
- ♠ **산수국** : 산에 피는 수국이다.
- ♠ **미국수국** : 1957년 미국에서 들여온 나무로, 높이는 1m이다. 수국에 비해 추위에 강하다.

꽃향기가 진한

102 수수꽃다리 | 물푸레나무과 |

Syringa oblata var. *dilatata* (Nakai) Rehder

꽃차례의 모양이 수수이삭과 비슷하며 수수 꽃이 달리는 나무라 하여 붙여진 이름이다. 꽃봉오리의 모양이 못 머리처럼 생기고 향이 매우 강해 정향이라고도 한다.

형태 갈잎 넓은잎 떨기나무(낙엽활엽관목) **꽃** 4~5월 **열매** 9월

　나무 이름이 아주 예쁘다. 꽃차례의 모양이 수수이삭과 비슷하며 수수 꽃이 달리는 나무라 하여 붙여진 이름이다. 꽃봉오리의 모양이 못 머리처럼 생기고 향이 매우 강해 정향이라고도 한다. 이 밖에도 개똥나무, 넓은잎정향나무 등으로도 불린다.

　라일락처럼 생겨서 라일락이라고도 하나 잎이 라일락보다 더 크고 색이 더 진하며 껍질은 회색빛을 띤 갈색을 띠고 있다. 그러나 실제로는 라일락과 수수꽃다리를 구별하기가 매우 힘

수수꽃다리 잎

수수꽃다리 나무껍질

수수꽃다리 나무 모양

든데, 특히 우리나라 수수꽃다리를 서양인이 가져가 품종 개량한 라일락은 더욱 구분하기 어렵다.

  줄기는 많이 갈라지고 작은 가지는 회색빛을 띤 갈색으로 털이 없다. 잎은 마주나고 달걀 모양이다. 꽃은 전년도 가지 끝에 원추꽃차례를 이루며 꽃대에 돌기가 있고 연한 자주색으로 4~5월에 핀다. 열매는 타원형이며 9월에 익는다.

  우리나라와 중국에 자라며, 우리나라에는 주로 황해도 이북지방의 석회암 지대에 자란다. 습기가 있는 모래흙에서 잘 자라고 추위와 공해에 강하며 병충해에 강하여 옮겨 심어도 잘 사는 편이다.

수수꽃다리 꽃봉오리

수수꽃다리 꽃

꽃이 아름답고 향기가 좋아 관상수, 공원수의 용도로 이용하며, 목재는 조각재로 사용된다. 꽃의 향기는 강하고 좋아 향수의 원료로 이용된다. 약재로 사용되는 정향은 수수꽃다리를 포함한 비슷한 식물들을 모두 포함하는 이름이다. 꽃말은 우애이다.

수수꽃다리 열매

비슷한 나무들

- **개회나무** : 지리산 및 중부 이북 산지의 양지바른 곳에 자라며, 꽃은 6월에 흰색으로 피고 묵은 가지 끝에 달린다.
- **정향나무** : 작은 가지와 꽃차례에 털이 있고 잎이 원형에 가까우며 표면의 맥이 약간 들어간다.
- **꽃개회나무** : 강원도 및 경상도 이북의 해발 700~1800m의 산 중턱과 산꼭대기에 자란다. 꽃은 6~7월에 보라색으로 핀다.
- **미스김라일락** : 1947년 미국적십자사 직원이 북한산 백운대에서 채취한 털개회나무 씨앗 12개를 골라 길러서 개발한 것이다.

103 수양버들 | 버드나무과 |

실처럼 늘어진 가지가 멋있는

Salix babylonica L.

실처럼 늘어뜨린 버드나무 가지는 여간 멋있는 것이 아니다. 물에 닿을 듯 말 듯 강가에 축축 늘어져 바람이 불면 살랑살랑 흔들린다.

형태 갈잎 넓은잎 큰키나무(낙엽활엽교목)   꽃 3~4월   열매 5~6월

실처럼 늘어뜨린 버드나무 가지는 여간 멋있는 것이 아니다. 물에 닿을 듯 말 듯 강가에 축축 늘어져 바람이 불면 살랑살랑 흔들린다.

능수버들은 천안삼거리에 많고, 능소라는 처녀 이름에서 유래한다는 설이 있듯, 수양버들도 몇 가지 유래가 있다. 이 나무가 유난히 양쯔강 하류에 많이 자라는데, 이는 수나라 양제가 대운하를 만들면서 백성들에게 이 나무를 많이 심게 했기 때문이다. 그래서 수양버들이라는 설이 있다. 하지만 한자로는 수나라 양제라는 뜻이 아니라 '드리운 버들'이라는 의미이다. 중국 수양산 근처에 많이 자라서 수양버들이라고 했다는 설도 있고, 조선의 수양대군 이름을 따서 수양버들이 되었다는 이야기도 전해진다.

수양버들은 우리나라 전국의 마을 주변에서 흔히 볼 수 있다. 줄기는 곧고 굵은 가지가 많은데, 가지는 검은빛을 띤 갈색으로 털이 없다. 전체적인 나무 모양은 둥근 모양을 이룬다. 잎은 피침 모양으로 양면에 모두 털이 없고 뒷면은 흰빛을 띠며 가장자리에 잔톱니가 있다. 암수딴그루로 꽃은 3~4월에

수양버들 잎

수양버들 나무 모양

수양버들 암꽃

수양버들 수꽃

잎보다 먼저 또는 잎과 동시에 노란빛을 띤 녹색으로 핀다. 수꽃은 2개의 수술이 있으며 암꽃은 암술이 1개 있으며 털이 있다. 열매는 원뿔 모양으로 5~6월에 익는다.

　물가나 습지에 주로 자라는데, 추위와 공해에 강하고 자라는 속도도 빨라 도심지의 가로수로 심기에 적합하다. 5~6월경에 다 익은 씨앗의 솜털이 날아다니면 주변이 지저분해지며,

수양버들 열매

수양버들 나무껍질

기계 등을 취급하는 곳에서는 고장의 원인이 되기도 한다. 목재는 건축용이나 각종 기구재로 쓰이며, 가지와 잎, 꽃, 뿌리, 나무껍질, 열매 등 나무의 대부분이 약재로 이용된다. 꽃말은 사랑의 슬픔이다.

수양버들의 전설

그리스 신화에 의하면 태양신 헬리오스의 아들 파에톤이 아버지의 태양 마차를 몰다가 제우스가 던진 번개를 맞고 떨어져 죽었다. 그러자 누이들인 헬리아데스(단수는 헬리아스임)가 그의 죽음을 슬퍼하며 수양버들로 변했다고 한다. 수양버들의 길게 늘어진 가지는 눈물이라고 하며, 수양버들이 습기를 좋아하는 것도 이 눈물 때문이라고 한다. 이 때문인지 꽃말은 '사랑의 슬픔'이 되었다.

비슷한 나무들

- **개수양버들** : 평야와 강가에 자란다. 작은 가지가 노란빛을 띤 녹색이다. 이에 비해 수양버들은 붉은 갈색을 띤다.
- **능수버들** : 나무껍질은 회색빛을 띤 갈색이고 작은 가지는 노란빛을 띤 녹색이다.

빨간 대추 같은 열매가 달리는

104 식나무 |층층나무과|

Aucuba japonica Thunb.

우리나라에서는 경기 이남의 해안 및 섬지방의 나무 밑 그늘에서 모여 자란다. 제주도 거문오름에는 식나무의 군락지가 있다.

형태 늘푸른 넓은잎 떨기나무(상록활엽관목)　**꽃** 3~4월　**열매** 10~12월

가지가 푸르다고 해서 청목 등으로도 부르며, 열매가 빨간 대추처럼 열려 산대추라고도 부른다. 이 밖에도 넓적나무, 도엽산호라고도 한다.

우리나라와 일본, 대만, 중국, 인도 등지에 자라며, 우리나라에서는 경기 이남의 해안 및 섬지방의 나무 밑 그늘에서 모여 자란다. 습기가 있고 비옥한 땅과 그늘진 곳에서 잘 자란다. 제주도 거문오름에는 식나무의 군락지가 있다.

식나무 새잎

식나무 잎

식나무 모양

새로 나온 가지는 녹색이다. 잎은 마주나고 타원상의 달걀 모양 및 타원상의 끝이 뾰족한 모양으로 가장자리에 톱니가 있다. 꽃은 암수딴그루로 가지 끝에 원추꽃차례를 이룬다. 수꽃은 수술이 4개이며 암꽃은 1개의 암술만 있고 길이는 5~8cm이다. 꽃잎은 달걀 모양으로 3~4월에 핀다. 열매는 타원형으로 10~12월에 붉은색으로 익는다.

붉은 열매가 아름다워 관상용으로 정원에 심는다. 목재는 기구재, 가구재, 지팡이, 양산대를 만드는 데 사용된다. 잎은 동물의 사료로 사용하며, 민간에서는 나무껍질이나 잎을 뱀독, 종기, 화상 등에 쓴다.

식나무 암꽃

식나무 수꽃

식나무 열매

식나무 껍질

비슷한 나무들
♠ 금식나무 : 잎에 노란색 점이 있다.

잎으로 신을 갈아 신었다는
105 신갈나무 |참나무과|

Quercus mongolica Fisch. ex Ledeb

신갈나무의 '신'은 새롭다는 뜻이다. 또 옛날 나무꾼들이 숲속에서 짚신이 해어지면 이 나무의 잎을 바닥에 깔고 밟았다고 해서 신을 갈았다는 의미로 신갈나무라고 한다는 설도 있다.

형태 갈잎 넓은잎 큰키나무(낙엽활엽교목)　**꽃** 4~5월　**열매** 9~10월

도톨밤 도톨밤 참밤이 아니련만
어느 누가 도톨밤이라 이름 지었나
차보다도 쓰디쓴 맛에 거무죽죽한 빛깔
그래도 주린 배 채워보려는데 이런 것도 없구나

유여형의 〈상률가〉 중에서

위 한시는 고려 후기의 문인인 윤여형이 쓴 〈상률가〉의 일부이다. 《동문선》 권7에 실려 전하는 이 시는 도토리를 줍는 농민의 굶주린 삶을 통하여 당시 권문세가의 가혹한 수탈과 피폐한

신갈나무 새잎

신갈나무 잎

신갈나무 암꽃

신갈나무 수꽃

신갈나무 모양

농촌의 모습을 사실적으로 그려냈다. 여기에서 상률이란 도토리를 말하는데, 상수리나무나 신갈나무의 열매를 뜻한다. 옛날에는 서민들이 도토리를 식량처럼 자주 먹었음을 알 수 있다.

   신갈나무의 '신'은 새롭다는 뜻이다. 또 옛날 나무꾼들이 숲속에서 짚신이 해어지면 이 나무의 잎을 바닥에 깔고 밟았다고 해서 신을 갈았다는 의미로 신갈나무라고 한다는 설도 있다. 참나무과의 이름에는 '갈' 자가 들어가는 것이 많은데, 봄에 새잎이 나오고 가을에 단풍이 들어 잎이 떨어지는 것을 말한다. 상수리나무, 신갈나무, 굴참나무, 떡갈나무, 졸참나무, 갈참나무의 6종을 흔히 참나무라고 부른다. 신갈나무는 돌참나무, 물가리나무라고도 한다.

신갈나무 열매

신갈나무 껍질

나무껍질은 검은빛을 띤 갈색이고 세로로 갈라진다. 잎은 거꿀 달걀 모양으로 가장자리는 물결 모양이며 잎맥은 7~11쌍이다. 수꽃은 새 가지 기부에서 아래로 처지고, 암꽃은 4~5개 달리며 위를 향하고 4~5월에 핀다. 깍정이는 굳은열매를 1/2 이하로 감싸며 열매는 달걀 모양으로 9~10월에 익는다.

우리나라와 중국, 몽골, 시베리아 등에 자라며, 우리나라에서는 전국에 자라는 나무로 산 중턱의 위쪽에서 군락을 이루고 있으며 건조한 곳에서도 잘 자란다.

조림용, 식용, 철도침목, 차량용, 기구재, 신탄재 등의 용도로 사용된다. 열매는 먹고 민간에서는 나무껍질과 씨앗을 주름살 제거 등에 약으로 쓰기도 한다.

🌳 비슷한 나무들

- ♣ **떡신갈나무** : 신갈나무와 비슷한 잎에 떡갈나무와 같은 깍정이가 달리는 것과, 떡갈나무 같은 잎에 신갈나무의 깍정이를 닮은 것이 달리는 것이 있다.
- ♣ **봉동참나무** : 신갈나무와 갈참나무의 잡종으로 잎에 별 모양의 털이 나고 깍정이가 갈참나무와 비슷하다.
- ♣ **물참나무** : 졸참나무와 신갈나무의 잡종으로 톱니가 매우 뾰족하고 작은 별 모양의 털이 난다.

보잘것없지만 쓰임새 많은

106 싸리 | 콩과 |

Lespedeza bicolor Turcz.

우리 옛 조상들은 싸릿대(싸리 줄기)를 엮어 지붕을 이었고, 사립문과 울타리를 만들었으며, 농기구와 각종 생활도구를 만들어 썼다.

형태 갈잎 넓은잎 떨기나무(낙엽활엽관목) **꽃** 7~8월 **열매** 10월

싸리는 조록싸리, 해변싸리, 참싸리, 고양싸리와 함께 우리나라 특산식물이다. 좀풀싸리, 좀싸리, 애기싸리, 좀산싸리라고도 한다.

작은 가지는 마름모꼴의 능선이 있고 갈색이다. 잎은 3장으로 둥근 모양 및 거꿀 달걀 모양이며, 표면은 진한 녹색이고 뒷면은 연한 녹색으로 누운 털이 나 있다. 꽃은 잎겨드랑이 또는 끝부분에 총상꽃차례로 달리고 꽃대에 누운 털이 있다. 꽃은 7~8월에 붉은빛을 띤 보라

싸리 잎

싸리 잎차례

싸리 나무 모양

색으로 핀다. 열매는 넓은 타원형으로 끝이 부리처럼 길고 털이 약간 있으며 10월에 익는다. 씨앗은 콩팥 모양으로 갈색 바탕에 반점이 있다.

우리나라와 중국, 일본, 타이완, 우수리강 유역 등지에서 자라며, 우리나라에는 전국의 산야에 자란다. 줄기, 가지가 겨울을 나다가 반 이상이 말라 죽는다. 햇빛을 좋아하고 건조한 곳에서도 잘 자라며 공해에 강하다.

싸리는 척박한 야산에 자라며 조그마하고 보잘것없는 나무지만 쓰임새가 아주 많은 나무로 유명하다. 우리 옛 조상들은 싸릿대(싸리 줄기)를 엮어 지붕을 이었고, 사립문과 울타리를 만들었다. 새순이나 꽃은 나물로 해 먹고, 가지와 줄기로는 농기구와 각종 생활도구를 만들어 썼다. 또 나무껍질은 섬유로 사용하였으며, 싸리 꿀은 좋은 영양식이었다. 말 안 듣는 아이를 위한 회초리도 싸리로 만들었고, 윷을 만들어 놀거나 점을 치기도 했다. 즉 싸리의 잎, 꽃, 가지 등으로 의식주를 해결하였던 것이다.

그 밖에 농기구용인 삼태기, 술 거르는 용수, 소쿠리, 곡식을 까부는 키, 빗자루 등을 만들며 나무는 신탄재로, 잎은 사료로 쓰기도 했다. 한방에서는 잎과 가지를 이뇨, 해열 등에 썼다. 꽃이 아름다워 관상용으로 심기도 한다.

싸리 꽃

싸리 열매

싸리 줄기

🌳 비슷한 나무들

- **참싸리** : 꽃차례가 잎보다 짧으며 잎의 뒷면은 회색빛을 띤 흰색이고 누운 털이 있으며 꽃차례의 자루가 잎보다 더 길다.
- **털싸리** : 가지는 능선과 더불어 누운 털이 있다.
- **흰싸리** : 흰색 꽃이 핀다.
- **늦싸리** : 경상남도 하동과 충청북도 단양의 하천가에 무리를 이루고 사는데 습지를 좋아하며 조록싸리보다 잎이 길고 좁으며 길쭉하다.
- **해변싸리** : 우리나라 특산식물로 섬싸리 또는 갯싸리라고 하는데 주로 남해안의 바닷가에 자란다. 조록싸리와 참싸리의 잡종으로 생각된다.
- **고양싸리** : 경기도 고양에서 나는 싸리로 고양추라고도 한다. 참싸리와 풀싸리의 잡종으로 생각되며, 무등산과 청량리 등지에 자랐으나 지금 청량리는 번화가로 개발되어 볼 수 없다.
- **털조록싸리** : 조록싸리와 풀싸리의 잡종으로, 어린 가지와 꽃차례는 물론 잎 앞뒷면에 모두 털이 있으며 조록싸리보다 잎이 더 길다.

꽃향기가 진한

107 아까시나무 |콩과|

Robinia pseudoacacia L.

흰색의 꽃은 향이 매우 강해 멀리서도 아까시나무의 존재를 알 수 있을 정도이다. 아까시나무가 다른 식물의 성장을 방해하는 것은 특유의 향 때문이다.

형태 갈잎 넓은잎 큰키나무(낙엽활엽교목)　**꽃** 4~5월　**열매** 10월

5월 말 뒷산에 흐드러지게 피는 아까시나무 꽃은 초여름의 상징이라고 할 만하다. 흰색의 꽃은 향이 매우 강해 멀리서도 이 나무의 존재를 알 수 있을 정도이다. 흔히 아카시아라고 부르지만 실제 아카시아는 전혀 다른 나무이다.

아까시나무는 매우 빨리 자라고 주변에 다른 나무나 풀을 자라지 못하게 하는 나무로 인식이 나쁜 편이며, 심지어는 뿌리를 깊게 뻗쳐 묘를 망가트리기도 한다. 그래서 한때 베어버려야 한다는 의견도 많았지만 산림녹화에는 큰 공로를 한 나무로 평가할 수 있다.

아까시나무가 다른 식물의 성장을 방해하는 것은 특유의 향 때문이다. 피톤치드의 일종인

아까시나무 잎

아까시나무 가시

아까시나무 모양

테르펜을 내뿜어 다른 식물의 생장을 억제하거나 방해하는 것이다. 이런 작용을 흔히 타감작용이라고 한다.

나무껍질은 갈색이고 턱잎이 변한 가시가 있다. 잎은 어긋나며 7~19개의 잔잎으로 된 홀수 깃꼴 겹잎이고 잔잎은 타원형 및 달걀 모양으로 가장자리는 밋밋하다. 꽃은 잎겨드랑이에 나며 총상꽃차례에 달린다. 꽃은 흰색이며 노란빛이 돌고 4~5월에 핀다. 열매는 털이 없으며 10월에 익는다.

우리나라에는 1900년대 초에 연료림으로 들여와 황무지 복구용, 연료림으로 심었는데, 번식력과 생장력이 매우 강하다. 햇빛을 좋아하며 건조한 곳에서도 잘 자라고 추위와 공해에도 강하여 전국 어디에서나 잘 자란다.

목재는 매우 단단해 차량재, 건축내장재, 기구재, 철도침목, 목공예재, 신탄재로 쓰며 잎은 사료로 사용한다. 또 어린잎은 나물로 해 먹으며, 잎과 뿌리는 약용한다. 아까시나무의 큰 장점은 꿀을 많이 가지고 있는 식물이라는 것이다.

아까시나무 꽃

아까시나무 꽃 무리

아까시나무 열매

아까시나무 껍질

🌳 비슷한 나무들

- ♠ **아카시아** : 오스트레일리아 원산으로 노란색 또는 흰색 꽃이 핀다. 늘푸른나무이다.
- ♠ **꽃아까시나무** : 북아메리카 원산으로 연한 붉은색 꽃이 핀다. 1920년대에 우리나라에 들여왔다.
- ♠ **민둥아까시나무** : 꽃이 피지 않으며 나무 모양이 둥글다. 북아메리카 원산으로 높이는 25m이다.

빨간 열매가 매혹적인

108 앵도나무 | 장미과 |

Prunus tomentosa Thunb.

복숭아처럼 생긴 작은 열매를 꾀꼬리가 잘 먹는다고 해서 처음에는 '꾀꼬리 앵(鶯)' 자를 붙여 '앵도(鶯桃)'라 했던 것이 '앵도(櫻桃)'로 바뀌었고, 후에 현재의 이름으로 바뀐 것이다.

형태 갈잎 넓은잎 떨기나무(낙엽활엽관목) **꽃** 3~4월 **열매** 6월

앵도나무는 복숭아처럼 생긴 작은 열매를 꾀꼬리가 잘 먹는다고 해서 처음에는 '꾀꼬리 앵(鶯)' 자를 붙여 '앵도(鶯桃)'라 했던 것이 '앵도(櫻桃)'로 바뀌었고, 후에 현재의 이름으로 바뀐 것이다.

도톰하면서도 빨간 열매는 매우 매혹적이기도 해서 흔히 예쁜 여자의 입술을 '앵두 같은 입술'이라고도 표현한다. 그러나 '앵두 따다'라는 말은 눈물을 뚝뚝 흘리며 운다는 표현이다.

가지가 많이 달려 나무 모양이 둥글며 작은 가지는 털이 많이 나 있다. 잎은 타원형으로 어긋나고 잎의 양면에 털이 있으며 가장자리에는 잔톱니가 있다. 꽃은 1개 또는 2개씩 모여 달

앵도나무 잎

앵도나무 잎(앞면)

앵도나무 잎(뒷면)

앵도나무 모양

리고 꽃잎은 장미과의 특징인 5개로 연한 붉은색 또는 흰색의 거꿀 달걀 모양으로 3~4월에 잎보다 먼저 또는 동시에 핀다. 열매는 공 모양의 붉은색으로 6월에 익는다. 여기에서 앵두 꽃은 음력 3월경에 피므로 예전에는 음력 3월을 흔히 앵월이라고도 하였다.

  중국, 몽골, 히말라야에 자라며, 우리나라에는 1600년대에 도입된 것으로 추측된다. 햇빛이 잘 드는 곳에서 잘 자라지만 다소 그늘진 곳에서도 잘 자란다. 그래서 옛날에는 주로 마을 공동우물가나 집의 샘터에 많이 심었다. 추위에도 잘 견디고 생장도 빠른 편이나 건조한 곳과 공해가 있는 곳에서는 잘 자라지 못한다.

  꽃과 열매가 아름답고 먹을 수 있어 관상용, 식용으로 심는다. 열매는 과일로 먹는데 앵도정과라는 과자는 앵도의 씨앗을 빼고 물을 부어서 끓이다가 물을 따라내고 꿀을 부어 조린 음식이다. 열매의 씨앗을 빼고 꿀에 재었다가 꿀물에 넣어 화채를 만들어 먹기도 한다.

앵도나무 꽃

앵도나무 열매

앵도나무 껍질

비슷한 나무들

- ♠ 흰앵도 : 열매 색이 흰색이다.
- ♠ 양앵도 : 교잡종으로 높이는 11m, 열매는 지름이 2cm에 이른다.

나무껍질이 버짐처럼 벗겨지는

109 양버즘나무 | 버즘나무과 |

Platanus occidentalis L.

나무껍질이 비늘처럼 벗겨지는 모양이 꼭 버짐 같다 하여 버즘나무라 하며 플라타너스, 아메리카플라타너스, 쥐방울나무, 양방울나무 등으로도 불린다.

형태 갈잎 넓은잎 큰키나무(낙엽활엽교목) **꽃** 4~5월 **열매** 9~10월

나무껍질이 비늘처럼 벗겨지는 모양이 꼭 버짐 같다 하여 버즘나무라 하며, 양버즘나무는 서양 버즘나무라는 뜻이다. 일구현령목, 미국오동이라고도 하며 플라타너스, 아메리카플라타너스, 쥐방울나무, 양방울나무 등으로도 불린다.

갈색의 나무껍질은 세로로 갈라지면서 비늘처럼 떨어진다. 잎은 길이 10~20cm, 너비 10~22cm로 길이와 너비가 비슷하며, 가장자리가 3~5개로 깊게 갈라진다. 잎자루는 어린 겨울눈을 감싸고 있다. 꽃은 4~5월에 핀다. 열매는 1개씩 달리며 9~10월에 익는데 이듬해 봄까지 달려 있다.

양버즘나무 새잎

양버즘나무 잎

양버즘나무 모양

　우리나라에 심어져 있는 버즘나무의 종류는 양버즘나무 외에도 버즘나무와 단풍버즘나무가 있다. 세 종류 모두 전체적으로 생태가 비슷하며 빨리 자라 커다란 나무로 자라며 환경에 대한 적응력도 매우 강한 나무이다. 이 나무가 가로수로 많이 심어진 이유는 쉽게 번식이 되고 공해에 강하다는 것 외에도 대기오염을 줄여주는 효과가 있기 때문이라고 한다. 즉 넓은 잎은 각종 질병과 조기사망의 원인이 되는 대기오염의 미세먼지와 소음을 줄여 주어 건강에 도움을 준다. 또한 여름철에는 시원하고 훌륭한 그늘을 만들어준다.

　산림과학원에서 대구 두류공원에서 양버즘나무의 증산작용을 실험한 결과, 양버즘나무 한 그루가 하루 360g의 수분 방출로 없어지는 대기 중의 열에너지가 22만kcal로, 이는 15평형 에어컨 8대를 5시간 동안 가동하는 효과와 맞먹고, 결국 한여름 대구 두류공원 내 녹지가 맨땅보다 2.6~6.8℃ 낮아진다는 결과가 나왔다. 목재는 재질이 단단하고 무늬가 좋아 일반용재나 가구재, 펄프재로 사용한다.

양버즘나무 암꽃

양버즘나무 수꽃

양버즘나무 덜 익은 열매

양버즘나무 익은 열매

양버즘나무 껍질

양버즘나무 겨울눈

비슷한 나무들

- **버즘나무** : 유럽 및 서아시아 원산으로 열매는 3~5개씩 달린다. 잎이 깊게 5~7개로 갈라진다.
- **단풍버즘나무** : 버즘나무와 양버즘나무의 잡종으로, 가운데 잎 조각의 길이와 너비가 비슷하며 열매는 1~2개씩 달린다.

연필을 만드는
110 연필향나무 | 측백나무과 |

Juniperus virginiana L.

향나무 연필 하면 나이 지긋한 사람들은 어린 시절이 떠오를 것이다. 다른 나무로 만든 연필보다 강하면서도 향기가 나서 꽤나 고급 연필에 속했다.

형태 늘푸른 바늘잎 큰키나무(상록침엽교목) **꽃** 4~5월 **열매** 이듬해 10월

    연필은 16세기 중반 영국에서 흑연이 발견된 뒤에 많이 사용하게 되는데, 1910년도에 이르러 전 세계 연필의 절반 정도가 미국산 삼나무로 만들어졌다고 한다. 해마다 수억 자루의 연필을 만드느라 삼나무는 점차 사라지기 시작했고, 그 대체품을 찾았으니 그것이 바로 오리건과 캘리포니아에 주로 분포하는 연필향나무였다.

    향나무 연필 하면 나이 지긋한 사람들은 어린 시절이 떠오를 것이다. 다른 나무로 만든 연필보다 강하면서도 향기가 나서 꽤나 고급 연필에 속했다. 그러나 사실 연필향나무는 향이 약해 연필을 생산할 때 방향제를 약간 섞었으며, 삼나무처럼 고른 색상을 내기 위해 염색도

연필향나무 잎

연필향나무 껍질

연필향나무 모양

했다.

    그런데 대체 연필향나무라는 이름은 어디에서 생겨났을까? 1930년 우리나라에 들여올 때 일본인들이 연필향목이라고 붙인 것이 연필향나무로 된 것이다. 다른 말로는 미국원백이라고도 한다. 여기에서 원백은 둥근 측백나무라는 뜻이다. 측백나무를 뜻하는 백(柏) 자를 보면 나무 목(木) 변에 흰 백(白) 자가 있다. 백 자는 옛날에 서쪽을 뜻하는 글자

연필향나무 열매

연필향나무 암꽃

연필향나무 수꽃

로 쓰였다. 즉 측백나무는 주로 서쪽을 향해 자란다고 해서 붙여진 것이다.

원산지인 미국에서는 30m까지도 자란다. 줄기와 나무껍질은 붉은빛을 띤 갈색이며 나무껍질은 세로로 띠 모양으로 벗겨지고 나무 모양은 원뿔 모양이다. 잎은 비늘잎과 바늘잎으로 되어 있는데 비늘잎은 마름모꼴의 피침 모양이며 바늘잎은 끝이 뾰족하다. 꽃은 4~5월에 핀다. 열매는 검은색이고 씨앗은 1~2개로 이듬해 10월에 익는다.

연필향나무는 추위와 공해에 강하고 건조한 곳에서도 잘 견딘다. 빨리 자라며 군집을 잘 이루어 우리나라 전역에 많이 심어졌다. 도심에서도 빌딩이나 아파트 단지의 조경용, 높은 곳의 생울타리로도 심는 나무이다. 목재는 연필을 만들기도 하고, 향유를 추출해 비누나 화장품의 향료로 사용하기도 한다.

비슷한 나무들

- **나사백** : 나무껍질이 나사 모양으로 뒤틀려 올라간다. 일본 오사카 부근의 가이즈카[貝塚]라는 곳에서 자란다고 해서 가이즈카향나무라고도 한다.
- **스카이로켓향나무** : 가지가 곧게 위를 향해 자라며 생김새가 로켓을 떠올리게 한다.
- **눈향나무** : 높이는 75cm 이하로, 자라면 줄기가 구불구불하고 땅을 기면서 옆으로 퍼져 자란다.
- **뚝향나무** : 처음에는 줄기가 하나지만 자라면서 늘어진 가지가 땅에 닿아 다시 뿌리를 내리므로 작은 숲을 이룬다.

봄을 맞이하는

111 영춘화 | 물푸레나무과 |

Jasminum nudiflorum Lindl.

꽃에 향기가 없어 봄을 맞이한다는 꽃 이름이 무색한 면이 있다. 봄바람에 풍겨오는 꽃의 향내가 있었더라면 영춘화라는 이름이 더욱 걸맞았을 것이다.

형태 갈잎 넓은잎 떨기나무(낙엽활엽관목) **꽃** 3월 **열매** 9월

영춘화는 말 그대로 화사한 노란 꽃을 피워 봄을 맞이하는 꽃이라는 뜻이다. 하지만 꽃에 향기가 없어 봄을 맞이한다는 꽃 이름이 무색한 면이 있다. 봄바람에 풍겨오는 꽃의 향내가 있었더라면 영춘화라는 이름이 더욱 걸맞았을 것이다. 개나리도 영춘화라고 하지만 역시 향기는 없다. 서양에서는 겨울에 피는 재스민이라고 하여 '겨울 재스민'이라고 하고, 일본에서는 매화처럼 빨리 핀다고 해서 '황매'라고 한다.

한편 개나리와 꽃 색깔과 모양이 비슷하여 혼동이 된다. 개나리는 노란 꽃이 종 모양이고 4갈래로 깊게 갈라지며 열매는 겉에 사마귀 같은 돌기가 있는 것이 특징인 반면, 영춘화의 꽃받침조각과 노란 꽃잎이 각각 6개인 것이 다르다. 영춘화는 이름에 걸맞게 개나리보다 일찍

영춘화 잎

영춘화 나무껍질

영춘화 나무 모양(봄)

영춘화 나무 모양(여름)

영춘화 꽃봉오리

영춘화 꽃

꽃을 피워 봄을 맞는다.

가지는 녹색이고 곧게 자라거나 밑으로 처지면서 땅에 닿는 부근에서 가끔 뿌리가 나서 새롭게 또 다른 나무가 생긴다. 잎은 마주나며 3출 겹잎이고 잔잎은 달걀 모양이며 가장자리는 밋밋하다. 꽃은 전년도 잎겨드랑이에서 1개씩 나오고 노란색으로 3월에 잎보다 먼저 핀다. 열매는 9월에 검게 익는데 완전히 익지는 않는다. 그래서 씨앗으로 번식하는 것이 쉽지 않은 편이다.

영춘화 열매

중국 북부 원산으로 우리나라에는 자라지 않는다. 중부 이남의 정원에 심는 나무이다. 추위에 강해 추운 중부지방에서도 월동이 가능한 나무로 햇빛이 잘 비치는 곳에서 꽃이 잘 핀다. 꽃이 아름다워 정원이나 공원 또는 화분에도 심는다.

🌳 비슷한 나무들

♠ **재스민** : 흔히 영춘화속에 속하는 식물을 말한다. 향료와 차를 만들어내는 품종으로 유명하다. 영춘화도 재스민이라는 학명은 붙지만 향기는 전혀 없다.

112 오동나무 |현삼과|

품격이 있는

Paulownia coreana Uyeki

옛날에 딸을 낳으면 시집갈 때 장을 만들어주기 위해서 오동나무를 심었다고 한다. 빨리 자라기도 하지만 재목이 회색빛을 띤 흰색 또는 은백색으로 탄력성과 광택이 있어 가구 재료로 으뜸이었기 때문이다.

형태 갈잎 넓은잎 큰키나무(낙엽활엽교목)   꽃 5~6월   열매 10~11월

봉황은 대나무 열매만 먹고 오동나무에만 집을 짓는다고 했다. 그만큼 오동나무는 품격이 있는 나무로 여겨져왔다. 신라 흥덕왕 때 유가사라는 절에 겨울인데도 오동나무가 꽃을 피우니 상서롭다 하여 절 이름을 고친 것이 오늘날 동화사가 된 것이다. 한편 성삼문은 과거에 급제한 후 오동나무에 북을 달았는데, 현재 충청남도 홍성군 홍북면 노은리에 아직도 남아 있다. 이 나무는 성삼문오동나무로 불린다.

옛날에 딸을 낳으면 시집갈 때 장을 만들어주기 위해서 오동나무를 심었다고 한다. 빨리 자라기도 하지만 재목이 회색빛을 띤 흰색 또는 은백색으로 탄력성과 광택이 있어 가구 재

오동나무 잎

오동나무 꽃

오동나무 모양

료로 으뜸이었기 때문이다. 또 방충과 방습도 좋아 가구 이외에도 악기나 상자 등을 만드는 데 이용되곤 했다. 특히 오동나무로는 거문고나 가야금 등을 만드는데, 소리를 전하는 성질이 뛰어나며 품격도 높다.

잎은 마주나고 달걀 모양의 원형이지만 오각형에 가까우며 길이가 15~23cm, 너비가 12~29cm이다. 뒷면에 갈색 별 모양의 털이 있다. 어린잎에는 톱니가 있다. 잎이 넓어 집 안에서 재배하면 마음을 편안하게 해주며 전원주택과 같은 느낌을 가질 수 있다. 꽃은 5~6월에 가지 끝에서 원추꽃차례를 이루며 보라색으로 달리고 꽃받침은 5개로 갈라진다. 열매는 달걀 모양이고 끝이 뾰족하며 10~11월에 3cm 길이로 익는다. 열매와 줄기, 가지의 껍질과 뿌리의 껍질을 동피, 동목피라고 하여 약재로 사용한다.

요즘에는 오동나무를 재배하기도 하는데, 1년에 1~2.5m씩 자라며 6~7년이면 가슴 높이 지름이 20~25cm에 달하는 등 자라는 속도가 빨라 유용하다. 중부 이남의 해발 400m 이하의 마을 부근의 비옥한 땅에서 많이 재배된다.

오동나무 어린 열매

오동나무 익은 열매

오동나무 전년도 열매

오동나무 껍질

우리나라 특산종으로 울릉도가 원산지로 추정된다. 울릉도에는 참오동나무가 자라는데, 꽃잎에 자주색 줄이 길이 방향으로 있는 점이 오동나무와 구별된다.

비슷한 나무들

- **참오동나무** : 꽃잎에 자주색 줄이 길이 방향으로 난다.
- **벽오동** : 오동나무와 생김새가 비슷하나 나무껍질이 푸르러 벽오동이라고 한다. 하지만 꽃도 노란빛을 띤 녹색으로 다르고, 잎끝이 세 갈래 혹은 다섯 갈래로 손바닥처럼 갈라져 다르다.
- **개오동** : 능소화과의 갈잎 넓은잎 큰키나무(낙엽활엽교목)로 높이는 10~20m이다. 나무 크기, 잎 등이 비슷하나 꽃이 여름에 노란빛을 띤 흰색으로 피는 것이 다르다.

5리마다 심었던 이정목
113 오리나무 | 자작나무과 |

Alnus japonica (Thunb.) Steud.

옛날에 5리마다 이 나무를 심어놓고 이정표로 삼았기에 오리나무라는 이름이 붙여졌다. 또 나무껍질이나 열매를 삶으면 타닌 성분으로 붉은색 물감을 만들 수 있어 물감나무라고도 한다.

형태 갈잎 넓은잎 큰키나무(낙엽활엽교목) **꽃** 3~4월 **열매** 10월

옛날에 5리마다 이 나무를 심어놓고 이정표로 삼았기에 오리나무라는 이름이 붙여졌다. 이정표로 삼은 이정목이었지만 요즈음에는 보기가 어렵다. 농촌에서 쓰임새가 많아 심지는 않고 마구 베어 써버렸기 때문이다. 특히 생가지를 쳐서 논에 넣어 유기질 거름으로 이용하기도 했는데, 이는 화학비료를 쓰지 않고 친환경의 자연퇴비로 벼농사의 무농약 유기농법으로 생산성을 높이는 데 유용하게 사용하였다. 이런 까닭에 물오리나무와 사방오리는 쉽게 찾아볼 수 있으나 오리나무는 보기 어렵다.

오리나무는 물감나무라고도 하는데, 이는 오리나무 껍질이나 열매를 삶으면 타닌 성분으로 붉은색 물감을 만들 수 있기 때문이다.

나무껍질은 갈색이며 겨울눈은 대가 있고

오리나무 모양

오리나무 잎

오리나무 암꽃

오리나무 수꽃

오리나무 열매

3개의 능선이 있다. 잎은 거꿀 달걀 모양으로 잎끝이 뾰족하며, 양면에 광택이 있고 뒷면 맥 사이에 털이 있으며 측맥에는 잔톱니가 있다. 수꽃은 가지 끝에 2~5개가 모여 아래로 처지며, 암꽃은 긴 달걀 모양으로 2개씩 달리고 3~4월에 핀다. 열매는 타원형으로 날개는 뚜렷하지 않으며 10월에 익는다.

우리나라와 중국, 일본, 러시아 등지에 자라며, 우리나라는 전국에 자란다. 비옥한 하천변, 계곡 등에서 잘 자라며 어려서는 그늘에서도 잘 자라나 크면서 햇빛을 좋아하고 빨리 자라며 오래 사는 편이다. 추위에 잘 견디며 해안지방이나 도심지에서 잘 자라는 나무이다.

공기 중의 질소를 고정하여 양분으로 이용할 수 있도록 바꾸어주는 근류균이 함께 살아 척박한 토양을 비옥하게 만들어주는 비료목으로서 가치가 있다. 목재가 치밀하고 단단하여 농촌에서 논이나 밭둑에 몇 그루씩 심어놓았다가 필요할 때 농기구의 연장자루, 지게, 나막신, 하회탈, 지팡이, 그릇 등을 만들어 썼으며 악기재, 조각재, 기구재 등의 용도로 사용했다. 약용하기도 하는데 위장병, 눈병, 류머티즘 등에 좋고 간기능 개선제, 지사제로도 좋은 약재이다.

오리나무 껍질

이정목, 오리나무와 시무나무

옛날에 이정표로 삼은 나무로는 오리나무 말고도 시무나무가 있다. 오리나무는 5리마다 심은 반면 시무나무는 20리마다 심었다. 시무는 곧 '스무'가 변한 말이다. 오리나무를 오리목이라고 했듯, 시무나무는 '20리목'이라고도 불렀다. 시무나무는 느릅나무과에 속하며, 1종 1속밖에 없는 희귀종으로 우리나라와 중국에 자란다.

비슷한 나무들

- **사방오리** : 일본 원산으로 잎과 작은 가지와 뒷면에 털이 있고 측맥은 10~17개로 규칙적인 겹톱니가 있다.
- **두메오리나무** : 두메에 자라며 중국, 일본 그리고 우리나라 울릉도와 북부지방에 자란다. 넓은 타원형의 열매가 달리며 씨앗은 양쪽에 날개가 있다.
- **섬오리나무** : 전라남도 거문도 등 남해안 도서지방에 자라며, 잎 가장자리가 날카로운 톱니로 되어 있다.
- **웅기오리나무** : 함경북도 웅기에서 나는 오리나무로 어린 가지와 잎에 끈적한 물질이 많다.

열매가 다섯 가지 맛을 내는

114 오미자 | 오미자과 |

Schisandra chinensis (Turcz.) Baill.

오미자는 열매가 단맛, 신맛, 매운맛, 쓴맛, 짠맛의 다섯 가지 맛을 낸다고 해서 붙여진 이름이다. 그러나 사실 신맛이 절반 정도를 차지해 시큼한 것이 특징이다.

형태 갈잎 넓은잎 덩굴나무(낙엽활엽덩굴성 목본)　**꽃** 5~6월　**열매** 9~10월

　　오미자는 이 나무의 열매가 단맛, 신맛, 매운맛, 쓴맛, 짠맛의 다섯 가지 맛을 낸다고 해서 붙여진 이름이다. 그러나 사실 신맛이 절반 정도를 차지해 시큼한 것이 특징이다.
　　작은 가지는 붉은빛을 띤 갈색이며 오래된 가지는 회색빛을 띤 갈색이고 조각으로 떨어진다. 잎은 타원형 및 거꿀 달걀 모양으로 어긋나고 가장자리에는 드문드문 잔톱니가 있다. 꽃은 붉은빛이 도는 우윳빛 흰색으로 5~6월에 핀다. 열매는 붉은색으로 익으며 9~10월에 이삭이나 곡식의 모양으로 달리며 1~2개의 씨가 들어 있다. 열매는 붉은 빛깔의 포도송이처럼 달리는데 식용 또는 약용한다.

오미자 잎

오미자 나무껍질

오미자 나무 모양

    우리나라와 일본, 중국, 우수리강, 아무르 등지에 자라며, 우리나라에서는 전국의 해발 200~1600m에 걸쳐 주로 산골짜기 등에 자란다. 물빠짐이 좋은 모래흙에서 잘 자란다. 그늘진 곳에서도 잘 자라며 추위에는 강하나 공해에 약하여 도심지나 바닷가에서는 잘 자라지 못한다.

    오미자의 껍질은 달콤하고 살은 시며, 씨앗은 맵고 쓰고 떫은맛이 나며, 잘 익은 열매는 단맛이 나고 독특한 향기가 난다.《동의보감》에 오미자의 특징이 고스란히 전해진다. 단맛은 비위를 좋게 하고 신맛은 간을 보호하며 쓴맛은 심장을 보호하고 짠맛은 신장과 방광을 좋게 하고 매운맛은 폐를 보호한다고 기록되어 있다. 이 다섯 가지의 맛이 한방에서 간장, 심장, 비장, 폐장, 신장 등 오장에 좋은 만병통치약으로 통한다.

    오미자로는 음식을 만들기도 하는데 오미자국, 오미자편, 오미자차 등이 대표적이다. 오미자국은 열매를 뜨거운 물에 우려내어 화채나 오미자편을 만드는 데 쓴다. 차를 끓여 마시거나 꿀에 절이거나 말려서 사용하기도 하며 술을 담그기도 한다. 이 중 오미자차는 오미자

오미자 암꽃

오미자 수꽃

오미자 덜 익은 열매

오미자 익은 열매

와 인삼의 잔뿌리를 함께 달여 만든다.

오늘날 오미자는 음료는 물론 첨가제로 쓰이는 각종 가공식품에 사용되고 있다. 전국 여러 곳에서 오미자가 재배되는데, 특히 문경은 우리나라 오미자 제1주산지이다. 꽃말은 재회의 약속이다.

🌳 비슷한 나무들

- ♠ 흑오미자 : 열매가 거꿀 달걀 모양이며 검게 익는 것이 특징이다.
- ♠ 남오미자 : 덩굴은 길이 3m, 지름은 1.5cm 정도이다.

115 오죽 | 벼과 |
대가 검은

Phyllostachys nigra (Lodd. ex Lindl.) Munro

오죽은 검은 대나무를 말한다. 검은색의 대는 다른 대나무와는 차별화되어 독특한 빛깔의 세공품을 만들 수가 있다. 그러나 죽순은 먹지 않는다.

형태 늘푸른 넓은잎나무(상록활엽수)

오죽은 검은 대나무를 말한다. 그러나 싹부터 검은 것은 아니고 첫해에는 녹색이었다가 2년째부터 검은 자주색으로 변하면서 점차 검은색으로 바뀐다. 흑죽 또는 자죽이라고도 한다.

새 가지는 녹색이며 털과 흰 가루로 덮여 있으나 1년이 지나면 자줏빛을 띤 검은색으로 변한다. 잎에는 잔톱니가 있다. 꽃은 암수한꽃 또는 암수딴꽃이다. 죽순은 4~5월에 나오며 연한 갈색이다.

다른 대나무처럼 죽세공품을 만드는 재료가 된다. 특히 검은색의 대는 다른 대나무와는 차

오죽 잎

오죽 나무껍질

오죽 나무 모양

별화되어 독특한 빛깔의 세공품을 만들 수가 있다. 그러나 죽순은 먹지 않는다. 우리나라에 자라는 대나무는 왕죽과 죽순대, 솜대, 오죽, 해장죽(시누대), 조릿대 등인데, 키가 작은 오죽, 해장죽, 조릿대의 죽순은 먹지 않는다.

   중국 원산이며, 우리나라에서는 주로 남부지방에서 자란다. 그러나 비교적 북쪽인 강릉에서도 자라 이율곡 선생이 태어난 오죽헌은 뜰에 오죽이 무성하다고 해서 이름 붙여진 집이다.

비슷한 나무들

- **반죽** : 오죽과 비슷하나 줄기에 검은 반점이 있다.
- **왕대** : 충청도 이남 해발 600m 이하의 따뜻한 곳에 자란다.
- **포대죽** : 왕대의 변종으로 줄기가 연한 노란색이며 마디가 기부에 모여 있다.
- **솜대** : 오죽과 비슷하지만 원대의 지름이 5~8cm까지 굵어지고 나무껍질이 검은빛을 띤 자주색으로 되지 않는다.
- **죽순대** : 죽순 채취용 대나무라는 데에서 유래된 이름으로 맹종죽이라고도 한다. 잎과 같은 구조의 포에는 자줏빛을 띤 갈색의 반점과 빽빽한 털이 있다.

대나무 중의 왕

116 왕대 |벼과|

Phyllostachys bambusoides Siebold & Zucc.

왕대는 대나무 종류 중에 키가 큰 대나무라고 하여 이름 붙여졌다. 옛말에 '왕대밭에서 왕대 나고 신우대 밭에서 신우대 난다'는 말이 있듯, 왕대는 대나무 중의 왕이다.

형태 늘푸른 넓은잎나무(상록활엽수)

  대나무는 예로부터 사군자의 하나로 고귀하게 취급되어 왔다. 한자는 죽이라고 하는데, 이를 중국 남부지방에서 '덱'이라고 부른다. 이것이 우리나라에 들어와 '대'가 되었다.

  왕대는 대나무 종류 중에 키가 큰 대나무라고 하여 이름 붙여졌다. 옛말에 '왕대밭에서 왕대 나고 신우대 밭에서 신우대 난다'는 말이 있듯, 왕대는 대나무 중의 왕이다. 곧게 쭉 뻗는 줄기는 녹색에서 노란빛을 띤 녹색으로 바뀌며 한 마디의 길이는 대개 25~40cm이다. 잎에

왕대 잎

왕대 잎차례

왕대 나무 모양

는 어두운 빛깔의 반점이 난다. 잎의 길이는 10~20cm, 너비는 1~2cm이며 밑부분은 둔하며 끝은 길고 뾰족하며 톱니가 난다.

중국 원산으로 습기가 많고 비옥한 토양을 좋아한다. 추위에는 약해 우리나라에서는 주로 충청도 이남에서 재배된다. 5~6월에 나오는 죽순은 먹는다. 줄기는 탄력이 좋으면서도 세공하기에 안성맞춤으로 죽세공품이나 낚싯대, 가구재, 식물 지지대 등은 물론 건축자재로도 사용된다.

왕대 죽순

왕대 꽃

왕대 나무껍질

🌳 비슷한 나무들
- ♣ 죽순대 : 높이는 10~20m 정도로 자라며, 대나무 중 가장 굵다. 맹종죽이라고도 한다.
- ♣ 솜대 : 높이가 10m 이상이고 죽순은 4~5월에 나오며 붉은빛을 띤 갈색이다.

우리나라가 원산지인

117 왕벚나무 |장미과|

Prunus yedoensis Matsum.

1908년 서귀포에 거주하던 프랑스 신부 타케가 한라산에서 채집한 것을 장미과의 권위자인 쾨네 교수에게 소개하면서 왕벚나무의 원산지가 우리나라라는 사실이 밝혀졌다.

형태 갈잎 넓은잎 큰키나무(낙엽활엽교목)　**꽃** 3~4월　**열매** 6월

　벚꽃 하면 으레 일본 꽃으로 여기지만 실제로는 원산지가 우리나라이다. 제주도에서 자라는 왕벚나무가 바로 그것. 1908년 서귀포에 거주하던 프랑스 신부 타케(Emile Joseph Taquet)가 한라산의 관음사 뒷산 해발 600m 지점에서 채집한 것을 장미과의 권위자인 독일 베를린 대학의 쾨네(Koehne) 교수에게 소개하면서 왕벚나무의 원산지가 우리나라라는 사실이 밝혀졌다.

　왕벚나무 꽃을 흔히 사쿠라라고 하는데 그 외에도 민벚나무, 제주벚나무, 큰꽃벚나무, 큰벚나무, 참벚나무라고도 한다.

왕벚나무 잎

왕벚나무 껍질

왕벚나무 모양

    나무껍질은 갈색이며 잎은 어긋나고 달걀 모양으로 뒷면 맥 위와 자루에 털이 있으며 가장자리에는 겹톱니가 나 있다. 꽃은 3~5개가 우산 모양의 산형꽃차례를 이루며 흰색 또는 연한 붉은색이고, 꽃잎은 타원상의 달걀 모양이며 끝이 요형(凹形)으로 3~4월에 잎보다 먼저 핀다. 열매는 둥글며 검은색으로 6월에 익는다.

    우리나라와 일본에 자라며, 추위에 약하여 우리나라 중부지방에서는 월동이 어려운 나무이다. 땅이 깊고 비옥한 땅에서 잘 자라며 햇빛이 잘 드는 곳에서 꽃이 잘 핀다.

    제주시 남원읍 신례리 왕벚나무 자생지는 천연기념물 제156호로 지정되었다. 또 제주시 봉개동 왕벚나무 자생지는 천연기념물 제159호로, 전라남도 해남의 대둔산 왕벚나무 자생지는 천연기념물 제173호로 각각 지정되었다. 오래 살지 않는 편으로 60년이 되면 쇠약해진다. 특히 다른 벚나무처럼 병충해에 약해 가지치기를 하면 곤란하다.

    꽃이 아름다워 관상용이나 가로수용으로 심는다. 목재는 조직이 치밀하고 잘 비틀어지지 않아 가구재, 기구재, 건축내장재로 쓰인다. 한방에서 열매와 나무껍질을 피부염에 쓴다. 열

왕벚나무 암꽃

왕벚나무 암술과 수술

왕벚나무 열매

왕벚나무 씨앗

매는 먹는데, 버찌를 체에 걸러 냄비에 담고 꿀과 녹말을 타서 은근한 불에 조려 굳힌 떡을 만들어 먹기도 한다.

비슷한 나무들

- 산벚나무 : 꽃과 잎이 같이 나오는데 꽃은 산형상으로 흰색 또는 연한 붉은색으로 5월에 핀다.
- 잔털벚나무 : 꽃가지와 작은 꽃가지, 잎 뒷면과 잎자루에 잔털이 있다.
- 만첩개벚나무 : 꽃이 여러 겹이다.

작은 가지가 용처럼 뒤틀린

118 용버들 |버드나무과|

Salix matsudana f. tortuosa Rehder

작은 가지가 꼬불꼬불해 용과 같은 모습을 하고 있어서 용버들이라는 이름이 붙었다. 고수버들, 파마버들, 꼬부랑버들이라고도 한다.

형태 갈잎 넓은잎 큰키나무(낙엽활엽교목)　**꽃** 4~5월　**열매** 5월

작은 가지가 꼬불꼬불해 용과 같은 모습을 하고 있어서 용버들이라는 이름이 붙었다. 고수버들, 파마버들, 꼬부랑버들이라고도 한다.

나무껍질은 회색이고 가지는 밑으로 처지며 꾸불꾸불하다. 암수딴그루로 수꽃은 털과 포엽이 있으며 암꽃은 1개의 암술과 2개의 꿀샘이 있고 4~5월에 핀다. 열매는 5월에 익어서 벌어지는데 씨앗은 털에 싸여 있다.

중국 원산으로 버드나무과에 속한다. 원줄기나 큰 가지는 위로 뻗으며 자라나 작은 가지는 뒤틀리며 밑으로 처지는 특성이 있어 풍치림이나 가로수로 심으며, 목재는 공예품이나 꽃

용버들 새잎

용버들 잎

용버들 암꽃

용버들 수꽃

용버들 나무 모양

용버들과 비슷한 호랑버들

용버들 나무껍질

꽃이용으로 쓴다. 목재는 땔감이나 판재로 쓰며, 민간에서는 나무껍질, 뿌리, 잎을 치통, 종기, 이뇨 등에 쓴다.

보통 버들 하면 아름다운 여인을 표현하는 데 사용하는데, 예를 들면 유미는 미인의 아름다운 눈썹을, 유발은 여인의 아름다운 머리카락을, 유요는 날씬한 미인의 허리를 표현한 것이다.

🌳 비슷한 나무들

♠ **호랑버들** : 잎이 길고 흰색 털이 끝까지 남아 있다. 겨울을 지나면서 붉은색으로 꽃눈이 부풀기 시작하는데, 이 꽃눈이 마치 호랑이 눈과 비슷하다고 해서 붙여진 이름이다.

승리를 상징하는

119 월계수 |녹나무과|

Laurus nobilis L.

월계수는 고대 올림픽에서 경기 우승자에게 주는 관으로 사용되었으며, 문학에서 최고의 시인에게 붙여주는 이름으로도 사용되었다.

형태 늘푸른 넓은잎 큰키나무(상록활엽교목)   **꽃** 3~4월   **열매** 7~9월

"나의 아내가 되는 것을 거부했지만 반드시 내 나무로 만들고 싶소. 오! 월계수여. 언제나 나의 머리, 칠현금, 화살통을 그대로 장식하겠소."

그리스 신화에서 태양의 신 아폴로가 한 말이다.

그리스 신화를 보면 태양의 신인 아폴론이 에로스의 화살에 맞아 요정 다프네에 반해 열심히 구애를 했으나 다프네는 그의 구애를 받아주지 않고 도망만 다녔다. 그녀는 미워하는 화살을 맞았던 것이다. 그래도 집요하게 쫓아다니던 어느 날, 마침내 아폴론이 다프네를 거의 잡는 순간 다프네는 페네우스를 부른다. 페네우스는 얼른 다프네를 월계수로 만들었다고

월계수 잎

월계수 어린나무껍질

월계수 나무껍질

월계수 나무 모양

한다. 그 뒤 아폴론은 월계수로 머리 장식을 만들어 항상 몸에 지니게 되었다고 한다.

이후 월계수는 고대 올림픽에서 경기 우승자에게 주는 관으로 사용되었으며, 문학에서 최고의 시인에게 붙여주는 이름으로도 사용되었다. 고대 그리스에서 영웅이나 시인을 표창할 때 월계관을 주던 풍습에서 비롯된 것으로 영국 왕실에서 최고 시인을 대접하면서 부른 것이다. 이러한 유명세 때문에 기독교가 로마에 전파된 이후 이 나무는 번영과 영광의 나무라고 해서 고급 관료들의 정원과 집 앞에 즐겨 심었으며, 그리스도의 부활과 진정한 인류애의 상징으로도 여겨졌다고 한다.

월계수는 흔히 계수나무라고도 하고 감람수라고도 부른다. 달 월(月) 자를 따와 달에 있는 계수나무라고 하여 월계수라고 붙인 것이다.

나무껍질은 검은빛을 띤 갈색이고 원뿔 모양의 나무 모양을 이룬다. 잎 가장자리에는 물결무늬가 있다. 꽃은 암수딴그루이며 노란빛을 띤 녹색으로 3~4월에 핀다. 열매는 둥글며 어두운 자주색으로 7~9월에 익는다.

지중해가 원산으로 포르투갈 마데이라의 라우리실바는 유럽에서 가장 면적이 넓은 월계수 숲으로 1999년 유네스코에 의해 지정된 세계자연유산이다. 우리나라에서는 경상남도와

월계수 암꽃

월계수 수꽃

월계수 덜 익은 열매

월계수 익은 열매

전라남도 지방에 심어진다. 음지와 양지에서 모두 자라며 추위와 공해에는 약한 편이다.

꽃말은 부위별로 다르다. 나무는 승리와 영광, 잎은 죽어도 변함 없음, 꽃은 불신과 배반을 나타낸다.

비슷한 나무들

- **계수나무** : 계수나무과에 속하며, 높이는 7m이다. 꽃이 피는 시기에는 향기가 뛰어나고 가을에는 단풍이 든다.

120 으름덩굴 | 으름덩굴과 |

열매가 달콤하고 부드러운

Akebia quinata (Houtt.) Decne.

제주도에서는 밤이나 상수리가 충분히 익은 상태 또는 그 열매를 아람이라고 하는데, 이 아람이 벌어진 것이 전복이 입을 벌린 모양과 비슷하여 전복을 으름이라고 불렀다고도 한다.

형태 갈잎 넓은잎 덩굴나무(낙엽활엽덩굴성 목본)   **꽃** 4~8월   **열매** 10월

으름이란 이름의 유래는 정확히 알려진 것은 없지만 열매의 살이 반투명하여 얼음처럼 보인다 하여 얼음이라고 하였다가 으름으로 변하였다는 유래가 있다. 조선에 나는 바나나라 하여 조선바나나라고도 부른다. 간단히 으름이라고도 한다.

제주도에서는 밤이나 상수리 따위가 저절로 충분히 익은 상태 또는 그 열매를 아람이라고 하는데, 이 아람이 벌어진 것이 마치 전복이 입을 벌린 모양과 비슷하다고 하여 제주 사람들은 전복을 으름이라고 불렀다고도 한다.

잎은 새로 난 가지에서는 어긋나며 오래된 가지에서는 모여 나고, 잔잎은 5개로 긴 타원형

으름덩굴 잎(앞면)

으름덩굴 잎(뒷면)

으름덩굴 나무 모양

이며 양면 모두 털이 없으며 가장자리는 밋밋하다. 암수한그루로 작은 수꽃은 위쪽에 많이 달리고 암꽃은 크며 아래쪽에 적게 달린다. 꽃은 붉은빛을 띤 보라색으로 4~8월에 잎과 함께 피며 열매는 긴 타원형으로 마치 작은 바나나 모양이며 10월에 갈색으로 익으면서 벌어지는데 껍질이 매우 두껍다.

습기가 있는 비옥한 땅에서 잘 자라고 그늘과 추위에도 강하다. 덩굴나무로 시원한 그늘을 만들어줄 뿐만 아니라 열매는 보기 좋은 데다 먹을 수 있어 아파트나 휴식 공간 등에 심으면 정취를 감상할 수 있어 좋다.

열매의 맛은 바나나같이 달콤하면서 부드러운데 발효유 같은 맛도 난다. 검은색의 씨앗은 엄청 많아서 씨앗을 빼고 나면 별로 먹을 것이 없을 정도이다. 잎과 줄기, 꽃은 나물로 해 먹기도 하며, 옛날에는 씨앗에서 기름을 짜서 먹고 등잔불의 기름으로도 썼다.

줄기는 질겨서 칡과 같이 새끼 대신으로 나뭇단을 묶거나 바구니 등의 세공재로 사용하며, 뿌리와 줄기는 약용한다. 줄기를 목통, 뿌리를 목통근, 씨앗을 예지자라 하여 약용한다.

으름덩굴 암꽃

으름덩굴 수꽃

으름덩굴 덜 익은 열매

으름덩굴 익은 열매

으름덩굴 씨앗

으름덩굴 나무껍질

비슷한 나무들

- **여덟잎으름** : 여덟 잎을 가진 으름이다. 실제로는 6~9개이다.
- **개량으름** : 으름덩굴 열매보다 크고 열매 색깔이 보라색이다.

121 은단풍 |단풍나무과|

잎 뒷면이 은백색인

Acer saccharinum L.

단풍나무는 여러 종류가 있는데, 은단풍은 잎의 뒷면이 은백색이라서 붙여진 이름이다. 잎 앞면은 짙은 초록색이다. 단풍잎은 다 붉다고 여기지만 그렇지가 않다.

형태 갈잎 넓은잎 큰키나무(낙엽활엽교목) 꽃 3월 열매 5~6월

    단풍나무는 여러 종류가 있는데, 은단풍은 잎의 뒷면이 은백색이라서 붙여진 이름이다. 잎 앞면은 짙은 초록색이다. 단풍잎은 다 붉다고 여기지만 그렇지가 않다. 본래 북아메리카가 원산으로 우리나라에는 1900년대 초부터 전국에 심어져 자라고 있다.

    나무껍질은 회색빛을 띤 갈색이며 줄기는 곧게 뻗는다. 마주나는 잎은 단풍나무 잎 특유의 다섯 개로 갈라지는데, 갈라진 조각 가장자리에는 겹톱니가 있으며, 중간의 조각은 다시

은단풍 잎(앞면)

은단풍 잎(뒷면)

은단풍 나무 모양

은단풍 잎차례

은단풍 암수한꽃

은단풍 암꽃

은단풍 수꽃

은단풍 열매

은단풍 나무껍질

3갈래로 갈라진다. 암수한그루로 꽃은 3월에 잎보다 먼저 피는데, 노란빛을 띤 녹색이라서 잎과 쉽게 구분이 가진 않는다. 또 워낙 키가 커서 꽃을 보기가 쉽지 않다. 열매는 5~6월에 익으며 거꿀 달걀 모양으로 날개가 있으며 밑으로 처진다.

비슷한 나무들

- **설탕단풍** : 잎이 마주나며 손바닥 모양이다.

사시나무와 은백양 사이의 자연교잡종

122 은사시나무 | 버드나무과 |

Populus tomentiglandulosa T.B.Lee

사시나무의 한 종류로 사시나무와 은백양 사이의 자연교잡종이다. 빨리 자라고 습기가 많은 곳에서 잘 자라서 1960년대 한강대교 아래 둔치에 조림용으로 많이 심었다.

형태 갈잎 넓은잎 큰키나무(낙엽활엽교목)   **꽃** 4월   **열매** 5월

사시나무와 은백양 사이의 자연교잡종이다. 1950년 수원에 있는 서울대 농과대학의 구내에서 이창복 교수가 처음 발견하였다. 영어 이름은 Hyun poplar인데, 이는 이창복 교수가 스승인 식물학자 현신규 박사를 기리기 위해 붙인 것이다.

나무껍질은 푸르스름한 흰빛이 돌며 다이아몬드 또는 마름모꼴을 하고 있어 언뜻 보면 자작나무와 비슷하게 생겼다. 잎은 타원형으로 서로 어긋나게 나 있고 끝이 뾰족하다. 이 잎의 생김새가 수원사시나무와 같은 달걀 모양이지만 뒷면에 은백양처럼 흰색 솜털이 빽빽하게 나 있다. 암수딴그루이며 꽃은 4월에 핀다. 이삭처럼 작은 열매가 달린 암꽃차례는 길이 5cm

은사시나무 잎(앞면)

은사시나무 잎(뒷면)

은사시나무 모양

은사시나무 잎차례

은사시나무 껍질

로 100개 정도의 열매가 달리며 5월에 익는다.

  빨리 자라고 습기가 많은 곳에서 잘 자라서 1960년대 당시 한강대교 아래 둔치에 조림용으로 많이 심었던 나무이다. 목재는 흰빛으로 가볍고 연하여 잘 갈라지고 뒤틀려서 재질은 좋지 않은 편으로 주로 성냥갑, 상자재, 나무젓가락, 일회용 나무도시락 등으로 사용하는데

은사시나무 암꽃

은사시나무 수꽃

지금은 성냥이나 일회용 도시락을 사용하지 않아 이 나무의 용도가 줄어들었다.

  양지를 좋아하고 습지에서 잘 자라며 공해에 강해 조림용으로 심고, 목재는 펄프재 등으로 사용한다. 잎은 매우 쓴데, 민들레보다 10배 이상 쓰다고 한다. 이 쓴 물질이 노화를 억제하고 주름살, 기미를 없애주며 소화를 도와 비만을 예방하고 간 기능 개선에도 효과가 있다고 알려져 있다. 한편 나무껍질과 잎은 출혈, 치통 등에 사용한다.

은사시나무 열매

비슷한 나무들
- **수원사시나무** : 잎은 넓은 타원형으로 뒷면은 흰 솜털로 덮여 있다.
- **은백양** : 잎의 뒷면에 빽빽하게 난 흰색 털이 은백색으로 보인다 하여 은백양이라고 한다.

살아 있는 화석

123 은행나무 | 은행나무과 |

Ginkgo biloba L.

고생대에 나타나 중생대에 번성하고 여러 차례 빙하기를 겪으면서도 살아남아 흔히 '살아 있는 화석'이라고 부른다.

형태 갈잎 바늘잎 큰키나무(낙엽침엽교목) 꽃 4~5월 열매 9~10월

은행나무는 가을이면 부채처럼 생긴 잎이 노랗게 물들어 우리의 마음을 흔든다. 가로수로도 많이 심어 도시에서는 노랗게 물든 은행잎을 보고 가을이 왔음을 느낀다.

지구상에는 많은 나무가 있지만 은행나무만큼 오래전부터 살아온 나무는 없다. 공룡이 활동하기 훨씬 이전인 고생대에 나타나 중생대에 번성하고 여러 차례 빙하기를 겪으면서도 살아남아 흔히 '살아 있는 화석'이라고 부른다. 이렇게 오래도록 살아온 것은 그만큼 생명력이 강인하다는 증거이기도 하다. 이러한 생명력은

은행나무 모양

은행나무 잎

은행나무 껍질

은행 열매에서 나는 냄새와도 관계가 깊다. 구린 냄새를 풍기는 플라보노이드라는 물질 때문에 웬만해서는 벌레가 먹지 않고 자질구레한 병충해도 겪지 않는다. 노랗게 물든 은행잎을 책갈피에 끼워두거나 시를 적어서 간직하면 멋도 있지만 그렇게 하면 책이 좀먹지 않는 이유는 바로 플라보노이드 때문이다.

은행이라는 이름은 열매가 살구를 닮았고 은빛이 돈다고 해서 붙여진 것이다. 암그루에 열매가 열리려면 인근에 수그루가 꼭 있어야 한다. 길가에 서 있는 은행나무를 보면 어떤 것이 암그루이고 수그루인지 헷갈리는데, 우선 암그루는 나무 모양이 펑퍼짐하고 가지가 안쪽으로 휘는 경향이 있다. 이에 반해 수그루는 날씬하고 가지가 곧게 뻗는다. 그러나 키가 크지 않은 은행나무는 열매가 맺히는 것을 보지 않고는 암그루와 수그루를 구분하기 어렵다.

《산림경제》에 의하면 씨앗이 둥글면 암그루가 나오고, 세모나거나 뾰족하면 수그루가 나온다고 한다. 수그루에 암그루의 새 가지를 여러 개 접목하면 암그루로 바꿀 수 있다.

용문사의 은행나무는 천연기념물 제30호로 나이가 약 1100년으로 추정되며, 우리나라 은행나무 중에서 가장 오래된 나무로 조선 세종 때 당상관(정3품)이란 품계를 받을 만큼 중히 여겨졌다.

열매는 혈액순환을 좋게 해 주는 약재로도 사용된다. 또 6~7월의 푸른 은행잎으로는 술로 담가 먹기도 하며, 은행잎이 쌓인 곳을 맨발로 걸으면 지압 효과가 있어 혈액순환에도 좋다고 알려져 있다. 꽃말은 장수, 정숙, 장엄함 등이다.

은행나무 암꽃

은행나무 수꽃

은행나무 열매

은행나무 씨앗

📓 성을 바꾼 은행나무

성균관 문묘 앞에는 은행나무 두 그루가 있다. 앞의 것이 암그루이다. 이 나무에는 은행 열매가 열리지 않는데, 여기에는 재미있는 일화가 전해진다. 해마다 가을철이면 많은 은행이 달려 이를 줍는 사람들이 몰려들어 시끌벅적한 데다, 열매에서 나는 고약한 냄새 때문에 골치가 아플 지경이었다. 그래서 선비들이 모여 열매가 맺히지 않도록 하늘에 빌었는데, 정말로 그 이듬해부터 열매가 달리지 않았다고 한다. 이 은행나무는 높이 26m, 가슴 높이 둘레 12.1m, 나이는 400년으로 추정되며, 천연기념물 제59호로 지정되었다.

🌳 비슷한 나무들

- ♠ 무늬은행나무 : 잎에 노란색의 세로 줄무늬가 있다.
- ♠ 수양은행나무 : 가지가 밑으로 처진다.
- ♠ 골드스트라이프 : 잎이 황금빛이 난다.

줄기에 난 가시가 날카로운

124 음나무 |두릅나무과|

Kalopanax septemlobus (Thunb.) Koidz.

엄나무라고도 하고, 개두릅나무, 멍구나무, 당음나무, 털음나무, 엉개나무, 큰엄나무, 당엄나무, 털엄나무 등 여러 이름으로 불린다.

형태 갈잎 넓은잎 큰키나무(낙엽활엽교목) 꽃 7~8월 열매 10월

음나무는 줄기에 가시가 날카롭게 나 있어 엄하게 보인다 해서 엄나무라고 하던 것이 음나무로 바뀌었다. 옛날에는 문 위에 걸어두어 귀신이나 잡귀, 전염병을 막으려고도 했는데, 귀신들이 도포자락이나 치맛자락을 휘날리며 담을 넘어 들어올 때 음나무 가지에 걸려 놀라서 되돌아간다고 믿었다. 이것을 문 액막이라고 한다.

엄나무라고도 하고 개두릅나무, 멍구나무, 당음나무, 털음나무, 엉개나무, 큰엄나무, 당엄나무, 털엄나무 등 여러 이름으로 불린다. 오동나무와 비슷하나 가시가 나 있다 하여 자동, 가시가 있는 개오동나무라 하여 자추, 가시가 엄하게 보인다 하여 엄목, 오동나무 잎을 닮았으며 바닷가에서 잘 자라서 해동목이라고도 한다.

음나무 새순

음나무 잎

음나무 모양

나무껍질은 검은빛을 띤 갈색으로 불규칙하게 세로로 갈라지며 가지에 가시가 많다. 잎은 어긋나며 둥글고 손바닥 모양으로 갈라지며 톱니가 있고 잎자루가 길다. 꽃은 우산 모양의 산형꽃차례로 달리며 노란빛을 띤 녹색으로 7~8월에 핀다. 열매는 둥글며 10월에 검은색으로 익는다.

우리나라와 중국, 일본에 분포하는데, 우리나라는 전국에 자생하며 비옥한 땅을 좋아하고 어릴 때는 그늘에서 잘 자라나 크면서 햇빛을 좋아한다.

가시는 어릴 때부터 나기 시작하는데, 가시는 스스로를 보호하기 위한 나무의 전략이다. 새순은 아주 맛있어서 숲속의 동물들이 좋아한다. 높이 자라게 되면 동물들의 피해를 받지 않게 되므로 가시가 저절로 없어지는 것이 특징이다. 또 재미있는 것은 높은 산에 자라는 음나무는 가시가 별로 없고 낮은 산에서 자라는 음나무에는 억센 가시가 많다는 점이다. 한편 가을에 까만 콩알 같은 열매를 맺는다.

빨리 자라고 몸집이 크며 오래 살아 정자목으로 사용하며 목재는 가구재, 악기재, 조각재, 기구재 등으로 쓴다.

음나무는 의외로 오래 살며 커다랗게 자라는 편이다. 삼척 궁촌

음나무 겨울눈

음나무 꽃

음나무 열매

음나무 어린줄기와 가시

음나무 껍질

리 음나무는 높이가 20m, 가슴 높이 둘레 5.2m로 이 나무의 나이는 약 1000년이다. 알려지기로는 고려의 마지막 왕인 공양왕이 유배되어 살던 집에 있던 것이라고 한다. 봄에 동쪽 가지에서 싹이 먼저 나오면 영동지방에 풍년이 들고, 서쪽 가지에서 먼저 나오면 영서지방에 풍년이 든다는 전설이 있다. 천연기념물 제363호로 지정되어 보호를 받고 있다. 이 밖에 경상남도 창원 신방리의 음나무군은 나이 700년가량 된 음나무 일곱 그루가 자라는데, 천연기념물 제164호로 지정되어 있다.

비슷한 나무들

- **가는잎음나무** : 음나무에 비해 잎이 깊게 갈라지고 뒷면에 흰색 털이 조금 있다.
- **털음나무** : 잎 뒷면에 털이 빽빽하다.

꽃으로 풍년과 흉년을 점쳤던

125 이팝나무 | 물푸레나무과 |

Chionanthus retusus Lindl. & Paxton

옛날 이 나무에 치성을 드리면 풍년이 든다고 믿었는데, 꽃이 피는 모습을 보고 풍년인지 흉년인지 알아보기도 했다. 절기상으로 입하 무렵에 꽃이 피어서 이팝나무라고 했다고도 한다.

형태 갈잎 넓은잎 큰키나무(낙엽활엽교목) **꽃** 5~6월 **열매** 9~10월

봄철 도심의 길을 걷노라면 흰 쌀밥을 가지 끝에 올려놓은 듯한 나무들을 종종 볼 수 있다. 그대로 뭉치면 주먹밥이 될 것도 같다. 꽃이 흰 쌀밥(이밥)같이 보여서 이팝나무라고 한다. 다른 유래도 있다. 옛날 이 나무에 치성을 드리면 풍년이 든다고 믿었는데, 꽃이 피는 모습을 보고 풍년인지 흉년인지 알아보기도 했다. 절기상으로 입하 무렵에 꽃을 피우기 때문에 이팝나무라고 했다고도 한다.

이와 비슷한 이름을 가진 나무로 조팝나무가 있다. 꽃이 마치 쌀에 좁쌀을 섞어 지은 좁쌀

이팝나무 새잎

이팝나무 잎

이팝나무 모양

밥 같아서 조밥나무라고 하던 것이 변하여 조팝나무가 되었다고 전해진다. 두 나무가 서로 비슷한 이름을 가졌지만, 이팝나무는 키가 큰 물푸레나무과이고 조팝나무는 1~2m 높이의 장미과이다. 또 다른 이름으로 니팝나무, 니암그루, 뻣나무라고 불리기도 한다.

  이팝나무에는 슬픈 전설이 전해지기도 한다. 옛날 경상도 어느 곳에 착한 며느리가 있었는데, 시어머니는 시시콜콜 이 며느리를 트집 잡으며 구박했다. 한번은 제사가 있어서 쌀밥을 지었다. 며느리는 제삿밥을 제대로 지었는지 궁금해 밥알 몇 개를 먹었다. 그러나 이것을 본 시어머니는 제사에 쓸 밥을 먼저 먹었다며 온갖 학대를 해댔다. 억울함을 견딜 수 없던 며느리는 뒷산에 올라가 목을 맸다. 이듬해 무덤가에 나무가 자라더니 쌀밥 같은 흰 꽃이 가득 피었고, 사람들은 한 맺힌 며느리가 죽어서 나무가 되었다며 이팝나무로 불렀다고 한다.

  우리나라 곳곳에는 멋진 이팝나무가 서식하는데, 경상북도 포항 흥해읍의 군락지는 그 유래가 고려 때까지 거슬러 올라가는 유서 깊은 곳이다. 충숙왕 시절인 14세기 초 향교를 세우고 기념식수한 것이 퍼져 현재 군락을 이룬 것이다. 커다란 이팝나무가 30여 그루나 되어 해마다 봄이면 온통 쌀밥 잔치를 벌이는 듯하다. 이 군락지는 경상북도기념물 제21호로 지정되어 있다. 이외에도 고창 중산리 이팝나무(천연기념물 제183호), 순천 승주읍 평중리 이팝나무(천연기념물 제36호), 양산 신전리 이팝나무(천연기념물 제234호) 등 천연기념물로 지정된 유명한 나무가 많다.

이팝나무 꽃

이팝나무 열매와 잎

이팝나무 열매

이팝나무 껍질

　나무껍질은 회색빛을 띤 갈색이며 불규칙하게 세로로 갈라진다. 잎은 마주나며 긴 타원형 또는 거꿀 달걀 모양이다. 잎 가장자리는 밋밋하나 어릴 때에는 겹톱니가 나 있기도 하다. 암수딴그루로 꽃은 5~6월에 새 가지 끝에 하얗게 달린다. 열매는 9~10월에 검푸른색으로 익는데, 타원형이다.

　원산지는 우리나라이고 일본, 중국 등지에서 자라며 산골짜기나 들판에서 자란다. 관상용으로 정원에 심거나 땔감으로 쓰며, 목재는 염료재와 기구재로 사용한다. 꽃말은 영원한 사랑, 자기 향상이다.

🌳 비슷한 나무들

- **긴잎이팝나무** : 잎은 피침 모양으로 길고, 꽃잎의 너비는 1~1.5mm이다.
- **조팝나무** : 이팝나무와 이름이 비슷하나, 꽃잎이 5장으로 이루어진 점이 다르다. 높이도 1~2m로 작다.

126 인동덩굴 |인동과|

추운 겨울에도 꿋꿋이 자라는

Lonicera japonica Thunb.

여름에 흰색으로 피었다가 차차 노란색으로 바뀐다. 그래서 금은화라고 한다. 꽃의 수술이 할아버지 수염처럼 보인다고 노옹수라고도 부른다.

형태 반늘푸른 넓은잎 덩굴나무(반상록활엽덩굴성 목본)   **꽃** 6~7월   **열매** 9~10월

여름에 흰색으로 피었다가 차차 노란색으로 바뀐다. 그래서 금은화라고도 한다. 금은화라는 이름에 관해서는 흥미로운 전설이 전해온다. 옛날 사이가 좋은 금화와 은화라는 쌍둥이 자매가 있었다. 두 자매는 열병으로 죽었는데, 이들의 무덤가에 덩굴이 나와 하얀 꽃을 피우더니 노랗게 변하였다. 그 뒤 마을에 다시 열병이 돌았고, 사람들이 그 꽃을 따서 달여 먹으니 열병이 나아 약초 이름을 금은화라 하였다는 것이다.

이 밖에도 꽃의 수술이 할아버지 수염처럼 보인다고 노옹수라고도 하고, 꽃잎 모양이 해오

인동덩굴 잎

인동덩굴 나무껍질

인동덩굴 나무 모양

라기 같아 노사등으로도 부른다. 또 꽃 속에 꿀이 많으니 밀통등, 귀신을 다스린다 하여 통령초 혹은 벽귀초라고도 한다. 이렇게 다양한 별칭이 있다는 것은 그만큼 이 나무가 사람들에게 많은 관심이 있었다는 것을 뜻한다.

줄기는 붉은빛을 띤 갈색으로 오른쪽으로 감고 올라간다. 어린 가지는 속이 비어 있다. 잎은 마주나고 타원형으로 크기는 길이가 3~8cm, 너비가 1~3cm이다. 잎은 처음에는 잔털이 있지만 나중에 털이 없어지거나 뒷면 일부에 남아 있다. 꽃은 6~7월에 1~2개씩 잎자루에 달린다. 열매는 9~10월에 검은색으로 익으며, 지름이 7~8mm로 둥글다.

관상용으로 심으며, 꽃과 잎은 식용 또는 약용한다. 한방에서는 잎과 줄기를 인동등, 꽃봉오리를 금은화라 하며 약용한다.

우리나라와 중국, 일본에 자란다. 산과 숲 가장자리에서 잘 자라는데 볕이 잘 드는 곳이면 어디서든 잘 자란다. 중부지방에서는 잎이 떨어지지만 남부지방에서는 잎이 떨어지지 않고 그대로 겨울을 난다. 꽃말은 사랑의 굴레 또는 헌신적인 사랑이다.

🌿 왕의 관장식에 사용된 인동무늬

백제 무령왕릉에서 나온 관장식에 연꽃과 함께 인동 무늬가 들어 있어 관심을 끈 바 있다. 옛날부터 인동덩굴은 양반가에서 복스럽고 장수를 뜻하는 식물이라 하여 매우 귀하게 여기고 곳곳에 인동덩굴 무늬를 새겼다.

인동덩굴 꽃봉오리

인동덩굴 꽃

인동덩굴 덜 익은 열매

인동덩굴 익은 열매

비슷한 나무들

- **붉은인동** : 꽃이 붉게 핀다. 줄기는 연한 녹색 또는 옅은 붉은색을 띤다.
- **털인동** : 어린 가지와 잎에 갈색 털이 발달해 있다.
- **잔털인동** : 잎 가장자리를 제외한 부분에 거의 털이 없고, 위 꽃잎이 반 이상 갈라지며 겉은 붉은색을 띤다.

일본 원산의 목련

127 일본목련 |목련과|

Magnolia obovata Thunb.

일본목련은 일본 원산의 목련이라는 말이다. 한자 이름은 일본후박이며, 여기에서 '후박'이라는 말은 일본에서 쓰이는 말로 본래의 후박나무와는 관련이 없다.

형태 갈잎 넓은잎 큰키나무(낙엽활엽교목)   **꽃** 5월   **열매** 9~10월

　일본목련은 일본 원산의 목련이라는 말이다. 한자 이름은 일본후박이며 왕후박, 떡갈목련, 향목련, 황목련 등으로도 불린다. 여기에서 '후박'이라는 말은 일본에서 쓰이는 말로 본래의 후박나무와는 관련이 없다. 우리나라에 들여올 때 후박나무라고 불리게 되었다.

　일본 원산으로 우리나라에는 1920년경 도입하여 중부 이남에 심어 자란다. 원줄기는 곧게 나오고 곁가지가 둥글게 나와서 나무 모양이 아름다우며, 나무껍질은 회색이다. 잎은 긴 타원형으로 길이 20~40cm나 되어 매우 크며 가장자리는 밋밋하고 뒷면은 흰색 털로 덮여 흰빛을 띠고 있다. 꽃은 노란빛을 띤 흰색으로 피는데 향기가 매우 좋으며 지름 15cm 정도로

일본목련 새잎

일본목련 잎

일본목련 나무 모양

5월에 잎보다 늦게 핀다. 열매는 붉은 보라색으로 9~10월에 익는다.

비옥하고 물이 잘 빠지는 모래흙을 좋아하며 추위에는 약하나 공해에는 강한 편이다. 한방에서 줄기껍질을 후박, 뿌리껍질을 후피, 꽃봉오리를 후박화, 씨앗을 후박자라 하여 위장병, 눈병, 기침과 가래, 설사 등에 사용한다. 또 민간요법으로 기침, 가래, 토했을 때에 줄기껍질이나 뿌리껍질을 달여 마시면 효과가 있다.

꽃이 크고 아름다워 관상용으로 심으며, 목재는 악기재나 조각재 등으로 쓰인다.

일본목련 낙엽

397

일본목련 꽃봉오리

일본목련 꽃

일본목련 열매

일본목련 씨앗

일본목련 잎(뒷면)

일본목련 나무껍질

🌳 비슷한 나무들

♠ **목련** : 꽃은 백목련과 같이 흰색이지만, 기부가 연한 붉은색인 점이 다르다.

♠ **자주목련** : 꽃잎 겉이 연한 붉은빛을 띤 자주색이고 안쪽이 흰색이다.

♠ **자목련** : 꽃이 검은빛을 띤 자주색으로 핀다.

128 잎갈나무 |소나무과|

잎을 가는 바늘잎나무

Larix olgensis var. *koreana* (Nakai) Nakai

소나무나 전나무 등 바늘잎나무는 대부분이 늘푸른나무이다. 하지만 낙엽을 떨구는 바늘잎나무도 더러 있다. 잎갈나무가 대표적인데, 소나무처럼 생겼으면서도 가을에 주황색으로 바래는 모습을 보면 이색적이다.

형태 갈잎 바늘잎 큰키나무(낙엽침엽교목) **꽃** 5~6월 **열매** 9~10월

 소나무나 전나무 등 바늘잎나무는 대부분이 늘푸른나무이다. 하지만 낙엽을 떨구는 바늘잎나무도 더러 있다. 잎갈나무가 대표적인데, 소나무처럼 생겼으면서도 가을에 주황색으로 바래는 모습을 보면 이색적이다.
 낙엽이 지는 소나무라고 해서 낙엽송이라고 부르기도 하나, 이는 일제강점기와 1960년대에 일본에서 들여온 일본잎갈나무를 가리키는 말이다. 비교적 자라는 속도가 빨라 산림녹화 수목으로 포플러와 함께 들어온 낙엽송은 한때 상당한 경제가치를 지닌 나무였다.
 가지는 수평으로 자라거나 밑으로 처지며, 나무껍질은 회색빛을 띤 갈색으로 불규칙하게

잎갈나무 잎

잎갈나무 껍질

잎갈나무 모양

잎갈나무 자생지(백두산)

잎갈나무 암꽃

잎갈나무 수꽃

잎갈나무 전년도 열매

잎갈나무 열매

갈라져 벗겨진다. 잎은 솔잎처럼 피침 모양인데 길이는 1.5~3cm, 너비는 1~1.5mm이다. 잎은 흩어져 나기도 하고 모여 나기도 한다.

꽃은 암수한그루로 5~6월에 짧은 가지 끝에서 피고, 열매는 9~10월에 솔방울처럼 달린다. 솔방울은 길이가 1.5~3.5cm, 지름이 1.5~2.5cm 정도이며, 솔방울 조각은 25~40개쯤 된다. 짙은 갈색으로 끝이 뒤로 젖혀지지 않는 것이 일본잎갈나무와의 차이점이다.

잎갈나무는 우리나라 원산으로 우리나라 금강산 이북 지역과 중국에 자란다. 추운 지방에서 잘 자라 우리나라는 금강산이 북쪽 한계선으로 추정된다.

비슷한 나무들

- **개잎갈나무** : '가짜 잎갈나무'라는 의미이며, 히말라야 시더라고도 한다. 잎을 갈지 않는 점이 차이점이다. 세계 3대 정원수의 하나로 우리나라에는 1930년쯤에 들여왔다고 한다.
- **일본잎갈나무** : 생김새가 잎갈나무와 거의 비슷하지만 솔방울 조각이 50개 이상이며 끝이 뒤로 젖혀진다.

부부 금실을 상징하는

129 자귀나무 | 콩과 |

Albizia julibrissin Durazz.

밤에 잎이 포개져 있는 모양이 마치 귀신이 잠을 자는 것 같아서 '잠자는 귀신'이라는 뜻으로 자귀나무라고 했다는 이야기가 전해진다.

형태 갈잎 넓은잎 작은큰키나무 또는 큰키나무(낙엽활엽소교목 또는 교목) **꽃** 6~7월
열매 9~10월

집에 심으면 부부 금실이 좋아진다는 자귀나무는 흔히 합환목, 합혼수, 야합수, 유정수 등으로도 불린다. 소가 좋아한다고 하여 소밥나무, 소쌀나무 등으로도 불리며, 열매가 익을 때면 콩깍지 같은 열매가 바람에 흔들려 시끄러운 소리를 내어 여설수라는 재미난 이름으로도 불린다.

자귀나무는 좌귀목에서 유래되었다고 전해진다. 좌귀목이 자괴나모로, 자괴나모가 작외남우로, 작외남우가 자귀나무로 변했다는 것이다. 그러나 밤에 잎이 포개져 있는 모양이 마치 귀신이 잠을 자는 것 같아서 '잠자는 귀신'이라는 뜻으로 자귀나무라고 했다는 이야기도

자귀나무 잎

자귀나무 잎(왼쪽)과 왕자귀나무 잎(오른쪽)

자귀나무 모양

전해진다.

　작은 가지는 푸른빛을 띤 갈색이고 능선이 있다. 잎은 짝수 깃꼴 겹잎으로 10~30쌍의 잔잎이 있는데 원줄기를 향해 굽으며 좌우가 같지 않은 긴 타원형이다. 꽃은 가지 끝에 15~20개가 산형꽃차례로 달린다. 작은 꽃자루는 없고 꽃은 붉은색으로 6~7월에 마치 공작처럼 피어나는데 꽃받침조각은 녹색이다. 열매는 9~10월에 익으며 납작한 모양의 5~6개의 씨앗이 들어 있는데 이듬해까지 그대로 달려 있다.

　우리나라와 일본, 중국, 이란, 남아시아 등지에 자란다. 우리나라에서는 황해도 이남의 해발 50~700m의 산기슭이나 계곡에서 자란다. 추위에 약하기 때문에 추운 중부 이북지방에서는 겨울에 얼어 죽기 쉬우나 뿌리에서 맹아가 자라는 특징이 있다.

　넓게 퍼진 가지 모양 때문에 나무의 모양이 풍성하게 보이고, 특히 꽃이 활짝 피었을 때는 짧은 분홍 실을 마치 부챗살처럼 펼쳐 놓은 듯해 매우 아름답다. 잎은 낮에는 옆으로 퍼지나 밤이나 흐린 날에는 접혀서 포개지며 아침이 되면 떨어지는 수면운동을 한다.

자귀나무 꽃봉오리

자귀나무 꽃

자귀나무 열매

자귀나무 껍질

그런데 밤이 되면 어떻게 잎이 서로 포개지는 걸까? 밤에는 햇볕이 없어서 광합성을 할 수 없으므로 잎의 표면적을 줄여서 에너지의 발산을 최대한 막기 위한 것이다. 또한 밤새 날아드는 벌레의 침입을 막기 위한 자세이기도 하다.

꽃이 아름답고 잎이 특이하며 병충해도 적고 관리하기도 편하여 관상수로 정원이나 공원에 많이 심으며 목재는 가구재로 이용된다. 한방에서는 나무껍질을 말린 것을 합환피라 하여 진정제로 사용하며 꽃과 뿌리껍질도 약재로 사용한다.

🌳 비슷한 나무들

- **왕자귀나무** : 우리나라 특산종으로 목포 유달산과 제주도에 자란다. 자귀나무에 비해 잎이 훨씬 크고 수술이 많으며 꽃이 더 흰 것이 특징이다.

꽃말 '내일의 행복'

130 자금우 |자금우과|

Ardisia japonica (Thunb.) Blume

지길자, 왜각장, 노물대라고도 한다. 열매는 9월에 붉은색으로 익는데 이듬해 2월까지 붙어 있다. 열매는 새들의 좋은 먹이가 된다.

형태 늘푸른 넓은잎 떨기나무(상록활엽관목)　**꽃** 5~6월　**열매** 9월~이듬해 2월

잎은 마주나거나 돌려나며 타원형 및 달걀 모양으로 가장자리에는 톱니가 있다. 꽃은 암수한꽃으로 2~5개가 잎겨드랑이에 우산 모양의 산형꽃차례를 이루며 아래로 처지는데, 꽃차례에 털이 있고 꽃부리는 5갈래로 갈라지며 흰색으로 5~6월에 핀다. 열매는 9월에 붉은색으로 익는데 이듬해 2월까지 붙어 있으며, 새들의 좋은 먹이가 되어 멀리 번식하게 된다.

우리나라와 일본, 타이완, 중국 남부에도 자란다. 추위에 약하여 따뜻한 남쪽 지방의 산림에 야생으로 자라는 나무로, 큰 나무 아래에서 자라 자연히 그늘진 곳에서 자라는 습성을 가

자금우 잎(앞면)

자금우 잎(뒷면)

자금우 무리

자금우 나무 모양

자금우 꽃

자금우 열매

자금우 나무껍질

지고 있으며 습윤한 곳을 좋아한다.

　꽃과 열매가 아름다워 관상용이나 분재용으로 심는다. 음식을 조리할 때 생기는 일산화탄소를 없애는 능력이 우수해 주방 근처에 두면 더욱 좋다. 중국의《본초강목》에 나오는 약용식물로, 한방에서는 말린 뿌리를 자금우근이라 하여 해독, 이뇨, 인후염 등의 약재로 쓰며, 줄기와 잎을 자금우라 하여 전초와 함께 만성 기관지염의 약재로 쓴다. 꽃말은 내일의 행복이다.

비슷한 나무들

♠ 산호수 : 자금우와 비슷하지만 잎 가장자리의 톱니가 굵고 양면에 털이 있다.

앵도나무, 살구나무와 함께 집 근처에 심는

131 자두나무 | 장미과 |

Prunus salicina Lindl.

앵도나 살구처럼 집 근처에 심는 나무로, 이 세 나무는 서로 비슷한 점이 많다. 모두 장미과로, 꽃잎이 5개이고 잎보다 먼저 꽃이 피는 특징이 있다.

형태 갈잎 넓은잎 작은큰키나무(낙엽활엽소교목)   꽃 4월   열매 7~8월

복숭아나무 우물가에서 자라고
자두나무 그 옆에서 자랐네
벌레가 복숭아나무 뿌리를 갉아먹으니
자두나무가 복숭아나무를 대신하여 죽었네
나무들도 대신 희생하거늘
형제는 또 서로를 잊는구나

이 시는 중국 고대 악부시를 집대성한 《악부시집》에 실린 〈계명편〉에 나오는 내용이다. 자두나무가 복숭아나무를 대신하여 넘어진다는 내용으로 작은 것을 희생해 큰 것을 얻는다는 손자병법 36계 중 11계 '이대도강'의 유래가 된 시이다. 본래의 뜻은 형제간의 우애를 담고 있다. 여기에서 우리나라 대표 성씨인 이(李)가 바로 자두를 뜻하는 한자임을 알 수 있다.

자두나무 잎

자두나무 모양

　자두나무는 오얏나무, 자도나무라고도 한다. 그런데 본래 자두는 자주색 복숭아를 뜻하는 한자 자도(紫桃)에서 비롯된 것이다. 앵도나무, 살구나무처럼 집 근처에 심는 나무로, 이 세 나무는 서로 비슷한 점이 많다. 모두 장미과로, 꽃잎이 5개이고 잎보다 먼저 꽃이 피는 특징이 있다.

　작은 가지는 붉은빛을 띤 갈색이며, 잎은 어긋나고 거꿀 달걀 모양으로 가장자리에 둔한 톱니가 나 있다. 꽃은 잎보다 먼저 흰색으로 4월에 피며 대개 3개씩 달리고 열매는 공 모양으로 노란색 또는 붉은색으로 7~8월에 익는다.

　중국 원산으로 우리나라에서 재배한다. 추위를 잘 견디나 건조지에서는 약하여 잘 자라지 못한다. 우리나라에는 1500년경에 들여온 것으로 추정되며 전국의 해발 100~300m의 인가 부근의 과실나무로 심는다.

　민간에서는 이 나무의 잎에 염증을 다스리고 기침을 멎게 하는 효능이 있는 것으로 알려

자두나무 꽃봉오리

자두나무 꽃

자두나무 열매

자두나무 껍질

졌다. 또 생잎을 목욕물에 넣어 사용하면 땀띠를 없애는 효능이 있다고 한다. 기침이 난다든가 목이 아플 때에는 열매를 태워서 이용하기도 한다. 복사나무보다 기르기가 쉬워 근교 원예작물로 알맞은 나무이다. 꽃말은 순백, 순박이다.

비슷한 나무들

- **서양자두나무** : 잎 뒷면과 꽃자루에 털이 있고 열매가 타원형이며 검은빛을 띤 자주색이 특징이다.
- **열녀목** : 가지가 곧게 서서 하늘만 바라보아 열녀목이라고 한다. 나무 모양이 마치 빗자루처럼 되는 것이 특징이다.

132 자목련 |목련과|

자줏빛 꽃을 피우는

Magnolia liliiflora Desr.

까치꽃나무라는 예쁜 별칭이 있다. 이른 봄에 꽃이 피며, 주로 사찰 주변에 많이 심는다. 특히 범어사에는 우리나라에서 가장 오래된 것으로 추정되는 자목련이 자라고 있다.

형태 갈잎 넓은잎 큰키나무(낙엽활엽교목)　**꽃** 4~5월　**열매** 9월

자목련은 자주색의 꽃이 피는 목련이라는 뜻이다. 자옥란이라고도 불리고, 까치꽃나무라는 예쁜 별칭도 있다. 조선 중기에 간행된 이수광의 《지봉유설》 '훼목부'에는 '순천 선암사에 북향화라는 나무가 있는데, 보랏빛 꽃이 필 때 북쪽을 향한다'라는 기록이 있다. 여기서 이 북향화는 바로 자목련을 말하는 것으로 중국 원산인 자목련이 조선 중기에 상당히 보급되었음을 추정할 수 있다. 따라서 우리나라에 들여온 것은 조선 전기나 그 이전으로 본다.

나무껍질은 회색빛을 띤 갈색이고 작은 가지는 갈색이다. 잎은 타원상의 거꿀 달걀 모양으로 뒷면 맥 위에 짧은 털이 있다. 꽃잎은 6개로 겉은 진한 자주색이고 안쪽은 연자주색이

자목련 잎

자목련 나무껍질

자목련 나무 모양

다. 꽃잎은 피침 모양으로 잎과 동시에 4~5월에 핀다. 열매는 달걀 모양의 타원형으로 9월에 갈색으로 익는다.

중국 원산으로 우리나라는 중부 이남에 많이 자란다. 추위에 약하여 추운 지방에서는 잘 자라지 못한다. 햇빛이 잘 드는 곳에서 꽃이 잘 피고 비옥한 모래흙을 좋아한다.

자목련 외에도 목련 종류는 꽃이 필 즈음 꽃봉오리가 북쪽을 향한다고 알려져 있다. 자목련은 이른 봄에 피며, 주로 사찰 주변에 많이 심는다. 특히 범어사에는 우리나라에서 가장 오래된 것으로 생각되는 자목련이 자라고 있다.

비슷한 종류로 자주목련이 있는데, 꽃 전체가 자주색이 아니라 겉면에는 연한 붉은색을 띤 자주색이고, 안쪽은 희어서 전체가 자주색인 자목련과 구분된다. 또 자목련이 일반 목련과 다른 점은 목련은 잎보다 꽃이 먼저 피나, 자목련은 동시에 피기도 하고 자목련의 잎이 목련의

자목련 꽃봉오리

자목련 꽃

잎보다 약간 작다는 것이다.

중국에서 들여온 식물로 꽃이 아름다워 관상용, 정원용으로 심는다. 북한 개성에는 천연기념물로 지정된 자목련 두 그루가 있다.

자목련 열매

비슷한 나무들

- **목련** : 꽃이 목련과 비슷하나 전체적으로 흰색이지만 기부는 연한 붉은색이다.
- **자주목련** : 꽃잎 겉이 연한 붉은빛을 띤 자주색이고 안쪽이 흰색이다.
- **일본목련** : 높이는 20m로 크며, 잎도 길이가 20~40cm나 되어 매우 크다.

가지가 작살처럼 생긴

133 작살나무 |마편초과|

Callicarpa japonica Thunb.

작살나무라는 이름은 가지 때문이다. 가지가 어느 것이나 원줄기를 가운데 두고 양쪽으로 60도 정도 기울기로 뻗어서 마치 작살처럼 보여 붙여졌다.

형태 갈잎 넓은잎 떨기나무(낙엽활엽관목)　**꽃** 7~8월　**열매** 9~10월

    가을이면 나무들은 저마다 독특한 열매를 맺는다. 열매가 우리가 즐겨 먹는 과일이거나 먹을 수 있는 열매를 맺는 나무는 쉽게 이름을 알 수 있지만 그 외에는 이름을 알기가 쉽지 않다. 작살나무는 그 이름이 무서운 듯하지만 열매는 무서운 느낌의 이름을 잊을 만큼 매우 인상적이다. 마치 물고기가 보랏빛 알을 낳은 것처럼 방울방울 맺혀 있다. 어느 산에나 흔하게 자라는데, 열매가 달리는 모습이 예뻐 많이 심는다.

작살나무 잎

작살나무 껍질

작살나무 모양

   작살나무라는 이름은 가지 때문이다. 가지가 어느 것이나 원줄기를 가운데 두고 양쪽으로 60도 정도 기울기로 뻗어서 마치 작살처럼 보여 붙여진 것이다.

   마편초과의 갈잎 넓은잎 떨기나무로 높이는 2~4m이다. 어린 가지와 새 잎에는 별 모양의 털이 있다. 잎은 마주나며 긴 타원형이다. 잎의 윗부분이 아랫부분보다 넓으며 잎의 끝이 뾰족하여 길게 느껴진다. 잎 가장자리에는 잔톱니가 난다.

   꽃은 7~8월에 연한 자주색으로 취산꽃차례를 이루고 4개로 갈라지며 안에 수술 4개와 암술 1개가 들어 있다. 열매는 지름 4~5mm로 9~10월에 자주색으로 익는다.

   우리나라와 중국, 일본 등지에 자라며, 우리나라의 전국 산과 들에 널리 자란다. 민간요법으로 뿌리와 줄기는 약용한다. 잎은 지혈과 항균 작용을 한다. 열매가 달린 가지는 꽃꽂이 소재로 쓰인다. 꽃말은 총명이다.

작살나무 꽃봉오리

작살나무 꽃

작살나무 덜 익은 열매

작살나무 익은 열매

🌸 비슷한 나무들

- ♠ 흰작살나무 : 열매는 흰색이다.
- ♠ 왕작살나무 : 꽃은 취산꽃차례를 이루며 연한 자주색으로 8월에 핀다.
- ♠ 송금나무 : 작살나무와 비슷하지만 잎의 길이는 3cm 정도이다.

134 쓰임새가 다양한 잣나무 |소나무과|

Pinus koraiensis Siebold & Zucc.

옛말에 '송백의 절개'라는 말이 있다. 이는 소나무와 잣나무를 변하지 않는 지조나 절개로 본 것이다. 송무백열이라는 말도 있는데, 이는 소나무가 무성함을 잣나무가 기뻐한다는 뜻이다.

형태 늘푸른 바늘잎 큰키나무(상록침엽교목) **꽃** 5월 **열매** 이듬해 9~10월

'한 해의 날씨가 추워진 뒤에야 소나무와 잣나무가 시들지 않고 있음을 알게 된다.' 이 말은 사람은 어려울 때 그 의리를 진짜 알 수 있다는 말이다. 평소에는 모두 비슷해 보이지만 상황이 어려워지면 그 의리의 진가가 나타난다는 것이다. 이와 비슷한 옛말에 '송백의 절개'라는 말이 있다. 이는 소나무와 잣나무를 변하지 않는 지조나 절개로 본 것이다.

소나무에 못지않게 목재로서의 가치가 대단하면서도 열매인 잣까지 우리에게 선사해 주는 것이 이 나무의 특성이다. 잣을 식용한 역사는 아주 오래되어 신라 때 중국에 수출까지 했다는 기록이 있을 정도이다. 중국인들은 잣을 신라송이라고 했고, 바다를 건너왔다는 뜻으로 해송자라고도 불렀다.

잣나무 새순

잣나무 잎

잣나무 모양

　잣나무는 높이 30m 정도이고 지름은 1m까지 자라는데 우리나라 전역의 해발 300~1900m 에서 자란다. 추운 곳에서 잘 자라므로 중부 이북지방에서는 300m 이상 되는 지역에서 자라지만 남쪽지방에서는 해발 1000m 이상에 자란다.

　비옥한 땅에서 잘 자라나 건조한 땅에서는 잘 자라지 못하며 어릴 때는 그늘에서도 잘 자라지만 크면서 햇빛을 좋아한다. 또한 추위에는 강하나 바닷바람에는 약하다. 심은 후 12년이 지나면 잣이 열린다.

　나무껍질은 검은빛을 띤 갈색이고 바늘잎은 5개씩 모여나고 양면에 5~6줄의 흰색 기공조선이 있으며 가장자리에는 잔톱니가 있다. 꽃은 5월에 피는데, 암꽃은 초록빛을 띤 노

잣나무 껍질

잣나무 암꽃

잣나무 수꽃

잣나무 열매

잣나무 새싹

란색, 수꽃은 붉은색이다. 열매는 달걀 모양의 원뿔형이며, 씨앗은 회색빛을 띤 갈색이고 날개가 없으며 이듬해 9~10월에 익는다. 열매는 소나무과의 솔방울 중 크기가 가장 크고 먹을 수 있는 씨앗을 품고 있다. 씨앗의 크기는 12~18mm, 지름은 12mm이다.

  잣나무는 목재로도 우수해 전통 가구재, 토목재, 선박재로 사용되나 물에는 약하다. 우리나라는 물론 중국 동북부와 일본, 우수리강, 시베리아 등지에 자란다. 우리나라에서는 특히 가평이 잣나무 재배의 최적지로 전국 잣 생산량의 35%가량을 차지한다. 꽃말은 만족이다.

🌳 비슷한 나무들

- **눈잣나무** : 높이는 4~5m이고 지름 15cm이다. 누워 자라는 특성 때문에 밑동에서 줄기가 여러 개 나오므로 주된 줄기는 없다. 설악산 대청봉 일대에 자란다.
- **섬잣나무** : 울릉도에 자라는 잣나무로 높이는 25m, 지름이 60cm 정도에 달한다. 잎의 감촉이 좋아 관상용으로 기른다.
- **스트로브잣나무** : 섬잣나무보다 잎이 가늘고 열매가 길며 나무껍질이 매끈하다.

135 장미 |장미과|

세계인의 사랑을 받는

Rosa hybrida 'CV'

우리나라에도 야생종 장미가 물론 있다. 찔레꽃이나 돌가시나무, 해당화, 붉은인가목 등은 야생 장미라고 부를 수 있는 나무들이다.

형태 갈잎 넓은잎 떨기나무(낙엽활엽관목)　**꽃** 5~10월　**열매** 10~11월

　장미만큼 사랑받는 꽃이 있을까? 꽃이 크면서도 아름다워 아주 오랜 옛날부터 재배되어 왔는데, 기원전 200년경부터 원예품종으로 재배된 것으로 추정될 정도이다. 특히 유럽 남부에서 많이 재배되었는데, 이는 그리스·로마 시대에 서아시아에서 들여온 야생종과 유럽 지역의 야생종을 교잡시켜 우수한 품질의 장미를 많이 만들어냈던 결과이다.

　장미는 세계적으로 관상용으로 널리 분포된 식물로 주로 북반구의 한대, 아한대, 온대, 아열대에 분포하는데 자생종만도 약 100종 이상이 있는 것으로 알려져 있다. 그중 전 세계에서 가장 많이 심는 장미는 중국산과 유럽산을 교잡 육종한 것이다.

장미 잎

장미 나무껍질

장미 나무 모양

    지금까지 약 2만 5000종의 장미가 개발되었으며, 오늘날만 해도 수천 종의 원예품종이 사람들의 사랑을 받고 있다. 따라서 오늘날 대개 장미라고 하면 자생종과 개량종을 통틀어 이르는 말이 되었다.

    그런데 우리나라에도 야생종 장미가 있을까? 물론 있다. 찔레꽃이나 돌가시나무, 해당화, 붉은인가목 등은 야생 장미라고 부를 수 있는 나무들이다. 그리고 오래전부터 중국으로부터 야생종을 들여와 심었다.

    잔가지는 붉은빛을 띤 갈색이며 날카로운 가시가 있다. 때로는 샘털이 있다. 잎은 어긋나며 잎몸은 잔잎 5~7개로 이루어져 있다. 꽃은 5~10월에 피지만 일 년 내내 피는 품종도 있다. 꽃 색깔은 붉은색을 띤 자주색, 붉은색, 흰색, 연노란색 등 다양하며 겹꽃도 있다. 대개 꽃은 한 개나 몇 개가 가지 끝에 달린다. 겹꽃은 보통 열매를 맺지 않으나 어떤 품종은 둥글고 붉은 열매를 10~11월에 맺는다. 장미는 아름답지만 가지에 가시가 나 있다. 영국 속담에 '가시 없는 장미는 없다'는 말이 있는데, 이는 완벽한 행복은 없음을 의미한다.

장미 꽃(노란색)

장미 꽃(붉은색)

장미 꽃(흰색)

장미 열매

꽃이 아름다워 주로 관상용으로 심어 가꾸지만 씨앗을 장미기름으로 짜서 쓰기도 하며 약용하기도 한다. 장미꽃을 증류하거나 장미유를 물에 녹여 얻은 투명한 액체를 '장미수'라 하여 약품의 냄새나 맛을 조절하는 데 쓰인다. 꽃꽂이용으로 재배도 하지만 가시가 나 있어 생울타리용으로도 심는 나무이며 식용, 약용으로도 심는다. 꽃말은 빨간색의 경우 열렬한 사랑, 흰색은 순결함·청순함, 노란색은 우정·영원한 사랑이다.

🌷 비슷한 나무들
- **덩굴장미** : 덩굴을 벋으며 장미꽃이 피는데, 길이는 5m이고 전체에 밑으로 향한 가시가 드문드문 나 있다.

크리스마스트리로 장식하는

136 전나무 |소나무과|

Abies holophylla Maxim.

종교개혁자인 마틴 루터가 밤하늘을 향해 우뚝 선 전나무가 마치 하느님에게 경배하는 것처럼 보여 전나무를 자기 집에 세운 뒤에 별과 촛불을 매달아 장식했다고 한다.

형태 늘푸른 바늘잎 큰키나무(상록침엽교목)　**꽃** 4월　**열매** 10월

전나무는 나무 모양이 아름다워 유럽에서 크리스마스트리로 많이 이용된다. 그런데 여기에는 유래가 전해진다. 8세기 무렵 독일 지역에 살던 게르만 민족은 떡갈나무에 사람을 바치는 풍습이 전해지고 있었다. 당시 독일에 파견된 선교사는 이러한 풍습을 없애기 위해 옆에 있던 전나무를 가리키며 "저 나무를 집으로 가지고 가서 아기 예수의 탄생을 축하하라"고 설교한 데서 비롯됐다는 것이다. 종교개혁자인 마틴 루터가 처음으로 전나무를 크리스마스트리로 썼다고도 한다. 그는 밤하늘을 향해 우뚝 선 전나무가 마치 하느님에게 경배하는 것처럼 보여 전나무를 자기 집에 세운 뒤에 별과 촛불을 매달아 장식했는데, 그때부터 사람들이

전나무 새잎

전나무 잎

전나무 모양

전나무를 크리스마스트리로 세우기 시작했다고도 전해진다.

　전나무라는 이름은 작은 가지와 잎이 옆으로 퍼져 납작하므로 전과 같이 착착 포갤 수 있는 나무라는 데에서 유래한다. 나무의 줄기를 자르면 하얀 액이 나와 이 유액을 젓이라 하여 젓나무라고 부르기도 한다. 또 줄기에 흰빛이 돈다고 해서 백송 또는 회목이라고도 한다.

　습기가 있고 비옥한 땅을 좋아하는데 어릴 때는 그늘에서도 잘 자란다. 추위에 강하나 공해에는 약하다. 나무껍질은 검은빛을 띤 갈색이며 잎은 피침 모양으로 끝이 매우 뾰족하며 뒷면에 흰색의 숨구멍 줄이 있다. 꽃은 4월에 핀다. 수꽃은 원통형으로 노란빛을 띤 녹색이고 암꽃은 긴 타원형이다. 열매는 원통형으로 10월에 익는다.

　경상남도 기념물 제215호로 지정되어 있는 전나무는 나이가 1000년이 넘고, 높이는 19m, 지름이 5.5m이다. 우리나라에서 가장 큰 전나무는 함양 금대암 전나무로 높이가 40m, 지름이 2.92m로 나이는 500년이며, 경상남도 기념물 제212호로 지정되어 있다. 또한 대구 팔공

전나무 암꽃

전나무 수꽃

전나무 열매

전나무 껍질

산 성전암에 있는 나이 300년의 전나무는 '성철스님 나무'라는 이름을 가지고 있다.

오대산은 전나무 숲이 장관을 이룬다. 이 산에 전나무가 많이 자라게 된 전설이 재미있다. 고려 말 나옹선사(1320~1376)가 오대산 미륵암에서 수도할 때 중대에 있는 적멸보궁에 매일 공양을 올렸다. 그런데 하루는 소나무 가지에 걸렸던 눈이 쏟아지는 바람에 공양이 엉망이 되었다. 난감해하는 스님 앞에 산신령이 나타나 소나무를 심하게 꾸짖더니 "이제부터는 소나무 대신 전나무 아홉 그루가 이 산을 지켜라"라고 했다. 그 뒤로 오대산에는 소나무는 귀해지고 전나무가 울창한 숲을 이루게 되었다고 한다.

비슷한 나무들

♠ 일본전나무 : 잎끝이 2갈래로 갈라진다.

버릴 것 하나 없는
137 조록싸리 |콩과|

Lespedeza maximowiczii C.K.Schneid.

우리나라 산에서 아주 흔하게 볼 수 있는 키가 작은 나무이다. 향수와 정취를 일으키는 나무로 옛날에는 조록싸리로 만든 게 한두 가지가 아니었다.

형태 갈잎 넓은잎 떨기나무(낙엽활엽관목)　**꽃** 6~7월　**열매** 9~10월

　조록싸리는 우리나라 산에서 아주 흔하게 볼 수 있는 키가 작은 나무이다. 향수와 정취를 일으키는 나무로 옛날에는 조록싸리로 만든 게 한두 가지가 아니었다. 빗자루와 각종 농기구는 물론 생활도구, 수공예품 등을 만들었다. 게다가 약재로도 많이 사용했다. 나무 전체를 이뇨제, 신장염 치료제로 썼으며, 나무줄기를 불에 태워 기름을 빼 버짐이나 무좀 치료제로 사용하기도 했다.

조록싸리 잎

조록싸리 잎차례

조록싸리 나무 모양

조록싸리라는 이름은 경상남도 방언에서 유래되었으며 참싸리, 통영싸리라고도 한다.

나무껍질은 갈색이고 세로로 갈라지며 작은 가지는 둥글다. 잎은 3출엽으로 마름모꼴이며 뒷면은 잎자루와 더불어 짧은 털이 빽빽이 난다. 꽃은 보라색으로 6~7월에 핀다. 열매는 꽃받침과 더불어 털이 있으며 9~10월에 익는다.

우리나라와 일본, 중국 등지에 자란다. 우리나라에서는 함경북도를 제외한 전역의 해발 50~1400m에 자란다. 그늘에서도 잘 자라며 척박한 땅에서도 잘 자라는 나무로 사방조림용, 도로변의 경관용으로 심기에 좋은 나무이다. 나무의 잎은 사료용으로, 나무껍질은 섬유용으로, 목재는 신탄재로 사용된다. 꽃도 아름다워 생울타리용, 관상용, 밀원식물용으로 심는다. 꽃말은 '생각이 나요'이다.

조록싸리 꽃

조록싸리 꽃차례

조록싸리 열매

조록싸리 나무껍질

🌳 비슷한 나무들

♠ **흰조록싸리** : 흰색 꽃이 달린다.

♠ **삼색싸리** : 흰색 기판과 자주색 익판 및 붉은색 용골판이 특이하다.

♠ **털조록싸리** : 잎 양면에 털이 빽빽하게 난다.

조리를 만드는 대나무

138 조릿대 | 벼과 |

Sasa borealis (Hack.) Makino

조릿대라는 이름은 쌀을 이는 데에 쓰는 주방기구인 조리를 만드는 대나무에서 유래한다. 지죽, 산죽이라고도 하며, 갓대, 산대, 조리대 등 여러 가지 별칭이 있다.

형태 늘푸른 넓은잎나무(상록활엽수)

조릿대라는 이름은 쌀을 이는 데에 쓰는 주방기구인 조리를 만드는 대나무에서 유래한다. 옛말에 '조리에 옻칠한다'라는 말이 있는데, 이 말은 쓸데없는 일에 괜히 재물을 써 없애거나, 격에 맞지 않게 꾸며서 도리어 흉하다는 뜻으로 쓰인다. 지죽, 산죽이라고도 하며 갓대, 산대, 신우대, 섬대, 기주조릿대, 조리대 등 여러 가지 별칭이 있다.

조릿대의 땅위줄기는 수년간 마르지 않으며 줄기는 굵어지지 않는 특징이 있다. 잎과 같은 구조의 포에는 2~3년간 줄기를 둘러싸고 있으며 털과 더불어 끝에 피침 모양의 잎몸이

조릿대 잎

조릿대 나무껍질

조릿대 나무 모양

조릿대 꽃

있다. 잎은 긴 타원상의 피침 모양이고, 가장자리에는 가시 같은 잔톱니와 털이 있는데 댓잎보다 비교적 크고 넓다.

꽃은 수십 년에서 수백 년 만에 피기 때문에 보기가 매우 어렵다. 또 다른 대나무들처럼 꽃을 피운 다음에는 죽는다. 꽃은 2~5개씩으로 된 조그만 이삭이 총상꽃차례를 이루며 꽃차례는 털과 흰 가루로 덮여 있다.

우리나라와 일본 등지에 자라며, 우리나라 전국의 산 중턱 아래쪽의 숲속에서 군락을 이루며 자란다.

조릿대 열매

비슷한 나무들

- **섬조릿대** : 울릉도 성인봉에 자라며, 잎은 2~7개씩 2줄로 달리고 긴 타원형이다.
- **사사조릿대** : 높이가 15~20cm로 작아 난쟁이조릿대라고도 한다. 군락을 이루며, 잎이 아름다워 관상용으로 많이 심는다.
- **제주조릿대** : 키도 작고 잎도 작다. 겨울에는 잎 가장자리가 말리고 갈라져 줄무늬를 이룬다.

좁쌀 같은 꽃이 흐드러지게 피는

139 조팝나무 |장미과|

Spiraea prunifolia for. *simpliciflora* Nakai

조팝나무에는 해열제 및 진통제 성분이 들어 있어 버드나무에서 추출한 물질과 함께 아스피린의 원료가 된다.

형태 갈잎 넓은잎 떨기나무(낙엽활엽관목)   **꽃** 4~5월   **열매** 9월

옛날 그리스에서는 조팝나무로 화환을 만들었다. 우리말 이름 조팝나무는 다른 뜻으로 마치 좁쌀을 흩뿌린 듯 꽃이 핀다고 해서 붙여진 것이다. 처음엔 조밥나무라고 부르다가 세게 발음되며 조팝나무가 되었다. 조밥나무, 수선국이라고도 한다.

수선국이라는 이름에는 슬픈 전설이 전해진다. 옛날에 수선이라는 효녀가 있었는데, 전쟁에 나가 포로가 된 아버지를 구하러 적국에 들어갔으나 이미 아버지는 돌아가신 뒤였다. 수선은 아버지 무덤에서 조그마한 나무 한 그루를 캐어와 정성껏 가꾸었다. 이 나무에 아름다운 꽃이 흐드러지게 피어나니 세상 사람들은 그 꽃을 수선국이라고 했다고 전한다.

조팝나무 새잎

조팝나무 잎

조팝나무 모양

　밑에서 많은 줄기가 나와 큰 포기를 형성하는데, 줄기에는 능선이 있으며 진한 갈색이다. 잎은 어긋나고 타원형으로 가장자리에 잔톱니가 있다. 꽃은 윗부분의 짧은 가지에 4~5개가 우산 모양의 산형꽃차례로 달리고 꽃잎은 5개로 타원형이며 4~5월에 흰색으로 핀다. 열매는 털이 없고 9월에 익는다.

　우리나라와 중국, 타이완 등지에 자란다. 우리나라에서는 전국의 해발 100~1000m에 이르는 산야에 자란다. 햇빛이 잘 들고 습기가 있는 토양에서 잘 자라고 추위에 강하지만 공해에는 약한 편이다. 꽃이 아름다워 관상용, 약용, 식용, 밀원식물용으로도 심으며 생울타리, 차폐용으로 심기에 적합하다.

　봄에 나오는 새싹은 나물로도 해 먹는다. 약용하기도 하는데, 《동의보감》에 의하면 뿌리는 가래를 삭이며 열이 오르내리는 것을 낮게 한다고 기록되어 있다. 그런데 이 조팝나무에는 해열제 및 진통제 성분도 들어 있어 버드나무에서 추출한 물질과 함께 아스피린의 원료가 된다. 하늘은 동양에는 산삼을 내리고, 서양에는 아스피린을 내렸다고 하는 명약 중의 명약이 바로 아스피린이다.

조팝나무 꽃

조팝나무 열매

조팝나무 껍질

꼬리조팝나무 꽃

🌳 비슷한 나무들

- **꼬리조팝나무** : 산기슭의 물이 있는 곳에 자라며 꽃차례가 줄기 끝에 둥근 뿔 모양으로 모여 달린다.
- **참조팝나무** : 중부 이북에 자라며 어린 가지와 잎에 털이 없고 꽃은 중앙부가 붉은색을 띤다.
- **일본조팝나무** : 잎자루가 있고 꽃차례가 편평하게 퍼지며 꽃 빛깔이 전체가 분홍색이다.
- **공조팝나무** : 중국 원산으로 잎 양면에는 털이 없고 꽃차례는 공 모양으로 모여 달린다.
- **인가목조팝나무** : 경상북도 이북 깊은 산지에 자라며 잎 가장자리에 겹톱니가 있고 뒷면 맥 사이에 털이 있다.

가장 맛난 도토리 열매를 맺는

140 졸참나무 |참나무과|

Quercus serrata Murray

참나무과의 나무 중 도토리가 열리는 나무로 '졸'이라는 이름은 열매와 깍정이가 작다는 것에서 유래한다. 잎도 참나무류 중에는 가장 작다.

형태 갈잎 넓은잎 큰키나무(낙엽활엽교목) **꽃** 5월 **열매** 9~10월

참나무과의 나무 중 도토리가 열리는 나무로 '졸'이라는 이름은 열매와 깍정이가 작다는 것에서 유래한다. 잎도 참나무류 중에는 가장 작다. 줄기는 하나로 곧게 자라고 나무껍질은 회색빛을 띤 흰색이며 세로로 골이 패어 있다. 잎은 타원형의 거꿀 달걀 모양이며 가장자리에는 톱니가 빽빽이 있고 잎맥은 7~12쌍이다. 수꽃은 새 가지 밑부분에서 아래로 처지고, 암꽃은 위로 곧게 서며 5월에 핀다. 열매껍질은 열매를 1/3 미만을 감싸며 열매는 타원형으로 9~10월에 익는다.

우리나라와 일본, 중국 등지에 자라며, 우리나라는 북부의 오지를 제외한 전국의 해발

졸참나무 잎

졸참나무 잎차례

졸참나무 모양

100~1800m인 산기슭이나 계곡의 양지에서 자란다. 완만한 경사지에서 잘 자라며 높은 곳에서도 잘 자란다. 또한 추위와 강하며 자라는 속도도 빠르다.

도토리에는 녹말, 타닌, 단백질, 사포닌, 아콘산, 당분이 들어 있다. 도토리 껍질을 벗긴 열매를 물에 담가 떫은맛을 우려내고 말린 뒤 가루를 내어 묵을 쑤어 먹는데, 그중에서 가장 맛있는 도토리묵은 바로 이 졸참나무의 열매로 만든 것이다. 그러나 도토리묵은 혈관과 장관을 수축시키는 작용을 하므로 많이 먹으면 변비가 생기고 혈액순환이 안 될 수 있으므로 적당량을 먹어야 한다.

한방에서 껍질 벗긴 열매를 상실, 열매껍질을 상실각, 줄기껍질을 상목피라 하는데 지혈, 위장병, 해독, 치질, 설사, 소화불량, 종기, 화상 등에 사용된다. 또 민간요법으로 종기, 화상, 아토피에는 줄기껍질 달인 물로 찜질을 하며, 목에 염증이 있을 때 달인 물을 마시면 좋다. 목재는 재질이 치밀하고 단단하여 가구재나 기구재, 마루판재, 펄프재 등으로 사용된다.

졸참나무 암꽃

졸참나무 수꽃

졸참나무 열매

졸참나무 껍질

또 졸참나무로 참숯을 만들면 단단하면서도 불이 잘 붙고 오래 가기 때문에 예로부터 많이 이용되었고, 나무껍질은 염료로도 쓰였다.

🌳 비슷한 나무들

- **갈졸참나무** : 갈참나무와 졸참나무의 잡종으로 졸참나무에 비해 잎의 톱니가 약간 얕다.
- **졸갈참나무** : 잎의 가장자리에 졸참나무처럼 앞으로 굽은 줄 모양 톱니가 난다. 높이는 20~25m, 지름이 1m이다.
- **신갈졸참나무** : 열매는 갈참나무의 것과 비슷하고, 생김새는 졸갈참나무에 가깝다. 깍정이는 신갈나무와 비슷하며, 잎 뒷면에 나 있는 털은 갈졸참나무와 비슷하다.

작살나무보다 작아서

141 좀작살나무 | 마편초과 |

Callicarpa dichotoma (Lour.) K. Koch

작살나무는 가지가 마치 작살처럼 생겼다고 해서 붙여진 이름이다. 여기에 작다는 의미의 '좀'을 붙였으니 좀작살나무는 작은 작살나무라는 의미이다.

형태 갈잎 넓은잎 떨기나무(낙엽활엽관목)   꽃 7~8월   열매 10월

작살나무는 가지가 마치 작살처럼 생겼다고 해서 붙여진 이름이다. 여기에 작다는 의미의 '좀'을 붙였으니 좀작살나무는 작은 작살나무라는 의미이다. 작살나무는 높이가 2~4m인 반면, 좀작살나무는 1.5m 정도이다. 또 잎에도 차이가 있다. 대개 작살나무의 잎은 가장자리에 톱니가 있지만 좀작살나무의 잎은 위쪽에만 톱니가 있다.

작살나무와 좀작살나무를 구분하는 것은 쉽지 않다. 그러나 이 두 나무를 쉽게 구분하는 방법은 꽃자루를 보는 것이다. 작살나무의 꽃자루는 잎겨드랑이에서 돋지만, 좀작살나무의 꽃자루는 잎겨드랑이에서 좀 떨어져서 돋는다. 또 겨울눈으로도 구별이 가능하다. 작살나무의 겨울눈은 자루가 달린 붓처럼 생겼지만, 좀작살나무의 겨울눈은 둥글게

좀작살나무 잎

좀작살나무 모양

생겼다.

좀작살나무는 마편초과 갈잎 넓은잎 떨기나무이다. 작은 가지는 사각형이며 여러 갈래로 갈라져 별 모양을 이루는 털이 있다. 잎은 마주 달리고 거꿀 달걀 모양 또는 거꿀 달걀 모양의 긴 타원형이다. 잎의 가장자리는 중앙 이상에 톱니가 있고 뒷면에는 별 모양의 털과 더불어 샘점이 있다.

좀작살나무 꽃

꽃은 7~8월에 연한 자줏빛으로 10~20개씩 잎겨드랑이에 취산꽃차례로 달린다. 꽃줄기는 길이 1~1.5cm이며 별 모양의 털이 있다. 열매는 지름이 2~3mm로 작살나무의 열매보다 조금 작으며 10월에 보라색으로 익는다.

꽃은 눈에 잘 띄지 않으나 열매가 아름다워 관상용으로 이용한다. 원산지는 우리나라이며 우리나라, 일본 등에 자란다. 정원, 공원에 조경용 및 경계 식재용으로 적합하다.

좀작살나무 열매

좀작살나무 어린 가지

좀작살나무 껍질

🌳 비슷한 나무들

- ♠ **작살나무** : 높이가 2~4m로 좀작살나무보다 크며, 꽃자루가 잎겨드랑이에서 돋는다. 잎의 가장자리에 톱니가 있다.
- ♠ **새비나무** : 어린 가지에 별 모양의 털이 빽빽하게 난 점이 특징이다.

열매가 종을 닮은

142 종가시나무 | 참나무과 |

Quercus glauca Thunb.

열매가 종을 닮아 종가시나무라고 하며 사계절 내내 푸르다고 해서 사계청으로도 부른다. 한자로는 가서목이라고 한다.

형태 늘푸른 넓은잎 큰키나무(상록활엽교목)   **꽃** 4~5월   **열매** 10~11월

　열매가 종을 닮아 종가시나무라고 하며 제주도에는 가시나무, 가시낭, 버레낭, 속소리라는 토속 이름도 있다. 가시나무에서 '가시'라는 말을 살펴보면 한자 이름에서 비롯된 것을 알 수 있다. 가시나무는 한자로는 가서목이다. 여기에서 '서'는 펼쳐진다는 뜻이므로 이 나무의 특성을 의미한다. 가시나무에 가시가 없는 것이 많으니 바로 이 가서라는 말에서 가시가 온 것이 아닌가 하는 생각이다.

　나무껍질은 초록빛을 띤 회색이다. 어긋나는 잎은 거꿀 달걀 모양이거나 넓은 타원형이다. 잎의 표면은 윤기가 나며 윗부분에는 톱니가 몇 개 난다. 처음에는 잎이 갈색 털로 덮이나 곧

종가시나무 잎

종가시나무 껍질

종가시나무 모양

종가시나무 단풍

종가시나무 암꽃

종가시나무 수꽃

종가시나무 열매

종가시나무 씨앗 발아

사라진다. 암수한그루로 4~5월에 꽃이 피는데, 암꽃은 새 가지의 가운데 잎겨드랑이에서 위로 곧게 선다. 이에 비해 수꽃은 다른 가시나무류처럼 밑으로 처진다. 열매는 타원형 또는 달걀 모양으로 굳은열매이다. 열매의 크기는 1.5~2cm이며 10~11월에 익는다.

우리나라와 일본, 중국, 타이완, 히말라야 산맥 등지에 자란다. 우리나라에서는 제주도, 전라남도 완도, 신안 등 해안 지방에 자란다. 제주도에서는 해발 600m 이하의 산기슭과 계곡에 많이 자라고 있다. 특히 남제주군 안덕면 서광리와 북제주군 한경면 명이동에 걸쳐 있는 곶자왈이라는 숲에는 울창하게 군락을 이룬다. 나무 모양이 멋져 정원수나 가로수 또는 공원수로 심고, 목재는 기구재와 건축재, 차량 및 선박재, 기계재 등으로 이용된다.

비슷한 나무들
♠ 흰민종가시나무 : 잎 뒷면이 푸른빛을 띤 흰색이다.

살아서 천 년, 죽어서도 천 년

143 주목 |주목과|

Taxus cuspidata Siebold & Zucc.

목재는 향기가 좋고 단단해 이용 가치가 높다. 그래서 흔히 주목을 가리켜 '살아서 천 년, 죽어서도 천 년'이라고 표현한다.

형태 늘푸른 바늘잎 큰키나무(상록침엽교목) **꽃** 3~4월 **열매** 8~9월

주목은 백두대간을 따라 군락을 이루며 자란다. 특히 강원도 정선의 두위봉(해발 1466m)의 주목 나무 군락지에는 나무 나이 1400년과 1200년, 1100년이 있을 정도로 오래 사는 나무로도 잘 알려져 있다. 게다가 목재는 향기가 좋고 단단해 이용 가치도 높다. 그래서 흔히 주목을 가리켜 '살아서 천 년, 죽어서도 천 년'이라고 표현한다.

주목 나무 모양

주목 암꽃

주목 수꽃

주목 잎

주목 열매

　주목은 예로부터 절에서는 불상이나 염주를 만드는 데 사용했고, 나무에서 붉은색 염료를 뽑아내 천연염색을 하는 데에도 썼다. 흥미로운 것은 주목 지팡이다. 주목으로 지팡이를 만들면 가벼우면서도 튼튼하며, 붉은색이 잡귀를 쫓아내 이 지팡이를 지니면 장수한다고 믿었다. 이는 부적을 만들 때 주목을 사용한 것과도 관련된다.

　주목이라는 이름은 나무껍질과 속이 붉다고 해서 붙여졌다. 소나무와 비슷하게 생겼다고 해서 적백송이라고도 한다. 서양에서는 옛날에 이 나무로 활을 만들었다. 지방에 따라 화솔나무, 노가리, 적목, 경목, 자백송 등 부르는 이름이 다양하다.

　주목은 아고산대의 능선이나 사면에서 높이는 20m, 지름은 2m까지 자란다. 가지는 사방으로 퍼져서 나무 모양이 매우 아름답고, 나무껍질은 붉은빛을 띤 갈색으로 껍질이 살짝 갈라지는 것이 특징이다. 잎은 줄 모양이며 길이는 1.5~2.5cm이다. 잎의 뒷면에 노란빛을 띤 녹색 줄이 나 있다. 한번 생긴 잎은 2~3년 뒤에 떨어진다. 암수딴그루로 꽃은 3~4월에 잎겨드랑이에 핀다. 암꽃은 연녹색, 수꽃은 연노란색으로 약간의 차이가 있다. 열매는 8~9월에 조그만 앵두처럼 달린다.

우리나라와 일본, 중국 동북부, 시베리아 등지에 자란다. 충청북도 단양의 소백산 주목 군락은 나이 200~500년의 주목 1000여 그루가 자라는 곳으로 천연기념물 제244호로 지정되었고, 정선 두위봉 주목들은 천연기념물 제433호이다. 꽃말은 고상함, 비애, 죽음이다.

주목 나무껍질

🌿 소백산 주목 군락

충청북도 단양군 가곡면 어의곡리에 있는 군락으로 소백산 정상 가까운 경사 지대에 1000여 그루가 자란다. 면적은 14만 8760㎡이고 나이는 200~500년으로 추정된다. 이곳 주목은 줄기가 잘 굽고 가지의 굴곡이 기이해서 눈길을 끄는데, 바람과 눈의 영향인 것으로 생각할 수 있다. 천연기념물 제244호로 지정되어 있다.

🌳 비슷한 나무들

- **설악눈주목** : 원줄기가 옆으로 기며 땅에 닿은 가지에서 뿌리가 내린다. 설악산의 해발 1500m 고지대에서 자란다.
- **회솔나무** : 원줄기가 1개로 뚜렷하고 높게 자라며 잎의 너비가 3~4.5mm이다. 중부 이북과 울릉도에서 자란다.
- **황금눈주목** : 잎이 노란색이며 줄기가 옆으로 누워 자란다.

음력 5월 쑥쑥 자라는

144 죽순대 |벼과|

Phyllostachys pubescens Mazel

옛날에는 음력 5월 13일을 죽취일이라고 하였다. 대나무가 취하는 날로, 비가 자주 와서 대나무가 물을 흠뻑 먹고 쑥쑥 크기 시작하는 때라는 뜻이다.

현대 늘푸른 넓은잎나무(상록활엽수)

옛날에는 음력 5월 13일을 죽취일이라고 하였다. 대나무가 취하는 날로, 비가 자주 와서 대나무가 물을 흠뻑 먹고 쑥쑥 크기 시작하는 때라는 뜻이다. 어린 죽순이 나온 뒤 대개 두 달 이내에 큰 대나무로 자란다.

죽순은 영양도 많고 맛도 좋지만, 연중 맛볼 수 있는 날이 많지 않아 별미 중 별미로 통한다. 죽순대는 죽순을 해 먹는 대나무라고 하여 이름이 붙었으나 흔히 맹종죽으로 불리곤 한다. 맹종죽이라는 이름은 옛날 중국 오나라의 효자 맹종이 모친의 병을 고치려고 엄동설한에 죽순을 얻게 해달라고 기도했더니 땅에서 죽순이 올라왔다고 하여 붙여졌다는 이야기가 전한다. 따뜻한 지역에서 많이 자라 흔히 강남죽으로도 불린다.

마디에 고리가 1개씩 있고, 가지에는 2~3개씩 있다. 5월에 죽순이 나오고, 잎과 같은 구조의 포에는 붉은빛을 띤 갈색 털과 검은 갈색의 반점이 빽빽하게 난다. 가지 끝에 3~8개씩 바늘 모양의 잎이 달린다. 잎 가장자리의 잔톱니는 빨리 사라지는 것이 특징이

죽순대 죽순

죽순대 나무 모양

죽순대 죽순과 줄기

죽순대 나무껍질

죽순대 뿌리

다. 꽃은 5~7월에 원추꽃차례로 달리는데, 작은 이삭에 암수한꽃 1개와 암수딴꽃 2개가 들어 있다. 잎과 같은 구조의 포는 거꿀 달걀 모양이다.

중국 원산으로 우리나라에서는 남부지방에서 재배한다. 양지를 좋아하나 음지에서도 잘 자라는 편이며, 비옥한 곳에서 잘 자란다. 공해에 강하고 바닷가에서도 잘 자라는 편이다.

왕대와 솜대 그리고 죽순대 중에서는 죽순대의 죽순이 가장 크다. 죽순에는 단백질과 당질, 지질, 섬유질 등과 칼슘, 인, 철, 염분 등의 영양소가 들어 있다. 싹은 모순이라 하며 약용한다.

🌳 비슷한 나무들

♠ **왕대** : 높이는 20m 정도로 자라며, 줄기는 녹색에서 노란빛을 띤 녹색으로 변한다.
♠ **솜대** : 높이가 10m 이상이고 죽순은 4~5월에 나오며 붉은빛을 띤 갈색이다.

잎끝이 세 갈래로 갈라지는

145 중국단풍 |단풍나무과|

Acer buergerianum Miq.

한자 이름은 삼각풍, 영어 이름은 three-toothed maple, tridentmaple이다. 이름을 통해 잎끝이 세 갈래로 갈라진 단풍이라는 것을 알 수가 있다.

형태 갈잎 넓은잎 큰키나무(낙엽활엽교목)   꽃 4월   열매 9~10월

중국단풍은 중국 단풍나무라는 뜻으로 당단풍나무, 세뿔단풍, 세갈래단풍나무, 메시닥나무라고도 한다.

중국이 원산이며, 높이는 15m 정도이고 나무껍질은 갈색으로 벗겨진다. 잎은 가장자리가 3개로 얕게 갈라지고 삼각형으로 밋밋하며 뒷면은 연한 녹색이고 흰 가루로 덮여 있다. 꽃은 가지 끝에 여러 개가 모여 우산 모양의 산형꽃차례를 이루며 꽃차례에 털이 있고 노란빛을 띤 녹색으로 4월에 핀다. 날개 모양의 열매는 노란빛을 띤 갈색으로 9~10월에 익는다.

중국단풍 잎

중국단풍 꽃

중국단풍 나무 모양

중국단풍 열매

중국단풍 나무껍질

우리나라와 중국 등지에 자란다. 줄기가 곧게 올라가고 나무 모양이 서로 비슷비슷하고 건강하게 보이며 단풍이 아름다워 가로수로 흔히 심는다. 가로수 전용 나무로 입지 조건에 대한 적응력도 강하고 도시 환경에 알맞은 생태를 갖고 있어 우리나라에서도 볼 만한 가로수가 만들어지는 나무이며 가을의 단풍도 아름답다.

비슷한 나무들

- **청단풍** : 가을에 짙은 붉은색 단풍이 드는 것을 제외하고 잎은 항상 녹색을 띤다.
- **설탕단풍** : 수액으로는 메이플시럽을 만들며 사탕단풍이라고도 한다. 캐나다 국기에 그려진 잎은 바로 설탕단풍의 잎이다.

우리 민족의 꽃

146 진달래 | 진달래과 |

Rhododendron mucronulatum Turcz.

달래보다 더 진하다 하여 진달래라고 했다고도 하는데, 꽃을 먹을 수가 있어 참꽃이라고도 하고 진달내, 진달래 나무, 참꽃나무, 두견화라고도 한다.

형태 갈잎 넓은잎 떨기나무(낙엽활엽관목) **꽃** 3~4월 **열매** 10월

나 보기가 역겨워 가실 때에는 말없이 고이 보내 드리오리다
영변의 약산 진달래꽃 아름따다 가실 길에 뿌리오리다
가시는 걸음걸음 놓인 그 꽃을 사뿐히 즈려 밟고 가시옵소서
나 보기가 역겨워 가실 때에는 죽어도 아니 눈물 흘리오리다

김소월의 〈진달래꽃〉

봄이면 산을 붉게 물들이는 진달래는 국화인 무궁화 못지않게 우리 민족의 꽃이라고 할 만하다. 달래보다 더 진하다 하여 진달래라고 했다고도 하는데, 꽃을 먹을 수가 있어 참꽃이라고도 하고 진달내, 진달래 나무, 참꽃나무, 두견화라고도 한다. 두견화라는 이름은 옛날 촉나라 임금 우두가 억울하게 죽어 그 넋이 두견새가 되었고, 두견새가 울면서

진달래 잎

진달래 나무 모양

토한 피가 두견화로 변했다는 데에서 유래한다.

　진달래 하면 꽃도 아름답지만 먹을 수 있어 예로부터 꽃잎으로 화전을 부쳐 먹고 술을 담가 마시기도 하는데 진달래꽃으로 담근 술을 두견주라고 한다. 그러나 너무 많이 먹으면 시력이 나빠진다고 하니 적당량을 먹어야 한다.

　잎은 어긋나며 긴 타원형으로 끝이 뾰족하고 약간 광택이 난다. 꽃은 암수한꽃으로 잎겨드랑이에 1개씩 또는 2~5개가 모여 달리며 깔때기 모양으로 연한 붉은색이다. 꽃은 3~4월에 잎보다 먼저 피고 열매는 원통형으로 10월에 익는다.

　원산지는 우리나라이다. 우리나라와 일본, 중국, 몽골 등에 자란다. 우리나라는 전국 산야의 저지대나 높은 산, 계곡, 바위 위, 척박한 땅 등을 가리지 않고 잘 자란다. 맹아력도 강하지만 공해에는 약해 도심지에서는 잘 자라지 못한다.

　우리나라 곳곳에 진달래가 아름답게 피는 곳이 많은데, 그중에서도 여수의 영취산이 가장 유명하다. 4월이 되면 푸른 다도해를 배경 삼아 온 산이 분홍빛으로 물드는데, 면적이 무려

진달래 꽃봉오리

진달래 꽃

진달래 열매

진달래 나무껍질

10만 평에 이르는 국내 최대의 군락지이다. 진달래 군락지를 걷는 꽃 산행은 봄바람 속에 진달래꽃 내음까지 더해져 그야말로 환상적이다.

　꽃이 아름다워 관상용으로 심는다. 한방에서는 꽃을 약으로 쓰는데 진해, 혈액순환, 기침, 혈압 등에 좋다고 알려져 있다. 줄기로는 숯을 만들어 숯 물로 삼베나 모시를 물들이면 푸른빛이 도는 회색 물이 든다.

🌱 비슷한 나무들

- ♠ **털진달래** : 작은 가지와 잎에 털이 있다.
- ♠ **흰진달래** : 꽃이 흰색이다.
- ♠ **반들진달래** : 잎 표면에 광택이 있고 양면에 사마귀 같은 돌기가 있다.
- ♠ **한라산진달래** : 열매가 가늘고 길다. 타퀘진달래라고도 하는데, 타퀘는 프랑스인 신부의 이름인 '타퀘(Taquet)'에서 따왔다.
- ♠ **제주진달래** : 키가 작고 꽃도 작으며 5개의 수술이 있다. 한라산 꼭대기 근처에서 자란다.

동백기름 대신 쓰던 기름나무

147 쪽동백나무 |때죽나무과|

Styrax obassia Siebold & Zucc.

나뭇잎이 쪽진 머리 모양을 하고 있어 쪽동백나무라고 이름을 붙였다고 한다. 영어 이름은 snowbell로 때죽나무와 같은데, 이것으로 쪽동백나무가 때죽나무와 혼동되어 불리는 것을 알 수가 있다.

형태 갈잎 넓은잎 작은큰키나무(낙엽활엽소교목)　꽃 5~6월　열매 9~10월

나뭇잎이 쪽진 머리 모양을 하고 있어 쪽동백나무라고 이름을 붙였다고 한다. 잎 가장자리의 윗부분에 잔톱니가 있다는 데서 톱니라는 뜻의 쪽과, 열매에서 짠 기름을 동백기름처럼 쓴다고 해서 쪽동백나무라고 했다고도 하며, 동백 씨앗보다 작아 쪽을 붙여 쪽동백나무라고 부르게 되었다고도 한다. 정나무, 때쪽나무, 물박달, 산아즈까리나무, 개동백나무, 왕때죽나무, 물박달나무, 산아주까리나무, 때죽나무 등으로도 불린다.

작은 가지의 나무껍질은 갈색으로 벗겨진다. 잎은 어긋나며 뒷면에는 회색 잔털이 많고 잎자루는 짧다. 꽃은 암수한꽃으로 5~6월에 새로 난 가지에 총상꽃차례로 하얀 통꽃 20개가 밑으로 처지면서 달린다. 열매는 원형이며 9~10월에 회색빛을 띤 녹색으로 익는다.

우리나라와 일본, 만주, 중국에 자란다. 우리나라에서는 황해도 이남의 해발 100~1800m에 자란다. 추위에 강해 우

쪽동백나무 잎

쪽동백나무 모양

리나라 전역에서 겨울을 나는 나무이며 공해에도 강해 도심지의 공원에 심기에 적합하다.

앞에서 살펴보았듯 쪽동백나무는 때죽나무와 꽃과 열매의 모양 등이 매우 비슷하다. 둘 다 향이 좋고 향수나 머릿기름의 원료가 되어 더욱 헷갈리는데, 꽃이 달리는 방식과 열매의 크기가 약간 다르다. 때죽나무는 1~3cm의 꽃자루에 2~5개의 꽃이 달리는 반면, 쪽동백나무는 0.8~1cm의 꽃자루에 20개 정도의 꽃이 달린다. 열매는 쪽동백나무가 약간 더 크다.

꽃의 향기가 좋아 관상수와 공원수의 용도로, 열매는 기름을 짜서 쓰는 용도로 심는다. 목재는 나이테가 보이질 않을 정도로 결이 곱고 아름다워서 그림이나 글씨를 써넣을 수 있는 미술용 도구나 화구 또는 각종 조각이나 기구를 만드는 데 사용한다.

한편 한방에서 꽃을 옥령화라 하는데, 화를 풀어주고 생리작용을 활성화시키며 기관지염, 신경통, 요충제거, 종기의 염증을 가라앉히는 등 그 효능이 때죽나무와 거의 같다고 한다.

쪽동백나무 꽃

쪽동백나무 꽃차례

쪽동백나무 열매

쪽동백나무 껍질

비슷한 나무들

- **좀쪽동백나무** : 쪽동백나무에 비해 잎이 약간 작으며 잎의 위 가장자리에 불규칙하게 깊게 팬 톱니가 있다.
- **흰좀쪽동백** : 잎 뒷면에 흰색 털이 빽빽이 난다.
- **나래쪽동백** : 일본 원산으로 꽃차례에 별 모양의 털이 빽빽하게 난다. 씨앗은 기름을 짜는 데 쓰인다.

148 찔레꽃 |장미과|

줄기에 가시가 많은

Rosa multiflora Thunb.

새순은 먹을 것이 귀했던 옛날 어린이들이 자주 먹기도 했으며, 김치로 담가 먹기도 했다. 꽃은 물에 우려 차로 마시거나 전을 부쳐서 먹는다.

형태 갈잎 넓은잎 떨기나무(낙엽활엽관목) **꽃** 5월 **열매** 9~10월

대개 찔레꽃 하면 흰 꽃을 떠올리기 마련이다. 그러나 실제로 붉게 피는 찔레꽃도 있다. 봉오리가 생길 때 붉게 되었다가 점차 흰색으로 변한다.

찔레라는 이름은 가시가 많아 잘 찔리는 나무라는 뜻이다. 찔룩나무, 질구나무, 질꾸나무, 가시나무, 들장미, 야장미, 영실, 자매화, 자매장미화, 새비나무라고도 하는데, 여기에서 들장미나 야장미란 찔레꽃이 야생장미라는 의미이다. 오늘날 장미의 할아버지쯤으로 봐도 된다.

흔히 덩굴성으로 되며 작은 가지에 가시가 많이 나 있다. 잎은 깃꼴 겹잎으로 어긋나고 5~9개의 잔잎은 타원형으로 양 끝이 좁고 톱니가 있다. 꽃은 새 가지 끝에 원추꽃차례를 이

찔레꽃 새순

찔레꽃 잎과 잎차례

찔레꽃 나무 모양

찔레꽃 무리

찔레꽃

루며 작은 꽃자루에는 털이 거의 없고 흰색 혹은 연한 붉은색으로 향기가 좋다. 꽃은 5월에 피며 열매는 9~10월에 붉은빛으로 익는다. 씨앗은 흰색으로 털이 나 있다.

　우리나라와 일본, 중국에 자라는데, 우리나라에서는 전국 산야의 양지바른 산기슭이나 골짜기, 냇가에서 자란다. 꽃과 열매가 아름다워 관상용으로 심으며 가시가 있어 담장의 생울

찔레꽃 덜 익은 열매

찔레꽃 익은 열매

찔레꽃 어린 가지

찔레꽃 나무껍질

타리용으로 심기도 하는데 열매와 뿌리는 식용, 약용한다. 특히 새순은 먹을 것이 귀했던 옛날 어린이들이 자주 먹기도 했으며, 김치로 담가 먹기도 했다. 꽃은 물에 우려 차로 마시거나 전을 부쳐서 먹는다. 비타민 C, 비타민 P, 타닌, 아스트라갈린, 사포닌, 지방산, 아미노산, 루틴 등이 들어 있어 맛은 약간 떫고 시큼하면서도 달짝지근하다. 한방에서 뿌리를 장미근, 잎을 장미엽, 꽃을 장미화, 열매를 영실 또는 장미자라 한다. 꽃말은 고독, 주의 깊다 등이다.

비슷한 나무들
- 돌가시나무 : 꽃은 5~6월에 흰색으로 피고, 잎은 어긋나며 가장자리에 톱니가 있다.

잎으로 차를 만들어 마시는

149 차나무 |차나무과|

Camellia sinensis L.

차나무는 다(茶)에서 유래된 이름이다. 이를 중국 발음으로도 '차'라고 한다. 잎을 따서 차를 만들지만 풀이 아니고 나무이다.

형태 늘푸른 넓은잎 떨기나무(상록활엽관목) **꽃** 10~11월 **열매** 이듬해 10~11월

차는 커피와 함께 전 세계인들이 가장 즐기는 기호식품이다. 커피나무는 늘푸른 큰키나무로 아프리카 원산이며, 차나무는 차나무과의 늘푸른 떨기나무로 중국이 원산지이다. 각각 동서양의 기호식품을 대표한다고 하겠다. 그러나 요즘은 동서양의 구분이 없어져 커피의 진한 향을 즐기는 사람들이 많아지는 반면, 차의 은은한 향을 천천히 음미하는 사람들도 많아졌다. 차는 피로를 풀어주고 머리를 맑게 하며 성인병 예방에도 효능이 뛰어난 것으로 알려져 있다.

차나무 잎

가지가 많이 달려 나무 모양이 단정하고 아름답다. 잎은 어긋나며 긴 타원형으로 길이는 4~10cm, 너비는 2~4.5cm이고 가장자리에는 물결 모양의 톱니가 있다. 꽃은 암수한꽃으로 1~3개가 잎이 난 자리 또는 줄기 꼭대기에서 흰색으로 10~11월에 피며 향기가 있다. 꽃받침조각은 5~6개이고 꽃자루는 길이

차나무 모양(쌍계사)

6~10mm이다. 열매는 둥글며 지름 2~2.5cm이고 이듬해 10~11월에 검은빛을 조금 띤 갈색으로 익으며 3갈래로 갈라진다.

중국 원산으로 열대와 아열대, 온대 지역에 널리 자란다. 양쯔강과 주장강, 메콩강, 이라와디강 등의 연안 지대에 자란다. 이들 강은 티베트와 쓰촨성의 경계를 이룬 산악지대를 흐르므로 이곳이 바로 차나무의 원산지로 여겨진다.

우리나라에는 통일신라 때 도입되어, 하동 쌍계사 일대가 처음으로 재배된 시배지로 알려져 있다. 828년 김대렴이 당나라에서 처음 차의 씨앗을 가져와 심었다고 알려져 있지만, 가락국 수로왕비인 허황옥이 처음 차의 씨앗을 들여왔다는 설도 있다. 쌍계사 차나무 시배지는 경상남도 기념물 제61호로 지정되어 있다. 초기에는 주로 사찰 주변에 심었으나 지금은 따뜻한 경상남도, 전라남도 지역의 여러 곳에서 자라고 있다.

우리나라에 자라는 차나무의 품종은 추위에 강하고 많은 양을 생산할 수 있는 나무로 주

차나무 꽃

차나무 열매

차나무 씨앗

차나무 껍질

로 녹차용이다. 중국 대엽종은 잎이 타원형으로 크며 주로 중국의 쓰촨성, 윈난성에 자란다. 인도 아삼종은 인도 아삼 주가 원산지인 방울열매로 여러 가지 변종이 많은데, 주로 인도 아삼, 매니푸, 카차르에서 많이 생산된다. 한편 미얀마의 산종은 미얀마의 샨 공원이나 타이 북부지방에 자란다.

   어린싹과 잎은 녹차와 홍차를 만드는 데 이용하며 열매는 기름을 짠다. 목재는 단추를 만드는 데 사용된다. 주로 기호식품의 차용으로 심지만 늘푸르며 키가 큰 나무여서 생울타리용으로 심기도 하며 가정에서 관상용 실내식물로 키우기도 한다.

잎으로 떡을 만들어 먹던

150 참느릅나무 | 느릅나무과 |

Ulmus parvifolia Jacq.

느릅나무 하면 옛날 잎을 따서 밀가루나 콩가루 등을 묻혀 떡을 만들어 먹던 식품이다. 이름에 '참' 자가 붙은 것은 느릅나무류에서도 가장 뛰어난 나무라는 뜻이다.

형태 갈잎 넓은잎 큰키나무(낙엽활엽교목) **꽃** 9월 **열매** 10월

느릅나무 하면 옛날 잎을 따서 밀가루나 콩가루 등을 묻혀 떡을 만들어 먹던 식품이다. 김매순의 《열양세시기》에도 4월 초파일에 느릅나무 잎으로 떡을 하고 볶은 콩을 먹는다고 했다. 특히 느릅나무는 한방에서 자주 약재로 사용되었다. 줄기껍질을 유피, 뿌리껍질을 유근피, 잎을 유엽이라고 하여 장과 폐를 튼튼하게 하고 소변이 잘 나오게 하며 염증을 가라앉히고 새살을 돋게 하는 효과가 있다고 한다. 《동의보감》에도 대소변을 잘 통하게 하며 장, 위의 열을 없애 장염에 효과적이고 부기를 가라앉히며 불면증, 위장병에 좋다고 나온다.

참느릅나무 잎

참느릅나무 껍질

참느릅나무 모양

　이름에 '참' 자가 붙은 것은 느릅나무류에서도 가장 뛰어난 나무라는 뜻이다. 줄기는 곧게 자라며 작은 가지에는 털이 있고 나무껍질은 붉은빛을 띤 갈색으로 두꺼우며 잘게 갈라진다. 잎은 타원형 또는 거꿀 달걀형의 피침 모양으로 두툼하고 좌우가 같지 않으며 짧은 톱니가 있다. 양면 모두 털이 없고 표면에 광택이 있으며 측맥은 10~20쌍이다. 꽃은 9월에 피고, 열매는 10월에 갈색으로 익으며 타원형으로 날개가 달려 있다.

　우리나라와 일본, 타이완, 중국 등지에 자란다. 우리나라에서는 중부 이남의 해발 50~1100m에서 자란다. 습기가 많은 계곡이나 하천, 호숫가 또는 평지에 자란다. 햇빛이 들고 습기가 있는 땅에서 잘 자라나 그늘에서도 잘 자라며 추위에도 잘 견딘다. 나무 모양이 아

참느릅나무 꽃

참느릅나무 덜 익은 열매

름답고 나무껍질이 독특하여 공원수나 가로수로 심으며, 목재는 건축재와 기구재, 선박재, 세공재, 땔감 등으로 쓰인다.

참느릅나무 익은 열매

🌳 비슷한 나무들

- ♠ **혹느릅나무** : 가지에 코르크가 발달되어 있다.
- ♠ **민느릅나무** : 작은 가지에 털이 없고 잎 표면에 윤이 난다.
- ♠ **둥근참느릅나무** : 씨앗 모양이 거의 둥글며 계룡산에 자란다.
- ♠ **당느릅나무** : 씨앗이 있는 부분에 짧고 부드러운 털이 있다.
- ♠ **느릅나무** : 잎 앞면은 거칠고 뒷면 맥 위에는 짧고 거센 털이 나 있다.

먹을 수 없는 개꽃

151 철쭉 | 진달래과 |

Rhododendron schlippenbachii Maxim.

철쭉은 진달래와 비슷하게 생겼다. 진달래꽃은 먹을 수 있어서 참꽃이라고 하는 반면, 철쭉꽃은 먹지 못하므로 개꽃이라고도 한다.

형태 갈잎 넓은잎 떨기나무(낙엽활엽관목) **꽃** 5월 **열매** 10월

철쭉은 진달래와 비슷하게 생겼다. 진달래는 잎보다 꽃이 먼저 피나, 철쭉은 잎과 꽃이 동시에 피는 점이 다르다. 또 철쭉은 꽃잎 안쪽에 붉은빛을 띤 자주색의 반점이 있고, 꽃에 끈끈한 물질이 있어 구분이 간다. 진달래꽃은 먹을 수 있어서 참꽃이라고 하는 반면, 철쭉꽃은 먹지 못하므로 개꽃이라고도 한다. 이 밖에도 함박꽃, 척촉, 철죽 등으로도 불리는데, 척촉에서 철쭉으로 바뀐 것으로 보인다. '척' 자는 머뭇거린다는 뜻인데, 꽃에 독이 있어서 양이 가까이 가지 못하고 머뭇거린다고 해서 붙여졌다.

줄기는 곧게 자라고 굵은 가지를 많이 내며 나무껍질은 회색빛을 띤 갈색으로 오래되면 갈

철쭉 잎

철쭉 나무껍질

철쭉 나무 모양(봄)

라진다. 잎은 어긋나고 가지 끝에 5개씩 모여 달리며 거꿀 달걀 모양이다. 꽃은 암수한꽃으로 3~7개씩 가지 끝에 모여 우산 모양의 산형꽃차례를 이루며 달린다. 연한 붉은색의 꽃잎 안쪽에 붉은빛을 띤 자주색 반점이 있으며 잎과 함께 5월에 핀다. 진달래와는 달리 꽃에 끈끈한 물질이 있어 먹지는 못한다. 열매는 긴 타원형이며 10월에 익는다.

우리나라와 중국, 일본 등에 자라는데, 우리나라에서는 전국의 해발 100~2000m의 산야에 자란다. 음지와 한지를 가리지 않고 잘 자라는데 주로 나무숲이나 그늘진 곳에서 잘 자란다. 추위에 강하나 물에는 약하다.

꽃이 아름다워 관상수, 정원수로 심으며 목재는 조각재로 사용된다. 꽃은 약용으로

철쭉 꽃

철쭉 열매

철쭉 나무 모양(겨울)

하는데 강장, 이뇨, 위장병 등에 효능이 있다. 꽃에 독성이 있으나 그리 독하지 않고 약해서 벌들이 잠시 기절했다가 곧 깨어날 정도라고 한다.

우리나라에는 철쭉이 유명한 곳이 많은데, 설악산과 소백산, 황매산 등지가 대표적이다. 이들 산에서는 해마다 철쭉제를 벌이며 산신령에게 제사를 지내기도 한다.

철쭉 겨울눈

비슷한 나무들
- **산철쭉** : 서울 북한산 등에서 자라는 나무로 연한 붉은빛을 띤 자주색의 꽃이 피는데, 꽃이 아름다워 정원수나 관상수로 심는다.
- **겹산철쭉** : 산철쭉과 비슷하나 겹꽃으로 핀다.
- **흰철쭉** : 꽃이 흰색으로 핀다.
- **황철쭉** : 일본 원산으로 꽃 색깔이 노란색이다.

향신료로 쓰이는

152 초피나무 | 운향과 |

Zanthoxylum piperitum (L.) DC.

초피나무는 산초나무와 같은 과 나무로 서로 비슷해 구분하기가 쉽지 않다. 산초나무는 여름인 6~8월에 꽃이 피는 반면, 초피나무는 봄인 5~6월에 핀다.

형태 갈잎 넓은잎 떨기나무(낙엽활엽관목)   **꽃** 5~6월   **열매** 9~10월

초피나무는 산초나무와 같은 과 나무로 서로 비슷해 구분하기가 쉽지 않다. 산초나무는 여름인 6~8월에 꽃이 피는 반면, 초피나무는 봄인 5~6월에 핀다. 또 산초나무는 가시가 서로 어긋나게 달리나, 초피나무는 가시가 두 개씩 마주나게 달린다. 한 가지 더 따져보면 산초나무 잎의 톱니는 작은 톱니 모양이지만, 초피나무는 잎 가장자리가 물결 모양의 톱니가 있고 샘점이 있어 특유의 냄새를 풍기는 점이 다르다. 그리고 보통은 산초나무는 초피나무의 대목으로 사용된다.

우리나라와 중국, 일본 등지에 자란다. 남부지방과 중부 해안지대의 따뜻한 곳에서 잘 자라는데 추위에 약하고 스트레스에 민감한 편이다. 전피, 제피나무(경상남도), 상초나무, 산초나무(어청도), 좀피나무, 조피나무라고도

초피나무 잎과 줄기에 난 가시

초피나무 모양

부른다.

  턱잎이 변한 가시는 밑으로 약간 굽었으며 마주보고 달린다. 잎은 9~10개의 잔잎으로 된 홀수 깃꼴 겹잎이고 잔잎은 달걀 모양의 타원형이며 가장자리에 4~7개의 물결 모양의 톱니가 있다. 꽃은 암수딴그루로 연한 노란빛을 띤 녹색의 꽃이 5~6월에 핀다. 열매는 붉은빛을 띤 갈색으로 9~10월에 익는다.

  향신료와 약재로 사용하기 위해 심는다. 추어탕에 넣어 비린내를 없애주는 향신료를 흔히 산초라고 부르지만 대부분 산초가 아니라 초피이다. 산초보다 향이 훨씬 강해 비린내를 훨씬 줄여준다. 어린잎에는 특이한 향기가 있어 국이나 된장국을 끓일 때 사용하고, 차를 만들어 마시며, 줄기는 식혜를 만드는 데 사용된다.

초피나무 암꽃

초피나무 수꽃

초피나무 열매

초피나무 열매껍질(향신료로 사용)

초피나무 껍질

비슷한 나무들

- ♠ 산초나무 : 여름에 꽃이 피며 가시가 서로 어긋나게 달린다.
- ♠ 왕초피나무 : 높이는 2~5m이다. 작은 가지는 잔털이 나며 가시는 길이 6~12cm로 마주난다.

척박한 땅에서 굳세게 크는
153 측백나무 | 측백나무과 |

Thuja orientalis L.

조선 초기 학자 서거정은 대구 십경의 하나로 도동 측백나무 숲을 노래했다. 우리나라에 천연기념물로 지정된 나무 혹은 숲이 많은데, 그중 천연기념물 제1호가 바로 도동 측백나무 숲이다.

형태 늘푸른 바늘잎 큰키나무(상록침엽교목) **꽃** 4월 **열매** 9~10월

옛 벽에 푸른 측백 옥창같이 자라고
그 향기 바람 따라 철마다 끊이지 않네
정성들여 심고 가꾸기에 힘쓰면
맑은 향 온 마을에 오래 머무르리
　　　　　서거정의 〈북벽향림〉 중에서

조선 초기 학자 서거정은 대구 십경의 하나로 도동 측백나무 숲을 노래했다. 우리나라에 천연기념물로 지정된 나무 혹은 숲이 많은데, 그중 천연기념물 제1호가 바로 도동 측백나무 숲이다. 도동에 있는 자그마한 향산의 비탈이 온통 측백나무로 덮여 있다.

소나무와 더불어 선비의 절개와 기상을 나타내는 대표적인 나무이다. 옛 글에 '군자는 소나무나 측백나무 같아서 홀로 우뚝 서서 남에게 의지하지 않지만, 간사한 사람은 등

측백나무 모양

나무나 겨우살이 같아서 다른 물체에 붙지 않고는 스스로 일어나지 못한다'는 내용이 나올 정도이다.

측백이란 이름은 잎이 납작하게 한쪽으로 치우쳐 달려 붙여진 것이다. 또 이 나무의 열매 모양을 뜻하기도 하며 서쪽을 향해 몸을 기울이고 있어서 붙여진 것이기도 하다.

나무껍질은 회색빛을 띤 갈색이며 세로로 깊게 갈라진다. 잎은 비늘 모양으로 끝이 뾰족한 달걀 모양으로 흰 점이 약간 있다. 수꽃은 1개가 지난해 가지 끝에 달걀 모양으로 피고, 암꽃은 공 모양으로 연한 자줏빛을 띤 갈색이며 4월에 핀다. 열매는 달걀 모양으로 겉에 갈고리 같은 돌기가 있으며, 씨앗은 회색빛을 띤 갈색으로 날개가 없고 9~10월에 익는다.

햇빛을 좋아하나 그늘진 곳과 건조지에서도 잘 자라고 추위에도 강하며 석회암지대의 지표식물이기도 하다. 또한 싹을 잘 틔우며 자라는 속도도 빠르고 잎이 치밀하며 나무의 모양도 좋은 데다 공해에도 강한 편이어서 도심지의 빌딩이나 아파트의 경관림, 생울타리용으로 심기에 적합하다.

편백 나무는 측백나무와 흡사하게 생겼다. 편백 나무 잎은 끝이 둥글고 잎 뒷면에 하얀 기공선이 Y자 형태를 하고 있으며, 측백나무 잎은 뾰족하고 기공선이 안 보이므로 잎의 앞뒤를 보면 알 수가 있다. 또 열매를 보면 확연히 구별되는데, 측백나무 열매는 공 모양으로 끝부분에 작은 돌기들이 나 있는 반면, 편백 나무 열매는 동그랗다.

우리나라, 중국, 러시아 등지에 자란다. 대구 향산의 측백나무림 외에도 우리나라 곳곳에 천연기념물로 지정된 측

측백나무 잎

측백나무 암꽃

측백나무 수꽃

측백나무 열매

측백나무 씨앗

백나무가 많은데, 서울 삼청동 국무총리 공관에 서 있는 측백나무는 단일 나무로는 드물게 천연기념물 제255호로 지정되었다. 높이 11m, 가슴 높이 둘레 2.25m로 나이는 300년 이상으로 추정된다. 이 밖에도 안동 구리 날마을 측백나무 숲에는 300여 그루가 자라며 천연기념물 제252호로 지정되었고, 영양 감천리 측백나무 숲은 천연기념물 제114호로 지정된 이름난 측백나무 군락지이다.

측백나무 껍질

열매는 약재로 사용하는데 식은땀, 신경쇠약, 불면증에 효과가 있다고 한다. 또 어린잎과 가지는 항균, 진정, 스트레스 완화, 공기정화, 알레르기 및 피부병 등에 사용한다. 일본에서는 욕조의 90% 이상이 측백나무 재목으로 만들어진다. 꽃말은 기도, 견고한 우정이다.

비슷한 나무들

- **서양측백나무** : 북아메리카 원산의 정원에 심는 나무로, 잎에 짙은 향기가 있고, 열매는 삼각형의 돌기가 있는 달걀 모양이며, 씨앗에 좁은 날개가 있다.
- **편백** : 일본 원산으로 잎 뒷면에 Y자 모양의 숨구멍이 있고, 열매가 둥근 공 모양이다.
- **화백** : 일본 원산으로 바늘잎의 뒷면이 매우 하얗고, 열매는 둥글다.
- **눈측백** : 우리나라 특산으로 중부 이북의 높은 산꼭대기 부근에서 자란다. 잎의 뒷면이 흰 가루로 덮인 것처럼 보이고 향기가 강하다.

꽃이 청초하여 귀한

154 치자나무 | 꼭두서니과 |

Gardenia jasminoides J. Ellis

예로부터 노란색 염료로 이용되어 온 치자나무는 꽃과 향기도 뛰어나다. 중국의 대표 시인 소동파는 '숲속의 부처'라 했으며, 강희안도 치자나무 꽃을 귀한 꽃으로 극찬하였다.

형태 늘푸른 넓은잎 떨기나무(상록활엽관목) **꽃** 6~7월 **열매** 10~11월

예로부터 노란색 염료로 이용되어온 치자나무는 꽃향기가 뛰어나다. 중국의 대표 시인 소동파는 '숲속의 부처'라 했으며, 세종의 셋째 아들인 안평대군은 치자나무 꽃을 옥잠화, 목련과 함께 청초한 꽃이라며 명화로 분류했다. 강희안도 치자나무 꽃을 귀한 꽃으로 극찬한 것으로 보아 단지 염료만으로 사랑받은 나무가 아니라는 것을 알 수 있다.

중국 송나라 때에는 목단, 임란, 백옥화, 월도, 선지, 옥구, 육치자, 황치화와 홍치화 등 여러 가지 별명이 붙여졌다. 우리나라에서는 산치자라고 불렀다.

치자나무 잎

치자나무 잎차례

치자나무 모양

윤기가 나는 잎은 마주나고 긴 타원형이다. 잎의 가장자리는 밋밋하고 짧은 잎자루와 뾰족한 턱잎이 있다. 꽃은 6~7월에 가지 끝에 1개씩 흰색으로 피지만 점점 노란빛을 띤 흰색으로 변하고 지름 6~7cm이며 꽃받침조각과 꽃잎은 6~7개이다. 열매는 10~11월에 노란색으로 익는다. 열매의 길이는 2cm로 안에 노란 열매살과 씨앗이 들어 있다.

열매는 치자라고 하여 약재와 안료, 착색제로 쓴다. 불면증과 황달 치료에 효과가 있으며, 소염과 지혈 및 이뇨 효과를 보인다. 또 노란색 송편을 만드는 등 음식의 착색제로 많이 썼고, 옛날에는 군량미가 변질되는 것을 막기 위해 치자 물에 담갔다가 쪄서 저장했다고도 한다. 또한 치자 염료는 한지 공예, 옷감에 이르기까지 다방면에 사용된다.

중국 원산으로 우리나라에는 500년 전에 들여왔을 것으로 추정된다. 우리나라 남부지방에서 재배하며, 일본과 중국, 타이완 등지에 자란다. 관상용으로도 많이 심으며, 원예품종이 많이 개발되어 잎에 흰 줄이 있는 것, 노란색 반점이 있는 것, 잎이 좁은 것, 잎 모양이 달걀

치자나무 꽃

치자나무 단풍잎과 덜 익은 열매

치자나무 익은 열매

치자나무 씨앗

을 거꾸로 세운 모양을 한 것 등이 있다. 또 잎 길이가 3cm 이하로 작은 것도 있다. 꽃은 꽃잎이 여러 겹인 것과 꽃이 큰 것이 있으며, 열매도 둥근 것 등 다양한 품종이 있다. 꽃말은 순결, 청결, 행복, 한없는 즐거움 등이다.

치자나무 껍질

🌳 비슷한 나무들

♠ 꽃치자 : 남부지방에 심고 잎은 거꿀 피침 모양이며 길이가 4~8cm이다.

잎이 7개 달려 있는
155 칠엽수 |칠엽수과|

Aesculus turbinata Blume

마로니에로 유명한 프랑스의 몽마르트르 언덕은 많은 예술가들이 낭만을 즐기는 곳으로 유명하다. 우리나라에는 옛날 서울대가 있었던 동숭동의 마로니에 공원이 유명하다.

형태 갈잎 넓은잎 큰키나무(낙엽활엽교목)   꽃 5~6월   열매 9~10월

잎이 7개가 달려 있는 나무라 하여 칠엽수라는 이름이 붙여졌다. 칠엽나무, 왜칠엽나무 등이라고도 한다. 원래 칠엽수는 중국 원산을 말하지만 우리나라에 심어진 칠엽수는 거의 일본 원산의 일본 칠엽수이다.

우리나라에는 유럽 원산의 마로니에와 일본 원산의 칠엽수가 있다. 두 나무의 차이점은 마로니에는 열매 겉에 가시돌기가 있고 잎에 주름살이 많다. 또 꽃이 흰색이고 붉은 반점이 있으며 약간 큰 편이다. 이에 비해 칠엽수는 잎의 맥 뒤에 부드러운 붉은빛을 띤 갈색의 털이 있으며 열매 겉이 매끄러우며 돌기가 없고 꽃이 우윳빛이다.

칠엽수 잎

칠엽수 나무껍질

칠엽수 나무 모양

　마로니에로 유명한 프랑스의 몽마르트르 언덕은 많은 예술가들이 찾아 그림을 그리거나 문학을 논하고 낭만을 즐기는 곳으로 유명하다.

　우리나라에는 옛날 서울대가 있었던 동숭동의 마로니에 공원이 유명한데 그곳 역시 낭만의 장소로서 젊은이들이 데이트 장소로 많이 찾으며, 또한 많은 예술가들이 찾아와 그림, 노래, 연극을 펼치는 예술의 장소로도 유명하다.

　작은 가지는 옅은 녹색이고 잎은 어긋나며 5~8개의 잔잎으로 된 손바닥 모양이고 잔잎은 거꿀 달걀 모양으로 가장자리에 겹톱니가 있으며, 뒷면에 붉은빛을 띤 갈색의 부드러운 털이 있다. 꽃은 가지 끝에 형성된 원추꽃차례에 달리며 꽃차례에 짧은 털이 있다. 꽃은 흰색 또는 연노란색이며 꽃받침통은 종 모양으로 갈라지고 5~6월에 핀다. 열매는 9~10월에 갈색으로 익는데 그 안에는 큰 알밤만 한 열매가 열린다. 열매는 매우 떫고 약간의 독성이 있어 사람은 먹을 수 없고 주로 동물들의 먹이가 된다.

칠엽수 꽃

칠엽수 열매

칠엽수 씨앗

칠엽수 겨울눈

일본 원산으로 습기가 있는 비옥한 땅을 좋아하며 어릴 때는 그늘에서도 잘 자라지만 크면서 햇빛을 좋아한다. 빠르게 자라는 편이나 공해에는 약하여 공해가 심한 도심지의 가로수로는 적합하지 않다.

칠엽수는 세계적인 가로수용이며 그 밖에 공원수용, 밀원식물용, 약용 등으로 쓰인다. 목재는 광택이 좋고 무늬가 독특하여 공예품 재료, 가구재, 기구재 등으로 쓰며, 서양에서는 화약 원료로도 사용한다. 또 씨앗은 말밤이라 하여 떡이나 풀을 만드는 데 이용하는데, 먹을 때는 떫은맛을 없애고 사용한다. 꽃말은 사치스러움, 낭만, 정열이다.

비슷한 나무들

- **마로니에(가시칠엽수)** : 세계에서 가로수로 많이 심는 나무의 하나로 서양칠엽수라고도 한다. 열매 표면에 날카로운 가시가 있다.
- **붉은칠엽수** : 꽃이 붉은색으로 핀다.

갈증을 풀어주는
156 칡 |콩과|

Pueraria lobata (Willd.) Ohwi

옛날 여름에 칡으로 옷을 해 입으면 시원하기 그지없었으며, 갈건이라고 해서 두건을 만들어 쓰기도 했다. 줄기가 매우 질겨 새끼 대신 줄로 쓰기도 했고, 칡덩굴로 엮어 문짝을 만들기도 했다.

형태 갈잎 넓은잎 덩굴나무(낙엽활엽덩굴성 목본) **꽃** 8월 **열매** 9~10월

칡은 옛날 먹을 것이 귀했던 시절 간식으로 많이 먹던 식물이다. 식량이 떨어졌을 때에는 가루로 만들어 떡이나 국수도 해 먹고, 만두나 양갱병을 만들어 먹기도 하였다. 물론 약재로도 훌륭하다. 뿌리는 갈근이라 하여 열을 내려주고 땀을 나게 하며 갈증을 풀어주는 효능이 있다.

칡은 한자로 갈(葛)이라고 하는데, 줄기가 워낙 질겨 '질기'라고 부르다가 오랜 세월이 흐르면서 지금처럼 칡이 되었다. 츩, 칙, 칙덤불, 칡덤불 등으로도 불린다.

칡 새싹

칡 잎

칡 나무 모양

 실제로 칡을 보면 덩굴이 우거져 과연 나무인지 알기 어렵지만 엄연히 나무이다. 특히 줄기가 겨울에 죽지 않고 살아남아 해마다 굵어져 나무로 분류된다.

 칡 덩굴의 길이는 10m 이상으로 자라고 줄기는 검은빛을 띤 갈색으로 털이 나 있다. 잎은 3출엽이고 잔잎은 달걀 모양으로 양면에 털이 있고 가장자리는 밋밋하거나 얕게 3갈래로 갈라지며 잎자루에는 털이 나 있다. 꽃은 잎겨드랑이에 총상꽃차례로 달리며 보라색으로 8월에 핀다. 기판은 붉은색이고 중앙이 노란색으로 피며 익판은 붉은빛을 띤 자주색이다. 열매는 갈색의 거친 털로 덮여 있으며 9~10월에 익는데 씨앗은 갈색이다.

 우리나라와 중국, 일본, 타이완에 자란다. 우리나라에서는 전국 산야의 양지바른 곳에 자란다. 햇빛이 드는 곳이면 척박한 땅이나 어디든 가리지 않고 잘 자라 우리나라 전역 어느 곳에서나 지천으로 퍼져 있다. 번식력과 생장력이 왕성하다.

 앞서 칡을 먹거리로 많이 이용하고 약재로도 썼다고 밝혔는데, 이외에도 쓰임새가 많다. 옛날 여름에는 칡으로 옷을 해 입으면 시원하기 그지없었으며, 갈건이라고 해서 두건을 만들어 쓰기도 했다. 또 줄기가 매우 질겨 광주리, 바구니 등 각종 용기를 만드는 데 썼는데, 특히 새끼 대신 줄로 쓰기도 했고, 칡덩굴을 엮어 문짝을 만들기도 했다.

칡 꽃봉오리 칡 꽃

칡 열매 칡 나무껍질

칡과 관계있는 말로 갈등이 있다. 이는 칡과 등나무 줄기가 서로 반대로 꼬여 뒤엉킨 것을 말하는데 등은 시계 방향으로, 칡은 시계 반대 방향으로 꼬인다. 그래서 서로 다른 마음의 상태를 표현하는 갈등이라는 말이 된 것이다.

비슷한 나무들
- 등칡 : 길이 10m 정도이며, 쥐방울덩굴과의 덩굴나무이다. 꽃은 U자 모양이다.

꽃이 큰 으아리

157 큰꽃으아리 | 미나리아재비과 |

Clematis patens C. Morren & Decne.

꽃이 큰 으아리라는 뜻으로 어사리, 개비머리라고도 부른다. 먹을 때는 반드시 잎과 줄기를 삶아서 물에 불려 독 성분을 뺀 다음에 말려서 나물이나 묵나물로 만들어 먹어야 한다.

형태 갈잎 넓은잎 덩굴나무(낙엽활엽덩굴성 목본) 꽃 5~6월 열매 9~10월

큰꽃으아리라는 이름은 '꽃이 큰 으아리'라는 뜻으로 어사리, 개비머리라고도 부른다.

줄기는 가늘고 길며 원기둥 모양이고 검은빛을 띤 자주색이며 6개의 세로 능선이 있다. 잎은 깃꼴 겹잎이고 잔잎은 3개(드물게 5개)로 달걀형의 둥근 모양 또는 달걀형의 피침 모양이며 톱니가 없고 잎의 가장자리가 밋밋한 모양이다. 꽃은 1개씩 마주나며 흰색 또는 자줏빛으로 5~6월에 핀다. 꽃잎은 넓은 달걀 모양, 타원형 및 긴 타원형으로 끝이 뾰족하다. 열매는 달

큰꽃으아리 잎

큰꽃으아리 잎차례

큰꽃으아리 꽃봉오리

큰꽃으아리 꽃

큰꽃으아리 꽃(꽃이 진 후)

걀 모양이며 황금색 털이 있으며 9~10월에 익는다.

　우리나라와 중국, 만주, 일본 등에 자란다. 우리나라에는 전국 산야의 해발 100~850m의 양지바른 계곡과 산기슭에 자란다. 햇빛이 잘 들고 비옥한 땅을 좋아하여 주로 숲의 가장자리나 도로변 등에서 잘 자라지만 그늘에서는 잘 자라지 못하고 추위에는 강하다.

　꽃이 아름다워 울타리 주변이나 구조물의 녹화용으로 적합하다. 특히 꽃이 덩굴성으로 밑으로 늘어지면서 피므로 아파트 베란다의 조경용으로 심어도 좋은 나무이다. 특히 꽃이 아름다워 원예품종으로 많이 개발되어 있는데, 붉은빛이 도는 자주색, 붉은빛이 도는 흰색, 보라색 등의 꽃도 있다.

　한방에서는 위령선이라 하여 약재로 쓴다. 미나리아재비과의 식물은 대부분 유독성 식물로서 먹을 때는 반드시 잎과 줄기를 삶아서 물에 불려 독 성분을 뺀 다음에 말려서 나물이나 묵나물로 만들어 먹어야 한다.

큰꽃으아리 열매

큰꽃으아리 씨앗

큰꽃으아리 어린줄기

큰꽃으아리 나무껍질

비슷한 나무들

- **위령선** : 중국 원산으로 꽃은 1개씩 잎겨드랑이에 달리고 중앙 이하에 1쌍의 달걀 모양의 포편이 있으며 꽃은 흰색으로 1~2월에 핀다.
- **으아리** : 원추꽃차례 또는 취산꽃차례의 흰색 꽃으로, 열매는 깃털 모양의 꼬리 같은 암술대가 달려 있는 것이 특징이다.
- **외대으아리** : 암수한꽃 또는 암수딴꽃으로 가지 끝에 1~3개씩 흰색으로 달리며 열매는 달걀 모양 및 달걀형의 둥근 모양으로 털이 없고 날개가 있으며 9~10월에 익는다. 끝에 돌기 같은 짧은 암술대가 남아 있다.
- **참으아리** : 꽃은 원뿔형 취산꽃차례로 잎겨드랑이에 많은 흰색 꽃이 달린다.

잎이 손바닥 모양인
158 팔손이 | 두릅나무과 |

Fatsia japonica (Thunb.) Decne. & Planch.

팔손이는 잎이 손바닥을 펼친 모양이며 여덟 가락으로 갈라져 있어 붙여진 이름이다. 한자 이름도 팔각금반으로 숫자 8과 관련이 있다. 그러나 7개 혹은 9개로 갈라지기도 한다.

형태 늘푸른 넓은잎 떨기나무(상록활엽관목) **꽃** 10~11월 **열매** 이듬해 4~5월

　팔손이는 잎이 손바닥을 펼친 모양이며 여덟 가락으로 갈라져 있어 붙여진 이름이다. 한자 이름도 팔각금반으로 숫자 8과 관련이 있다. 그러나 7개 혹은 9개로 갈라지기도 한다. 이 나무는 새집증후군을 일으키는 것으로 알려진 포름알데히드를 제거하는 데 효과가 우수한 식물로 유명하다. 또한 공기를 정화하는 음이온을 많이 뿜어내는 나무로도 잘 알려져 있어 아파트의 실내에서 많이 키운다.

　작은 가지는 굵으며 털이 없다. 잎은 어긋나고 심장형의 손바닥 모양으로 7~9개로 갈라진다. 잎의 가장자리에 톱니가 있고 잎자루는 30cm 이상으로 매우 길다. 꽃은 가지 끝에 우

팔손이 새잎

팔손이 잎

산 모양의 원추꽃차례를 이루며 흰색으로 10~11월에 핀다. 열매는 둥근 물렁열매로 이듬해 4~5월에 검은색으로 익는다.

우리나라와 일본, 동아시아에 자라는데, 우리나라에서는 경상남도의 남해 섬과 거제도 등 낮은 산과 반그늘진 기슭이나 골짜기에 자란다. 특히 통영 비진도에는 자생지가 있으며, 천

팔손이 꽃차례

팔손이 꽃(암수한꽃)

팔손이 열매

팔손이 나무 모양

연기념물 제63호로 지정되어 있다. 꽃이 핀 모습이 수더분한 남자 같아 비진도에서는 총각나무라고 부르기도 한다.

  팔손이는 관상용, 정원수용, 가정의 실내 공기 정화용 등으로 심는다. 공해에는 강하나 한지에서 월동에는 약한 나무로 우리나라 내륙에서는 기온이 낮아 실외에서 재배하기는 어렵다. 햇빛이 잘 드는 거실 창가에서 키워야 하며 어느 정도 습기가 있는 비옥한 토양을 좋아한다.

팔손이 나무껍질

비슷한 나무들

- **통탈목** : 잎의 지름이 50~75cm의 타원형이며 7~12갈래로 갈라진다. 타이완 원산으로 우리나라에서는 제주도와 남부지방에서 가른다.

열매로 팽총을 쏘던

159 팽나무 | 느릅나무과 |

Celtis sinensis Pers.

정자목, 도심지의 녹음수나 가로수, 학교의 교정에 심기 적합한 나무로, 오래된 키가 큰 나무가 많아서 천연기념물의 수가 은행나무, 느티나무에 이어 3위를 차지한다.

형태 갈잎 넓은잎 큰키나무(낙엽활엽교목) **꽃** 5월 **열매** 9~10월

　팽나무는 팽목에서 유래된 이름으로 유래가 흥미롭다. 대나무 대롱 위에 팽나무 열매를 한 알씩 밀어넣고 위에 대나무 꼬챙이를 꽂아 치면 열매가 멀리 날아가게 되는데, 이것을 팽총이라고 했다. 이때 날아가는 소리가 '팽' 하고 난다 하여 팽나무라고 했다는 것이다. 어디까지나 민간에서 내려오는 이야기로 신빙성은 떨어진다. 지방에 따라 폭나무, 평나무, 달주나무, 게팽나무, 매태나무, 섬팽나무, 자주팽나무 등으로도 불린다.

　줄기는 곧게 자라며 가지가 넓게 퍼지고 나무껍질은 검은빛을 띤 갈색이며 어린 가지에는 잔털이 많이 나 있다. 잎은 2줄로 어긋나고 긴 타원형으로 상반부에 둔한 톱니가 있다. 꽃은

팽나무 잎

팽나무 껍질

팽나무 모양

잡성화로 잎겨드랑이에 달리며 5월에 핀다. 열매는 공 모양으로 9~10월에 붉은빛을 띤 갈색으로 익는다.

　우리나라와 중국, 일본에 자란다. 우리나라에서는 함경북도 지방 이외에 전국에 걸쳐 주로 인가 근처에 많이 심어 자라고 저지대의 숲에서도 드물게 자란다. 양지와 음지 모두에서 잘 자라고 추위와 공해에 강하다.

　열매는 굵은 팥알만 하며 빨갛게 익으면 맛이 달콤해 먹을 수 있다. 기름을 짜서 먹기도 하고 어린잎은 나물로 해 먹는다. 덜 익은 것은 장난감 팽총의 탄알로 쓴다. 목재는 단단하고 잘 갈라지지 않아 기구재나 건축재로 쓴다. 또 나무를 통째로 파서 통나무배를 만드는데, 이를 '마상이' 또는 '마상'이라고 부르며 나룻배의 재료로 사용한다. 또 옛날 논에 물을 퍼서 넣을 때 쓰던 용두레도 주로 이 나무로 만들었다.

　정자목, 도심지의 녹음수나 가로수, 학교의 교정에 심기 적합한 나무로, 오래되고 키가 큰 나무가 많아서 천연기념물의 수가 은행나무, 느티나무에 이어 3위를 차지한다. 부산 구포동

팽나무 암꽃

팽나무 수꽃

팽나무 어린 열매

팽나무 익은 열매

팽나무는 천연기념물 제309호, 경상북도 예천의 금남리 팽나무는 천연기념물 제400호로 둘 다 나이가 500년에 이른다. 이 밖에도 경상남도 고성의 삼락리에 있는 '금목신'이라는 팽나무는 나이가 420년으로 보호수로 지정되어 있는데, 이 나무는 400평의 재산을 소유하고 있는 특이한 나무이다. 토지에서 나온 쌀은 주민들이 팔아서 당산제를 지낼 때 사용한다. 꽃말은 고귀함이다.

비슷한 나무들

- **자주팽나무** : 어린잎이 자주색에서 자줏빛을 띤 녹색으로 된다.
- **섬팽나무** : 거꿀 달걀 모양의 긴 타원형 잎은 길이가 11cm이고 잎자루의 길이는 15~16mm이다.
- **둥근잎팽나무** : 잎이 둥글며 잎끝이 갑자기 뾰족해진다.
- **노랑팽나무** : 톱니의 크기가 모두 똑같고 열매가 누렇게 익는다.
- **검팽나무** : 열매가 검게 익는다.
- **왕팽나무** : 열매는 10월에 검은색으로 익는데, 둥글고 길이는 13mm, 지름은 10mm이다.

피톤치드를 많이 뿜어내는

160 편백 |측백나무과|

Chamaecyparis obtusa (Siebold & Zucc.) Endl.

아황산가스와 매연에 강해 도심 가로수로 적합한 나무로 공기 중의 각종 세균을 죽이고 좋지 못한 냄새를 없앤다. 또 음향 조절력이 있어 음악당의 내장재로 사용된다.

형태 늘푸른 바늘잎 큰키나무(상록침엽교목) **꽃** 4~5월 **열매** 9~10월

잎이 납작해서 '납작할 편(扁)' 자를 붙여 편백이라 하며, 노송나무라고도 한다. 원산지가 일본이므로 일본편백이라고도 한다.

나무껍질은 붉은빛을 띤 갈색이며 얇게 조각으로 떨어지고 나무 모양은 원뿔 모양이다. 잎은 달걀 모양으로 두껍고 끝이 둔하다. 꽃은 4~5월에 핀다. 열매는 10~12mm 지름의 공 모양으로 9~10월에 갈색으로 익는데, 약 8개의 열매조각으로 이루어져 있다. 각 열매조각에는 3mm 길이의 긴 삼각형으로 생긴 씨앗이 2개씩 들어 있다.

우리나라에 들어온 것은 1904년으로 전라남도, 제주도 및 경상남도 남해안지방에 조림하였다. 잎이 빽빽하게 나 있고 질감이 좋아 정원수, 관상수 등으로 심으며, 맹아력이 좋아 생

편백 잎

편백 나무껍질

편백 암꽃

편백 수꽃

편백 덜 익은 열매

편백 익은 열매

편백 씨앗

울타리용으로도 심고 제주도에서는 바람을 막기 위해 심는다. 습기가 있고 비옥한 모래흙에서 잘 자라며 추위와 공해에도 강하다. 특히 아황산가스와 매연에 강해 도심 가로수로 적합한 나무로 공기 중의 각종 세균을 죽이고 좋지 못한 냄새를 없애주어 건강에 좋다.

목재로서도 재질이 좋아 건축재, 조각재,

편백 나무 모양

고급 포장재, 선박재, 펄프재, 내장재 등으로 다양하게 사용되며 나무껍질은 지붕을 덮는 데 사용한다. 또 음향 조절력이 있어 음악당의 내장재로 쓰며 강도가 높고 보존성이 좋아 조각재, 불교용품, 선박재 등의 용도로 사용된다. 편백의 피톤치드는 많은 약리작용을 하는데 소염, 진정, 진해 작용이 있어 민간요법에 사용되고 있다. 꽃말은 변하지 않는 사랑이다.

비슷한 나무들
- ♠ 화백 : 일본 원산으로 바늘잎의 뒷면이 매우 하얗고, 열매는 둥글다.
- ♠ 측백나무 : 잎은 뾰족하고 기공선이 보이지 않으며, 열매는 공 모양으로 끝부분에 작은 돌기들이 나 있다.
- ♠ 황금측백 : 잎이 황금색을 띤다. 높이가 0.7~1m로서 키가 매우 작은 나무이다.

세계에서 가장 많이 생산되는 과일

161 포도 | 포도과 |

Vitis vinifera L.

세계에서 가장 많이 재배되는 과일은 단연 포도이다. 포도는 특히 포도주의 원료가 되므로 세계 곳곳에서 대량으로 재배되는데, 전 세계에서 생산하는 과일의 1/3이 포도라고 한다.

형태 갈잎 넓은잎 덩굴나무(낙엽활엽덩굴성 목본)   **꽃** 6월   **열매** 8~9월

    세계에서 가장 많이 재배하는 과일은 무엇일까? 사과나 배가 아닐까 하는 생각도 들지만 세계에서 가장 많이 재배되는 과일은 단연 포도이다. 포도는 특히 포도주의 원료가 되므로 세계 곳곳에서 많이 재배되는데, 전 세계에서 생산하는 과일의 1/3이 포도라고 한다. 원산지는 아시아 서부로 코카서스 지방과 카스피해 연안에서 기원전 3000년 무렵부터 재배된 것으로 생각된다.

    포도가 우리나라에 들어온 것은 고려시대 이전으로 추측되나 확실한 기록은 전해지지 않는다. 그러나 조선시대에 들어와 《산림경제》나 각종 그림에 남겨진 포도를 보면 제법 여러

포도 새잎

포도 잎

포도 나무 모양

품종이 들어왔음을 알 수가 있다. 오늘날처럼 많이 재배되는 포도는 1910년 이후 수원과 뚝섬에 유럽산과 미국에서 개량된 품종을 들여온 것이 처음이며, 이후 경기와 충청지방을 중심으로 널리 재배되었다.

포도 나무껍질

잎은 어긋나고 둥글다. 잎의 가장자리는 3~5개로 얕게 갈라지며 뒷면에 솜털이 빽빽이 난다. 꽃은 여러 개의 작은 꽃이 원추꽃차례를 이루며 노란빛을 띤 녹색으로 6월에 핀다. 열매는 8~9월에 자줏빛을 띤 갈색으로 익는다.

포도에 들어 있는 포도당, 과당, 유기산은 소화를 돕고 피로회복에 좋다. 포도주는 혈색과 윤기를 좋게 한다. 또한 빈혈, 충치 예방 등에 좋다. 한방에서는 열매를 포도, 뿌리를 포도근, 줄기와 잎을 포도경엽이라 하여 혈액순환, 강장, 심장질환, 소화불량, 통증, 염증질환 등에 약재로 사용한다. 《동의보감》에서는 사람을 살찌고 건강하게 해준다고 하였다. 현대의학에서도 포도는 항암, 알츠하이머병, 파킨슨병, 퇴행성 질환에 좋다고 하며 또한 알칼리성 식품으로 근육과 뼈를 튼튼하게 해준다고 한다.

포도 꽃봉오리

포도 꽃

포도 덜 익은 열매

포도 익은 열매

청포도의 여러 품종

포도가 다 익어도 푸른색을 띠는 포도를 통틀어서 청포도라고 한다. 포도에는 아주 다양한 품종이 있는데, 청포도 품종은 나이아가라가 최고라고 한다. 서양에서는 세미용이라고 해서 화이트와인의 재료가 되는 청포도가 유명하며, 기르기가 쉬우면서도 단맛이 강한 네오머스캣은 1932년 일본에서 육성·개발한 것이다. 한편 알이 크고 단맛도 일품인 거봉포도도 일본에서 1945년 개발된 품종이다.

비슷한 나무들

♠ **청포도** : 열매가 푸른색으로 익는다.

꽃나무의 여왕

162 풀명자 |장미과|

Chaenomeles japonica (Thunb.) Lindl. ex Spach

장미가 꽃의 여왕이라면 풀명자는 꽃나무의 여왕이라 할 만하다. 이른 봄에 붉은색으로 피는 풀명자 꽃은 화려하면서도 은은하고 청초한 느낌을 주어 아가씨나무라고도 한다.

형태 갈잎 넓은잎 떨기나무(낙엽활엽관목) **꽃** 4~5월 **열매** 9~10월

　소박한 이름의 나무이다. 장미가 꽃의 여왕이라면 풀명자는 꽃나무의 여왕이라 할 만하다. 이른 봄에 붉은색으로 피는 풀명자 꽃은 화려하면서도 은은하고 청초한 느낌을 주어 아가씨나무라고도 한다. 꽃이 너무 화려하고 아름다워 풀명자 꽃이 피는 봄날에는 아가씨들을 밖에 내보내지 않았다고 한다. 그 아름다움에 자칫 바람이 날까 두려웠던 것이다. 다른 이름으로는 명자나무, 애기씨꽃나무라고도 한다.

　가지 끝이 가시로 변하며 가지는 여러 갈래로 갈라져 있어 나무 모양이 둥글다. 잎은 어긋나고 타원형 및 긴 타원형으로 가장자리에 톱니가 있고 잎자루는 짧으며 턱잎은 일찍 떨어

풀명자 잎

풀명자 잎차례

풀명자 나무 모양

진다. 꽃은 암수딴꽃으로 꽃잎은 5개이다. 꽃은 4~5월까지 계속 피는데 붉은색, 분홍색 등 다양하다. 꽃은 잎보다 먼저 피거나 동시에 피기도 한다. 수꽃의 씨방은 열매를 맺지 못하고 암꽃의 수술은 꽃가루가 생기지 않는다. 열매는 녹색을 띠는 달걀 모양의 둥근 열매가 9~10월이 되면 노랗게 익는데 길이는 10cm 정도이다. 다소 그늘진 곳에서 잘 자라나 건조한 땅에서는 잘 자라지 못한다.

꽃이 아름다워 공원에 관상용으로 심으며 가시가 나 있어 울타리용으로 심기도 한다. 분재용으로 심어 봄부터 겨울까지 아름다운 꽃을 볼 수 있는데 꽃의 빛깔과 크기, 열매의 모양에 따라 품종이 다양하다. 분재용으로 가장 인기 있는 품종은 동양금으로 붉은빛을 띤 흰색이 섞여 핀다.

늦여름에서 가을로 넘어가는 시기에 노란색으로 변할 때의 열매를 추목과라 하여 근육통에 약으로 쓴다. 또 이 열매는 모과처럼 향기가 좋고 약간 새콤하면서 떫은맛이 나며 사과 향이 난다. 꽃말은 겸손, 평범이다.

풀명자 꽃(붉은색)

풀명자 꽃(분홍색)

풀명자 열매

풀명자 나무껍질

풀명자 가지에 난 가시

비슷한 나무들

♠ **산당화** : 풀명자에 비해 키가 조금 크고 곧게 자란다. 관상용으로 전국에 심는다.

붉은 열매가 열리는

163 피라칸다 | 장미과 |

Pyracantha angustifolia (Franch.) C.K.Schneid.

우리말 이름이 없어 속명 피라칸다를 그대로 부른다. '불꽃'을 뜻하는 pyro와 '가시'를 뜻하는 acantha의 합성어인데, 무리 지어 맺히는 열매를 그렇게 부르는 듯하다.

형태 늘푸른 넓은잎 떨기나무 또는 작은큰키나무(상록활엽관목 또는 소교목)　**꽃** 6월

열매 9~12월

　　장미과의 나무로 우리말 이름이 없어 속명 피라칸다를 그대로 부른다. '불꽃'을 뜻하는 pyro와 '가시'를 뜻하는 acantha의 합성어인데, 무리 지어 맺히는 열매를 그렇게 부르는 듯하다. 우리말로 불가시나무가 잘 어울린다. 피라칸타, 피라칸사스로도 불리고 있다.

피라칸다 잎

피라칸다 잎차례

피라칸다 나무 모양

피라칸다 꽃

피라칸다 열매(겨울)

피라칸다 씨앗

피라칸다 가지에 난 가시

피라칸다 나무껍질

높이는 1~6m 정도로서 가지가 많이 갈라지며, 특히 가지마다 예리한 가시가 있다. 어긋나는 잎은 두꺼우면서 좁은 타원형을 이룬다. 잎끝은 둔하고 가장자리는 밋밋하다. 잎의 뒷면에는 털이 난다. 6월에 흰색 또는 연한 노란빛을 띤 흰색의 꽃이 우산 모양의 산형꽃차례로 가지의 윗부분 잎겨드랑이에 달린다. 꽃받침조각은 넓은 삼각 모양으로 5개이며, 꽃잎은 거꿀 달걀 모양으로 5개이다. 열매는 9~12월에 주황색이나 붉은색으로 익는다.

원산지는 중국이며, 우리나라에서 재배한다. 붉은 열매가 겨울철에도 달려 있으므로 관상용으로 심으며, 정원수와 생울타리용으로도 많이 심어진다. 꽃말은 열매에서 유추되듯 알알이 영근 사랑이다.

비슷한 나무들

♠ 노랑피라칸다 : 열매가 노랗다.

향이 그윽한
164 향나무 |측백나무과|
Juniperus chinensis L.

향이 있어 향나무라고 한다. 《동의보감》에 따르면 향나무는 향이 좋고 습기를 없애주며 벌레를 물리치고 몸과 마음을 안정시키는 데 탁월한 효과가 있다고 하였다.

형태 늘푸른 바늘잎 작은큰키나무 또는 큰키나무(상록침엽소교목 또는 교목)　**꽃** 4월
열매 이듬해 9~10월

향이 있어 향나무라고 한다. 옛날에 줄기 속심으로 제사를 지낼 때 쓰는 향을 만들었다. 이 향은 피톤치드를 구성하는 테르펜으로 휘발성 정유와 수지성 유제를 함유하고 있다.

나무껍질은 붉은빛을 띤 갈색으로 세로로 갈라지며 벗겨진다. 1~2년생 가지는 녹색이고 3년생 가지는 어두운 갈색이며 7~8년생부터 비늘잎이 생긴다. 잎은 바늘잎과 비늘잎의 두 가지 형태가 있는데, 움에서 바늘잎이 나오며, 바늘잎은 짙은 녹색으로 돌려나거나 마주나는데 아래 가지에 많다. 한편 비늘잎은 마름모 모양으로 끝이 둥글며 가장자리가 흰색이다.

향나무 잎

향나무 껍질

향나무 모양

    암수딴그루이나 간혹 암수 꽃이 같이 열리기도 한다. 수꽃은 가지 끝에 달리며 노란색이고 긴 타원형이며, 암꽃은 가지 끝이나 가지 사이 겨드랑이에 달리고 4월에 핀다. 열매는 원형으로 겉이 흰색으로 덮인 갈색이고, 씨앗은 2~4개로 거꿀 달걀 모양이며 이듬해 9~10월에 익는다.

    햇빛이 잘 드는 비옥한 땅을 좋아하여 그늘에서는 잘 자라지 못한다. 또한 습지, 한지, 바닷가를 가리지 않고 잘 자라는 나무이나 물에는 약한 편이다. 공해에도 강하며 맹아력도 좋아 여러 나무 모양을 만들 수 있어 도심지의 조경수, 정원수로 많이 심어진다. 그러나 피톤치드가 강하므로 배나무, 사과나무, 모과나무가 있는 과수원 근처에는 심지 않는 것이 보통이다.

    우리나라와 일본, 러시아, 미얀마, 중국 및 몽골 등지에 자란다. 울릉도는 우리나라에서는 유일한 향나무의 자생지인데 1000년 이상 된 향나무도 많다. 통구미의 향나무 자생지는 천

향나무 암꽃

향나무 수꽃

연기념물 제48호로 지정되어 있다. 서면 태하리의 향나무 자생지는 천연기념물 제49호, 서울 제기동의 선농단 향나무는 나이가 약 500년으로 천연기념물 제240호, 창덕궁 향나무는 나이가 약 700년으로 천연기념물 제194호로 지정되어 있다.

나무에서 향기가 나서 가구재, 조각재, 공예품을 만드는 데 쓰인다. 또 나무의 조직이 치밀하고 결이 고와 승려들의 바리때와 수저를 만들어 썼고, 연필로도 많이 사용했다. 《동의보감》에 따르면 향나무는 향이 좋고 습기를 없애주며 벌레를 물리치고 몸과 마음을 안정시키는 데 탁월한 효과가 있다고 하였다.

향나무 열매

비슷한 나무들

- **뚝향나무** : 우리나라 특산종으로 뚝향나무라는 이름은 둑에서 나는 향나무라는 뜻이다. 가지와 원대가 비스듬하게 자라다가 전체가 수평으로 퍼지는 것이 특징이다.
- **눈향나무** : 한라산이나 지리산, 설악산과 같은 해발 700~2300m의 높은 산꼭대기에서 자라는 나무로 바늘잎이 작으며 전체가 비스듬히 누워 자란다.
- **둥근향나무** : 밑에서 여러 개의 가지로 갈라져 나무 모양이 지구본 모양으로 둥글게 생겼다. 회양목 대신 정원에 많이 심는다.
- **나사백** : 나무껍질이 나사 모양으로 뒤틀려 올라간다. 일본 오사카 부근의 가이즈카[貝塚]라는 곳에서 자란다고 해서 가이즈카향나무라고도 한다.

강원도에서는 지구자나무라고 불리는

165 헛개나무 | 갈매나무과 |

Hovenia dulcis Thunb.

헛개나무는 강원 방언에서 유래된 이름으로 지구자나무라고도 한다. 홋개나무, 호리깨나무, 볼게나무, 고려호리깨나무, 민헛개나무 등으로도 불린다.

형태 갈잎 넓은잎 큰키나무(낙엽활엽교목)   꽃 6~7월   열매 9~10월

    헛개나무는 요즘 들어와 약재로 많이 이용되는 나무이다. 헛개나무는 강원 방언에서 유래된 이름으로 지구자나무라고도 한다. 홋개나무, 호리깨나무, 볼게나무, 고려호리깨나무, 민헛개나무 등으로도 불리며, 한자 이름은 금조리이다.

    우리나라와 중국, 일본 등에 자라는데, 우리나라에서는 중부 이남의 해발 50~800m의 산기슭이나 골짜기에 자란다. 건조지에서는 잘 자라지 못하지만, 음지나 양지를 가리지 않고 잘 자라며 공해에 강하여 도심지나 바닷가에서 잘 자란다.

헛개나무 잎

헛개나무 모양

헛개나무 꽃

헛개나무 덜 익은 열매

헛개나무 익은 열매

헛개나무 씨앗

작은 가지는 검은빛을 띤 자주색이며 잎은 어긋나고 달걀형의 공 모양 및 타원형이며 가장자리에는 둔한 톱니가 있다. 꽃은 암수한꽃으로 가지 끝에서 취산꽃차례를 이루며, 흰빛을 띤 녹색으로 6~7월에 핀다. 열매는 둥글고 갈색이 돌며 9~10월에 검은색으로 익는다.

식용, 약용으로 심으며 목재는 기구재, 악기재 등으로 사용된다. 열매와 열매자루는 맛이 달아 먹는다. 과병을 가진 열매 또는 씨앗을 지구자라고 해서 약재로 사용한다. 목재는 청량음료의 재료로 쓰이기도 한다.

헛개나무 껍질

🌳 비슷한 나무들
- **까마귀베개** : 잎은 달걀 모양의 긴 타원형으로 길이 6~12cm, 너비 2~4cm이고, 뒷면 맥 위에 잔털이 있으며 회녹색이다. 열매는 검은색으로 익는다.

꽃은 화려하지만 독성이 있는

166 협죽도 | 협죽도과 |

Nerium oleander L.

멋진 잎과 화려한 꽃, 하지만 그 속에 감추고 있는 독성은 치명적이다. 잎이 좁고 줄기가 대나무 같으며 꽃이 복사꽃처럼 예쁘다고 하여 붙여진 이름이다.

형태 늘푸른 넓은잎 떨기나무(상록활엽관목) 꽃 7~9월 열매 10월

멋진 잎과 화려한 꽃. 하지만 그 속에 감추고 있는 독성은 치명적이다. 협죽도는 잎이 좁고 줄기가 대나무 같으며 꽃이 복사꽃처럼 예쁘다고 하여 붙여진 이름이다. 하지만 얼마나 독이 강한지 잎 한 장만으로도 인체에 치명적인 영향을 끼친다. 등산객이 협죽도 가지를 잘라 나무젓가락 대용으로 썼다가 심장마비로 사망했다는 보고까지 있을 정도이다.

협죽도가 올레안드린이라는 물질을 함유하고 있기 때문인데, 이를 조금만 섭취해도 복통

협죽도 잎

협죽도 꽃

협죽도 나무 모양

과 설사, 무기력함, 피로감이 오고 결국에는 심장마비를 일으킨다고 한다. 서양에서는 예로부터 협죽도의 독을 화살촉에 발라 독화살로 이용했다고 한다.

가지가 뭉쳐나며, 나무껍질은 검은빛을 띤 갈색이다. 잎은 3장씩 돌려나는데 가늘고 길다. 꽃은 7~9월에 붉은색으로 피며, 흰색이나 노란빛을 띤 흰색도 있고 겹으로 피는 것도 있다. 꽃의 지름은 3~4cm로 아래는 긴 통이나 윗부분은 5개로 갈라지며 퍼진다. 꽃밥 끝에는 털이 있는 실 같은 것이 나 있다. 꽃이 아름다우면서도 오래 피어 있다. 열매는 10월에 익으며 갈색으로 익은 후 세로로 갈라진다. 씨앗은 양 끝에 길이 1cm 정도의 털이 난다.

햇볕이 잘 들고 습기가 많은 모래흙에서 잘 자라지만 아무데서나 잘 자라며 공해에도 매

협죽도 열매

협죽도 꼬투리

우 강하다. 유럽을 여행하다 보면 길가에 많이 자라는 것을 볼 수 있고, 우리나라에서도 남부 지방에 조경수로 심어진 것이 많다. 독을 가져서인지 '방심은 금물'이라는 꽃말을 가지고 있다.

한방에서는 가지와 잎, 꽃을 약용한다. 유도화 또는 류선화라고도 하며, 원산지는 인도로 우리나라와 인도, 페르시아에 걸쳐 널리 자란다.

협죽도 나무껍질

비슷한 나무들

- 흰협죽도 : 꽃이 흰색이다.
- 만첩협죽도 : 꽃잎이 겹을 이룬다. 꽃은 7~8월에 붉은색 또는 흰색으로 핀다.
- 노랑협죽도 : 꽃이 연한 노란색으로 핀다.

고려 사신이 원나라에서 가져온
167 호두나무 | 가래나무과 |

Juglans regia L.

서양에서는 11월 1일을 만성절이라고 해서 젊은이들이 마음속에 점찍어 둔 사람의 이름을 외우며 호두를 불 속에 던져 그 터진 정도로 상대의 마음을 점친다.

형태 갈잎 넓은잎 큰키나무(낙엽활엽교목)　**꽃** 4~5월　**열매** 9~10월

호두나무는 중국, 서남아시아, 동유럽이 원산지이다. 옛날 중국에서는 자기 나라 이외의 곳을 오랑캐라고 해서 '오랑캐 땅에서 들여온 복숭아처럼 생긴 열매'라는 뜻으로 호두라고 불렀다. 오이와 땅콩, 완두, 당근, 참깨, 마늘 등이 그때 함께 들여온 농산물들이다. 동양의 호두는 동양종이고, 페르시아에서 유럽으로 퍼진 것은 서양종이다. 동양종과 서양종이 일본에서 우량종으로 개량되어 오늘에 이른다.

나무껍질은 회색빛을 띤 흰색으로 밋밋하지만 점차 길게 갈라지고 어린 가지에는 털이 없다. 잎은 홀수 깃꼴 겹잎이며 타원형의 잔잎이 5~7개씩 달려 있다. 수꽃은 녹색으로 길게 늘

호두나무 잎

호두나무 잎(앞면과 뒷면)

호두나무 모양

어지고 암꽃은 4~5월에 핀다. 열매는 둥글고 털이 없는 씨열매로 9~10월에 익는다.

　햇빛이 잘 들고 습기가 있는 비옥한 모래흙에서 잘 자란다. 특히 천안의 광덕면은 우리나라에 처음 호두나무가 재배된 곳으로 고려 충렬왕 16년(1290) 9월에 유청신이 원나라에 사신으로 갔다 오면서 호두나무를 가져왔다고 전해진다. 천안 호두가 유명한 것은 시배지로서 당연한 일이다. 천안 광덕사의 호두나무는 천연기념물 제398호로 지정하여 보호하고 있는데 나이가 약 400년이며 높이는 20m, 가슴 높이 둘레는 3.7m에 이른다.

　호두나무의 열매는 자인이라 하는데 날것으로 그냥 먹으며 과자 제조용으로 이용하거나 기름을 짜서 쓰기도 한다. 성질이 따스하여 피부를 윤택하게 하며 한방에서는 변비, 기침 등의 약재로 쓴다. 드물게 목재를 가구재로 이용하기도 한다.

　한편 서양에서는 11월 1일을 만성절이라고 해서 젊은이들이 호두를 가지고 사랑 점을 치는 풍습이 전해진다. 마음속에 점찍어 둔 사람의 이름을 외우며 호두를 불 속에 던져 터진 뒤에 그 터진 정도로 상대의 마음을 점친다. 로마에서는 결혼식에서 신랑·신부에게 자녀를 많이 낳으라고 호두를 던지는 풍습이 있었는데, 이는 우리나라에 전통혼례식에서 폐백을 할 때 밤과 대추를 던져주는 것과도 비슷하다.

호두나무 암꽃

호두나무 수꽃

호두나무 열매

호두나무 껍질

🌿 호두를 가져온 여행가 장건

호두를 중국에 들여온 인물 장건은 중국 한나라 때의 여행가이다. 한 무제의 명을 받아 흉노족을 협공하기 위해 서역대월지국과 동맹을 맺으려고 떠났던 장건은 여러 번 죽음을 면하며 서역을 돌아보고 왔다. 서역의 지리와 민족, 산물 등을 중국에 소개하여 비단길이 공식적인 교통로 역할을 하게 되었다고 한다. 장건은 당시에 호두 이외에도 마늘과 오이, 땅콩, 완두 등 다양한 작물을 들여와 동양 식단을 바꾸었다.

🌳 비슷한 나무들

♠ **흑호두나무** : 북아메리카 원산으로 높이는 40m까지 자란다. 나무껍질은 검은빛을 띤 갈색 또는 회색빛을 띤 검은색이다.

잎끝에 호랑이 발톱 같은 가시가 달린

168 호랑가시나무 | 감탕나무과 |

Ilex cornuta Lindl. & Paxton

잎끝에 호랑이 발톱 같은 날카롭고 단단한 가시가 있다는 데서 이름 붙여졌다. 이 가시를 이용해 호랑이가 등이 가려울 때 등을 문질렀다는 이야기도 전해진다.

형태 늘푸른 넓은잎 떨기나무 또는 작은큰키나무(상록활엽관목 또는 소교목)   꽃 4~5월

열매 9~10월

전통 크리스마스카드에 보면 뾰족한 잎과 붉은 열매 그림이 자주 나온다. 이 나무는 호랑가시나무로 크리스마스트리로도 만들어지곤 한다. 가시가 예수님의 가시관을 상징하며, 붉은 열매는 예수님이 흘린 피를 의미해 크리스마스에 쓰이는 나무가 된 것이다. 호랑가시나무라는 이름은 잎끝에 호랑이 발톱 같은 날카롭고 단단한 가시가 있다는 데서 붙여진 것이다. 일설에는 이 가시를 이용해 호랑이가 등이 가려울 때 등을 문질렀다는 이야기도 전해진

호랑가시나무 잎

호랑가시나무 껍질

호랑가시나무 모양

다. 둥근잎호랑가시, 호랑이발톱나무, 범의발나무, 묘아자나무 등으로도 불린다.

나무껍질은 회색빛을 띤 흰색이며 작은 가지에는 털이 없다. 잎은 어긋나고 타원상의 육각형 및 사각상의 타원형으로 각이 진 부분에 모두 날카롭고 단단한 가시가 달려 있다. 꽃은 암수딴그루로 우산 모양의 산형꽃차례로 4~5개씩 달린다. 수꽃의 꽃잎은 타원상의 달걀 모양이고, 암꽃은 꽃자루에 달리며 4~5월에 흰색으로 핀다. 열매는 둥글며 9~10월에 붉은색으로 익는데 겨울 동안에도 나무에 매달려 있다.

우리나라와 중국에 자란다. 우리나라에서는 변산반도, 완도, 제주도 저지대의 산기슭 양

호랑가시나무 암꽃

호랑가시나무 수꽃

호랑가시나무 덜 익은 열매

호랑가시나무 익은 열매

지와 하천 주위에 자란다. 햇빛이 잘 들고 비옥한 깊은 땅에서 잘 자라나 추위에는 약하다. 잎은 두껍고 늘푸른나무여서 방화용으로 적합한 나무로 건조지나 해변가에서도 잘 견디며 아황산가스에도 강하나 한지에서 월동하기에는 약한 나무이다.

호랑가시나무 씨앗

꽃, 잎, 줄기가 아름답고 독특하여 관상용, 꺾꽂이용, 약용 등으로 심는다. 특히 잎과 뿌리는 약재로 쓴다. 전라북도 부안의 도청리 호랑가시나무 군락은 호랑가시나무 자생지의 북쪽 한계선으로 천연기념물 제122호로 지정되어 있다. 나주 상방리의 호랑가시나무는 임진왜란 때 충무공을 도와 큰 공을 세운 오득린 장군이 이 마을에 들어오면서 심은 것이라고 하는데, 높이 16m로 우리나라에서 가장 큰 호랑가시나무로 천연기념물 제516호로 지정되어 있다. 꽃말은 가정의 행복, 평화이다.

🌳 비슷한 나무들

- ♠ **완도호랑가시나무** : 감탕나무와 호랑가시나무의 자연 교잡종으로 잎 모양이 두 종의 중간 형태이다.
- ♠ **노랑호랑가시나무** : 열매가 노란색이다.

붉은 새순이 유혹적인

169 홍가시나무 |장미과|

Photinia glabra (Thunb.) Maxim.

잎이 나올 때와 단풍이 들 때 붉어지므로 홍가시 나무라는 이름이 붙었다. 잎은 자라면서 녹색으로 변하지만 가지치기를 해주면 붉은 새순을 볼 수 있다. 붉은 새순이 매우 유혹이다.

형태 늘푸른 넓은잎 작은큰키나무(상록활엽소교목) **꽃** 5~6월 **열매** 10~11월

잎이 나올 때와 단풍이 들 때 붉어지므로 홍가시나무라는 이름이 붙었다. 가시나무라는 이름은 붙었으나 본래의 가시나무와는 종이 다르다. 가시나무는 참나무과의 늘푸른 넓은잎 큰키나무로 높이가 15~20m로 자라지만, 홍가시나무는 장미과의 늘푸른 넓은잎 작은큰키나무로 높이가 3~10m이다. 붉은순나무라고도 한다.

나무껍질은 갈색 또는 검은빛을 띤 갈색이다. 어긋나는 잎은 가장자리에 잔톱니가 있고 겉에 윤기가 흐르며, 털이 없고 턱잎은 비교적 일찍 떨어진다. 꽃은 5~6월에 흰색의 원추꽃차

홍가시나무 잎

홍가시나무 껍질

홍가시나무 울타리

홍가시나무 꽃

홍가시나무 열매

례로 달리며 크기는 5~10cm이다. 꽃잎과 꽃받침조각은 각각 5개이다. 수술은 20개이고 암술은 1개이다. 타원상 공 모양의 열매는 지름이 5mm로 10~11월에 붉게 익는다.

    원산지는 일본으로 우리나라에서는 통영이나 거제 등 남부지방에 많이 심어졌다. 나무 모양이 좋아 주로 관상용, 생울타리용으로 심는다.

홍가시나무 모양

잎은 자라면서 녹색으로 변하지만 가지치기를 해주면 계속해서 붉은 새순을 관찰할 수가 있다. 붉은색 새순이 매우 유혹적이다. 목재가 단단해 수레바퀴나 낫과 같은 농기구를 만드는 재료로 이용되기도 했다.

비슷한 나무들

♠ **가시나무** : 전라남도 진도에서 자라며 높이는 15~20m에 이른다. 참나무과의 늘푸른 넓은잎 큰키나무이다.

♠ **참가시나무** : 남부지방에서 자라며 잎 뒷면이 은백색이다. 참나무과의 늘푸른 넓은잎 큰키나무이다.

꽃 피는 측백나무
170 화백 | 측백나무과 |

Chamaecyparis pisifera (Siebold & Zucc.) Endl.

근사한 이름의 나무이다. 화백이란 꽃이 피는 측백나무라는 의미이다. 열매가 될 부분이 다른 측백나무과와는 달리 꽃의 모습을 하고 있다.

형태 늘푸른 바늘잎 큰키나무(상록침엽교목)　**꽃** 4월　**열매** 9~10월

　근사한 이름의 나무이다. 화백이란 꽃이 피는 측백나무라는 의미이다. 열매가 될 부분이 다른 측백나무과와는 달리 꽃의 모습을 하고 있다.

　나무껍질은 붉은빛을 띤 갈색으로 얇게 띠 모양으로 벗겨진다. 잎은 연한 녹색을 띠며 촉감이 거칠고 끝이 뾰족하다. 4월에 꽃이 피는데 암꽃은 작은 별 모양을 하고 있으며 수꽃은 자줏빛을 띤 갈색의 타원형이고 가지의 끝에 1개씩 달린다. 열매는 공 모양으로 갈색이며 가장자리가 도드라진다. 씨앗은 달걀형의 공 모양으로 양쪽에 넓은 날개가 있으며 9~10월에 갈색으로 익는다.

화백 잎(앞면)

화백 잎(뒷면)

일본에 자라며, 우리나라에는 1920년경 들여와 중부 이남의 곳곳에 심어져 있다. 추위를 잘 견디며 그늘지고 건조한 곳에서도 잘 자라며 싹이 잘 틔어 가지치기를 하면 다양한 나무 모양을 만들어낼 수 있는 것이 특징이다. 바늘잎나무 중에서는 아황산가스 등의 공해에 가장 강해 도심지의 빌딩이나 아파트의 경관림을 조성하는 데 적합하다. 또한 조림용, 관상용, 조경용, 생울타리용으로 심어진다.

목재는 재질이 거칠기는 하지만 단단하여 건축재, 토목재, 기구재, 펄프재 등의 용도로 쓰이며, 식물 성분에는 리모넨이 들어 있어 진통작용, 중추억제작용, 혈관 수축작용, 혈중 콜레스테롤 저하작용 등을 한다고 알려져 있다.

화백 나무 모양

화백 암꽃

화백 수꽃

화백 열매

화백 단풍잎

화백 나무껍질

비슷한 나무들

♠ **처진화백** : 가지가 밑으로 처진다.

♠ **비단편백** : 잎은 퍼지고 편평하며 길이 6mm의 줄 모양이다. 다소 부드럽고 흰빛이 돈다.

♠ **플루모사** : 비단편백과 화백의 중간형이며 잎의 길이는 3~4mm이다.

화살을 만들던

171 화살나무 | 노박덩굴과 |

Euonymus alatus (Thunb.) Siebold

잔가지에 코르크질로 된 날개 모양의 갈색 껍질이 있는데, 잔가지에 달린 날개를 화살에 비유하여 '활살나무'라 하였으나 지금의 화살나무로 되었다.

형태 갈잎 넓은잎 떨기나무(낙엽활엽관목)   꽃 5월   열매 10월

    화살나무는 잔가지에 코르크질로 된 날개 모양의 갈색 껍질이 있는데, 잔가지에 달린 날개를 화살에 비유하여 '활의 살 같다'고 해서 처음에는 '활살나무'라 하였으나 지금의 화살나무로 되었다. 날개가 참빗 모양과 비슷하다 하여 참빗나무라고 부르는 지방도 있다. 이외에 홋잎나무, 참빗살나무, 챔빗나무라고도 한다. 나무의 단풍은 비단처럼 고와 금목이라 부르기도 하며, 이 나무의 날개를 태워서 그 재를 가시 박힌 곳에 바르면 가시가 신기하게도 쉽게 잘 빠

화살나무 새잎

화살나무 잎

화살나무 모양

화살나무 꽃

화살나무 열매

져 나와 가시나무라고도 한다.

작은 가지에 2~4줄의 코르크질의 날개가 있다. 잎은 마주나고 타원형 및 거꿀 달걀 모양이고 가장자리에 예리한 톱니가 있다. 꽃은 잎겨드랑이에 취산꽃차례로 3~9개가 달리며 노란색으로 5월에 핀다. 열매는 붉은색으로 10월에 익으며 12월까지 달려 있고, 열매껍질이

화살나무 껍질

화살나무 가지에 달린 날개

2갈래로 갈라지며 붉은 씨앗이 나온다.

우리나라와 일본, 중국에 자라는데, 우리나라에서는 전국의 해발 1700m 이하의 산기슭과 산 중턱의 암석지에 자란다. 비옥한 토양을 좋아하고 춥고 그늘진 곳과 건조지, 바닷가에서도 잘 자라지만 공해에는 약한 편이다.

붉은 열매가 아름다워 관상용으로 심는다. 가지와 줄기는 화살 모양인데, 진짜 화살의 재료로 쓴다고도 하며 지팡이를 만드는 데도 사용된다. 한방에서는 날개 부분을 약재로 사용한다. 연한 잎은 나물로 해 먹는데 봄에 입맛을 돋우는 데 좋다. 꽃말은 위험한 장난, 냉정이다.

비슷한 나무들
- 회잎나무 : 가지에 날개가 없는 것이 특징이다.
- 털화살나무 : 잎 뒷면에 털이 있다.
- 삼방회잎나무 : 잎 뒷면 맥 위에 돌기가 있고 열매가 크며 끝이 뾰족하고 갈고리가 있다.

노란 단풍이 예쁜

172 황매화 |장미과|

Kerria japonica (L.) DC.

꽃이 매화와 비슷하고 노란색으로 핀다 하여 황매화라고 부른다. 녹색 줄기 속에는 흰색의 푹신한 나무속이 있는데, 옛날에는 이 부분을 이용해 아이들이 딱총을 만들어 가지고 놀았다.

형태 갈잎 넓은잎 떨기나무(낙엽활엽관목) **꽃** 4~5월 **열매** 9~10월

꽃이 매화와 비슷하고 노란색으로 핀다 하여 황매화라고 부른다. 가늘고 긴 가지가 뭉쳐 나는데 작은 가지는 녹색으로 능선이 진다. 잎은 긴 타원형으로 어긋나고 깊이 팬 겹톱니가 있다. 잎맥이 표면에서 오목하게 들어가고 뒷면에는 튀어나와 있으며 그 위에 털이 있다. 꽃은 가지 끝에 1개씩 피며 4~5월에 노란색으로 핀다. 열매는 9~10월에 검은빛을 띤 갈색으로 익으며 꽃받침이 남아 있다.

우리나라와 중국, 일본에 자란다. 우리나라에서는 황해도 이남의 습기가 많은 곳에 자란다. 비옥한 모래흙을 좋아하며 음지와 양지 모두에서 잘 자라고 추위를 잘 견디며 공해에도 강하다.

노란 꽃이 아름답고 꽃이 피는 기간도 길며 가을의 노란 단풍과 겨울의 자줏빛 줄기는 보기에 좋아 관상수, 정원수로 심는다. 특히 사찰이나 공원에 많이 심어진다. 꽃말은 숭고, 높은 기품이다.

줄기는 언제나 녹색으로 속에는 흰색의

황매화 잎

황매화 나무 모양

황매화 꽃

황매화 열매

황매화 어린줄기

황매화 나무껍질

푹신한 나무속이 있는데, 옛날에는 이 부분을 이용해 아이들이 딱총을 만들어 가지고 놀았다. 한방에서는 꽃, 줄기, 잎 모두를 체당화라 하여 약재로 사용한다.

비슷한 나무들
♠ 겹황매화 : 겹꽃으로 꽃잎이 많이 피나 열매를 맺지 못한다.

도장과 호패를 만들던

173 회양목 | 회양목과 |

Buxus koreana Nakai ex Chung & al.

경기도 화성시 용주사에는 천연기념물 제264호로 지정된 회양목이 있는데, 정조가 손수 심은 나무로 나이는 약 300년이다.

형태 늘푸른 넓은잎 떨기나무(상록활엽관목) 꽃 4~5월 열매 7~8월

강원도 회양에서 많이 자란다고 하여 붙여진 이름으로 회양나무, 도장나무, 고양나무 등으로도 불린다. 본래 이름은 황양목이라 하였으나 나무껍질이 회색이어서 바뀐 것이다. 아주 더디게 자라 천년왜라는 특이한 이름도 있다. 그리고 도장을 팔 때 많이 사용하기 때문에 도장나무라고도 부른다.

옛날에는 관인이나 선비들의 낙관은 물론 호패도 이 나무로 만들곤 했고, 워낙 재질이 단단해 측량도구나 인쇄활자를 만들기도 했다. 나무가 자라는 속도가 워낙 늦고 쓰임새는 많으니 자연 그 수가 줄어들 수밖에 없었는데, 조선시대에는 아예 이 나무를 다른 용도로 사용

회양목 잎

회양목 꽃가지

회양목 나무 모양

회양목 나무껍질

하지 못하도록 하는 규정을 만들기도 했다.

우리나라 전국 석회암 지대의 지표식물로 자란다. 작은 가지는 녹색으로 모서리진 모양이며 털이 있다. 잎은 타원형으로 두껍고 돌려나며 표면은 녹색이고 뒷면은 노란빛을 띤 녹색이다. 꽃은 잎겨드랑이 또는 줄기 끝에 암수 꽃이 몇 개씩 모여 달린다. 이 중 수꽃은 1~4개의 수술과 씨방의 흔적이 있으며 꽃밥은 노란색이다. 암꽃은 3개의 암술머리가 있는 삼각형의 씨방이 있고 4~5월에 꽃이 핀다. 열매는 7~8월에 갈색으로 익는데 씨앗은 검은색이며 셋으로 갈라져 있다.

함경도와 전라도를 제외한 우리나라 전역의 석회암지대에 자라는 나무이며 또한 지표식물이기도 하다. 양지와 음지를 가리지 않고 잘 자라고, 습기가 있는 곳이나 건조한 곳을 가리지 않고 잘 자라며 추위와 공해에도 강하여 잘 자라는 편이다. 그러나 자라는 속도가 매우 더디다.

양지와 음지 모두에서 잘 자라고 바닷가에서도 잘 견디며 맹아력도 강하여 생울타리용, 정

회양목 꽃

회양목 열매

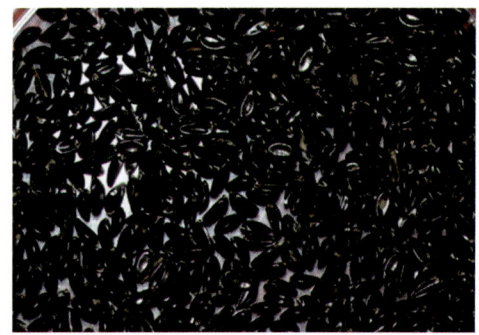
회양목 씨앗

회양목 꼬투리

원수용으로 심는다. 또한 도심지 도로의 경계수나 관상수 등의 용도로 심는다.

경기도 화성시 용주사에는 천연기념물 제264호로 지정되었던 회양목이 있는데, 정조가 손수 심은 나무로 나이는 약 300년이다. 그러나 노거수인 데다 나무의 훼손이 심하여 천연기념물 지정이 해제되었다.

비슷한 나무들

- **섬회양목** : 잎의 길이가 12~22mm, 너비가 4~11mm로 윤기가 나고 표면에 털이 없는 것이 특징이다. 진도나 흑산도 등에 자란다.
- **긴잎회양목** : 잎이 좁고 길이가 길고 끝이 뾰족한 모양이다.
- **좀회양목** : 잎이 얇고 좁으며 털이 없다.

우리나라의 고유 특산종

174 히어리 |조록나무과|

Corylopsis gotoana var. *coreana* (Uyeki) T.Yamaz.

외국에서 들여온 나무처럼 느껴지지만 히어리는 엄연히 우리나라 고유 나무이다. 히어리라는 이름은 시오리(15리)에서 히어리로 바뀌어서 된 것으로 생각된다.

형태 갈잎 넓은잎 떨기나무 또는 작은큰키나무(낙엽활엽관목 또는 소교목)　**꽃** 3~4월
열매 9월

마치 외래어 같아서 외국에서 들여온 나무처럼 느껴지지만 히어리는 엄연히 우리나라 고유 나무이다.

히어리라는 이름은 시오리(15리)에서 히어리로 바뀌어서 된 것으로 생각된다. 송광납판화, 납판나무, 송광꽃나무, 조선납판화 등으로도 불린다. 여기에서 송광납판화란 이 나무가 송광사 부근에서 발견되었으며 꽃잎이 밀랍과 같이 두꺼운 데서 비롯된 것이다.

가지가 많이 올라와 둥근 나무 모양을 이루며 가지는 노란빛을 띤 갈색으로 흰색의 껍질눈이 있고 겨울눈은 타원형으로 노란빛을 띤 갈색이다. 잎은 달걀형의 공 모양으로 가장자리에 뾰족한 톱니가 있다. 표면은 연한 녹색이며 뒷면은 회색빛을 띤 흰색으로 털이 없다.

꽃은 총상꽃차례를 이루며 8~12개의 노란색 꽃들이 달리는데 꽃잎은 거꿀 달걀 모양으로 3~4월에 핀다. 열매는 털이 많고 씨앗은 검은색으로 9월에 익는다.

히어리 잎

히어리 나무 모양(여름)

히어리 나무 모양(가을)

히어리 꽃

히어리 열매

히어리 씨앗

히어리 나무껍질

우리나라 특산종으로 햇빛이 잘 드는 곳을 좋아하고 건조한 땅에서도 잘 견디며 추위에 매우 강하다. 지리산, 변산반도 등 주로 남쪽 지방에 자라는 나무인데 수원의 광교산과 남해 섬에서도 자라는 것이 발견되었다. 최근에는 수원 광교산보다 더 북쪽인 강원도 화천 백운산의 해발 500m 되는 곳에서 히어리 군락이 발견되어 히어리 북쪽 한계선이 새로 설정되었다.

경상남도 하동의 적량면 구제봉 일대의 해발 200~500m 계곡과 사면 등에 펼쳐진 히어리 대규모 군락지가 있다. 이곳의 히어리는 높이가 6~7m, 나이는 50년 이상으로 국내 최대 군락지로 평가되었다.

비슷한 나무들
- **중국히어리** : 히어리보다 꽃이 좀 더 길게 늘어지고 가지는 바로 선다.
- **풍년화** : 일본 원산으로 공원수, 정원수로 심으며 3~4월에 잎이 나기 전에 꽃이 노란색으로 핀다.

부록 1
식물의 구조

1) 잎

① **구조와 역할** : 식물의 영양기관 중 하나이다. 줄기의 끝이나 둘레에 붙어 있으며 광합성 작용, 호흡 작용 및 증산 작용을 한다. 일반적으로 나무의 잎은 녹색이며 모양은 넓적하거나 길쭉하다. 잎몸, 잎자루, 턱잎으로 이루어진다.

- 잎몸 – 잎의 가장 중요한 부분으로서 잎사귀를 이루는 넓은 부분을 말하는데, '엽신'이라고도 한다. 잎몸은 잎살과 잎맥으로 이루어지는데, 잎살은 잎의 표피 안쪽에 있는 녹색의 두꺼운 부분으로 잎에서 잎맥을 제외한 나머지 부분을 말한다. 잎살은 엽록체를 품은 부드러운 세포로 되어 있다. 잎맥은 잎살 안에 분포되어 있는 관다발과 그것을 둘러싼 부분을 말하는데, 잎살을 튼튼하게 지탱해 주고 물과 양분의 통로가 된다.
- 잎자루 – 잎몸을 줄기나 가지에 붙게 하는 꼭지 부분이다. 잎을 햇빛이 드는 방향으로 향하게 한다.
- 턱잎 – 잎자루 밑에 붙은 한 쌍의 작은 잎이다. 눈이나 어린잎을 보호하는 역할을 한다. 흔히 쌍떡잎식물에서 볼 수 있다.

② **잎의 종류** : 갖춘잎과 안갖춘잎 그리고 홑잎과 겹잎으로 구분한다. 겹잎의 종류는 홀수 깃꼴 겹잎(아까시나무), 짝수 깃꼴 겹잎(활량나물), 짝수 2회 깃꼴 겹잎(자귀나무), 삼출 겹잎(콩), 2회 삼출 겹잎(삼지구엽초) 등이 있다.

- 갖춘잎 – 잎몸, 잎자루, 턱잎을 모두 갖춘 잎이다.
  예) 해당화, 산사나무, 나팔꽃, 사과나무, 완두 등
- 안갖춘잎 – 잎몸, 잎자루, 턱잎 가운데 어느 하나라도 없는 잎이다.
  예) 참나리, 말나리, 갈대, 옥수수, 잔디, 벼, 보리 등
- 홑잎 – 하나의 잎자루에 한 장의 잎만 붙어 있는 것이다.
  예) 벚나무, 산벚나무, 은행나무, 버드나무 등
- 겹잎 – 하나의 잎자루에 잔잎(소엽)이 여러 장 붙어 있는 것이다.
  예) 콩, 아까시나무, 칠엽수, 삼지구엽초 등

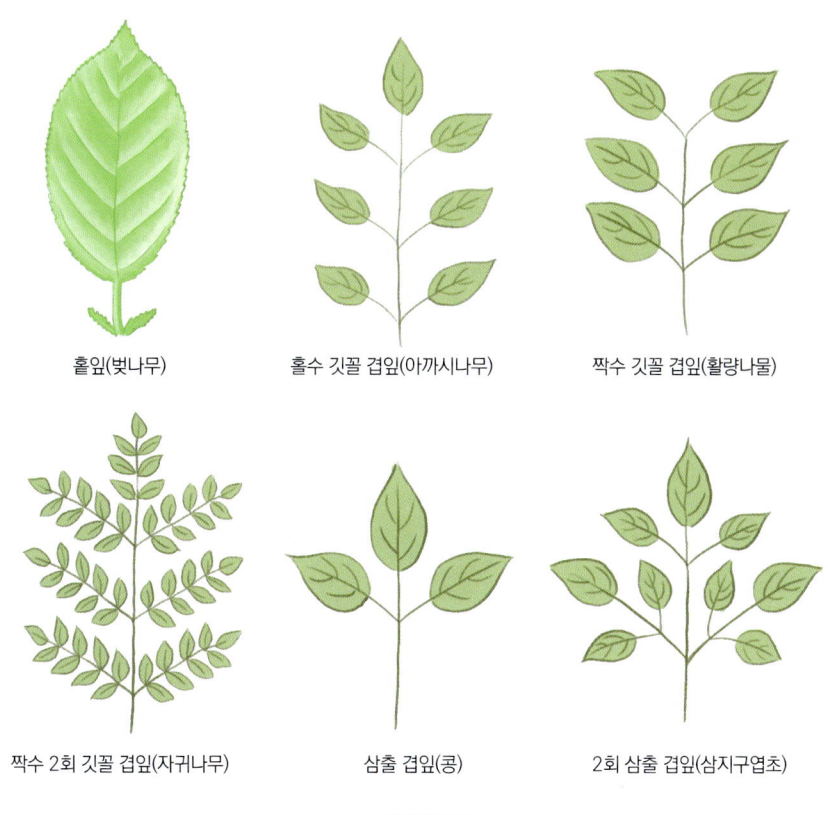

〈잎의 종류〉

③ **잎의 모양** : 식물의 종류에 따라 잎의 모양은 다양하다. 박태기나무 잎처럼 생긴 심장 모양도 있고, 연잎꿩의다리 잎처럼 생긴 둥근 모양도 있으며, 소나무 잎처럼 생긴 바늘 모양도 있다.

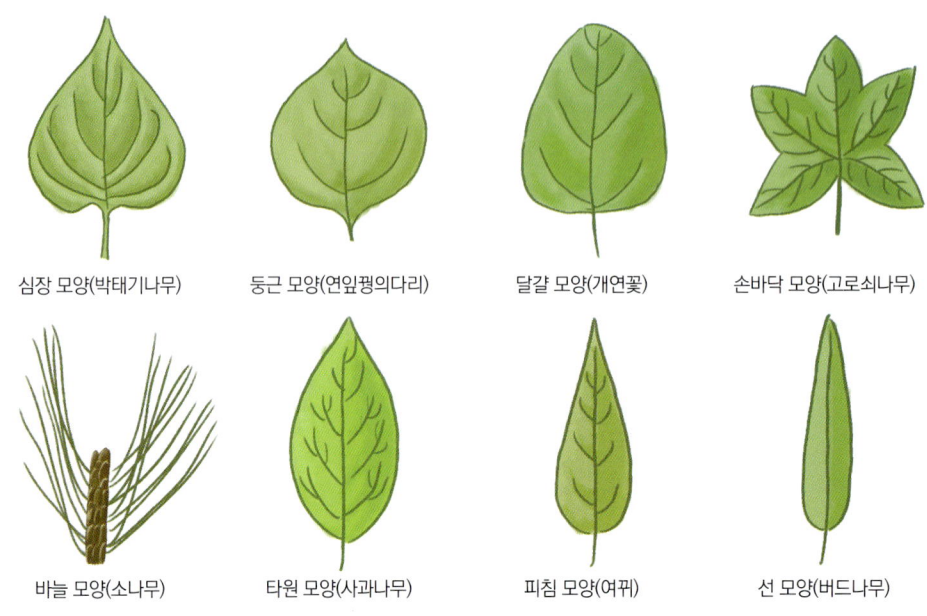

〈여러 가지 잎의 모양〉

④ **잎차례** : 잎이 줄기나 가지에 붙어 있는 모양을 말한다. 이것은 식물의 종류에 따라 각각 다른데, 어긋나기(애기나리), 마주나기(동자꽃), 돌려나기(선갈퀴), 뭉쳐나기(은행나무), 뿌리나기(민들레), 한잎나기(천남성) 등 여러 가지 모양이 있다.

　　뭉쳐나기(은행나무)　　　　　뿌리나기(민들레)　　　　　한잎나기(천남성)

〈여러 가지 잎차례〉

⑤ **식물의 광합성** : 지구상의 생물이 빛을 이용하여 화합물의 형태로 에너지를 저장하는 광화학반응으로 지구상의 생물계에서 볼 수 있는 가장 중요한 화학작용의 하나이다. 지구상의 모든 생물은 삶을 유지하기 위해 에너지가 필요하다. 에너지의 전환과 저장은 생물의 최소 단위인 세포에서 일어나며 에너지는 화합물의 형태(ATP)로 저장된다. 모든 생물은 광합성으로 생성된 산물을 생체 내 연료로 사용하며, 이것을 공급하는 방법이 엽록체에서 일어나는 광합성(photosynthesis)이다.

〈식물의 광합성〉

$$6CO_2 + 12H_2O + 688kcal \Longrightarrow C_6H_{12}O_6 + 6O_2 + 6H_2O$$

- 생물의 호흡에 필요한 산소 공급
- 생물의 생활 에너지 공급
- 생태계의 평형 유지

2) 꽃

① **구조와 역할** : 식물의 생식기관이며 암술, 수술, 꽃잎, 꽃받침으로 구성된다. 이 네 가지가 있느냐 없느냐에 따라 '갖춘꽃'과 '안갖춘꽃'으로 분류된다. 암술과 수술은 꽃가루받이를 하여 열매를 맺고 열매 속에서 씨앗이 익어 땅에 떨어지면 새로운 싹이 돋는다.

- 암술 – 꽃의 중심부에 있는 암꽃의 생식기관으로, 꽃을 구성하는 중요한 부분이며 암술머리, 암술대, 씨방의 세 부분으로 되어 있다.
- 수술 – 수꽃의 생식 기관으로, 수술대와 꽃밥의 두 부분으로 되어 있다.
- 꽃잎 – 꽃을 이루고 있는 낱낱의 조각 잎이다. 아름다운 모양과 색깔, 향기를 풍기면서 벌과 나비를 유혹하는 수단이 된다.

- 꽃받침 – 꽃의 가장 바깥쪽에서 꽃잎을 받치고 있는 꽃의 보호 기관이다. 흔히 녹색이나 갈색이지만, 더러는 꽃잎처럼 화려한 것도 있다.
- 갖춘꽃 – 한 꽃 속에 암술, 수술, 꽃잎, 꽃받침을 모두 갖추고 있는 꽃이다.
  예) 참나리, 살구꽃, 벚꽃, 복숭아꽃 등
- 안갖춘꽃 – 한 꽃 속에 암술, 수술, 꽃잎, 꽃받침 중 어느 하나라도 갖추지 못한 꽃이다.
  예) 튤립, 보리, 벼, 호박 등

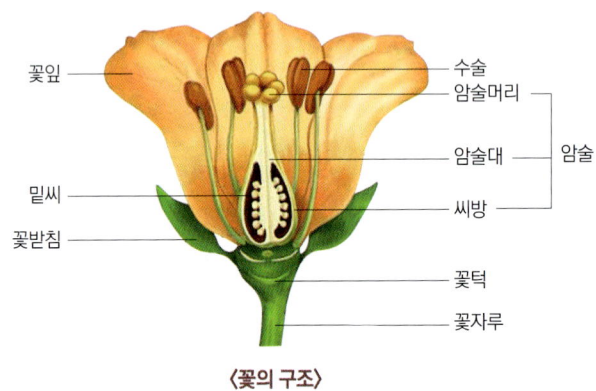

〈꽃의 구조〉

② 꽃의 종류 : 식물의 종류에 따라 아주 다양하다. 한 꽃 속에 암술과 수술이 있느냐 없느냐에 따라 암수한꽃과 암수딴꽃 그리고 중성꽃으로 나눌 수 있다. 암수딴꽃으로 꽃이 피는 식물은 다시 암수한그루와 암수딴그루로 크게 나누어진다. 꽃잎이 붙는 횟수에 따라 홑꽃과 겹꽃으로 나누고 꽃잎이 갈라진 모양에 따라 통꽃과 갈래꽃으로 나눌 수 있다.

- 암수한꽃 – 한 꽃 속에 암술과 수술을 모두 갖추고 있는 꽃이다.
  예) 진달래, 철쭉, 복사나무, 사과나무 등
- 암수딴꽃 – 한 꽃 속에 암술이나 수술 중 어느 하나만 갖추고 있는 꽃이다.
  예) 소나무, 호박, 수박, 오이 등
- 중성꽃 – 암술과 수술이 모두 퇴화하여 없는 꽃이며 '무성화'라고도 부른다.
  예) 불두화, 수국, 메꽃, 애기메꽃 등
- 암수한그루 – 암수딴꽃이면서 암꽃과 수꽃이 한 그루에 피는 식물이다.
  예) 밤나무, 소나무, 신갈나무, 갈참나무 등
- 암수딴그루 – 암수딴꽃이면서 암꽃과 수꽃이 각각 다른 그루에 피는 식물이다.
  예) 생강나무, 다래나무, 은행나무, 소철 등
- 홑꽃 – 1겹의 꽃잎으로 이루어진 꽃이다.

예) 병아리꽃나무, 사과나무, 딸기, 황매화 등
- 겹꽃 – 2겹 이상의 꽃잎으로 이루어진 꽃이다.
    예) 장미, 죽단화, 불두화, 국화 등
- 통꽃 – 꽃잎의 밑부분이 서로 붙어 있는 꽃이다.
    예) 용담, 메꽃, 나팔꽃, 진달래 등
- 갈래꽃 – 꽃잎이 1장씩 따로따로 떨어져 있는 꽃이다.
    예) 함박꽃나무, 뱀딸기, 양지꽃, 목련 등

③ **꽃차례** : 꽃이 줄기나 가지에 붙는 모양은 다양하다. 대부분의 식물은 하나의 꽃대에 여러 송이의 꽃들이 함께 달리는데, 꽃이 피는 순서와 모양은 식물의 종류에 따라 다르다.

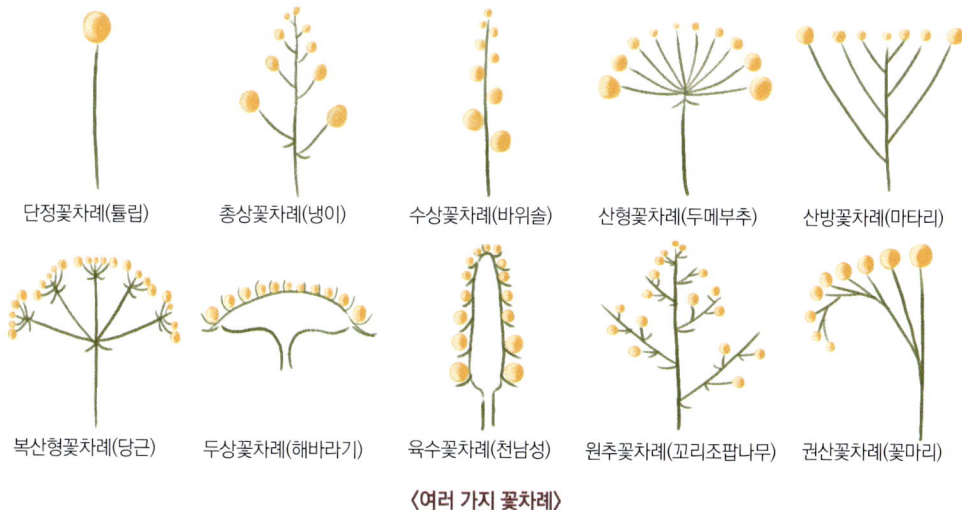

〈여러 가지 꽃차례〉

④ **열매** : 식물이 수정된 후 씨방이나 꽃받침이 변해서 된 것이다. 열매에는 양분이 있어서 동물들의 중요한 먹이가 된다. 대부분 이 속에 씨앗이 들어 있는데, 씨앗은 싹을 틔우고 자라서 같은 종의 식물을 번식시키는 중요한 일을 한다.
- 참열매 – 씨방이 자라서 된 열매이다.
    예) 호박, 오이, 복숭아, 가지, 수박, 토마토, 포도, 감, 콩, 완두 등
- 헛열매 – 꽃받침과 같이 씨방 이외의 부분이 자라서 된 열매이다.
    예) 사과, 배, 딸기, 석류, 파인애플 등

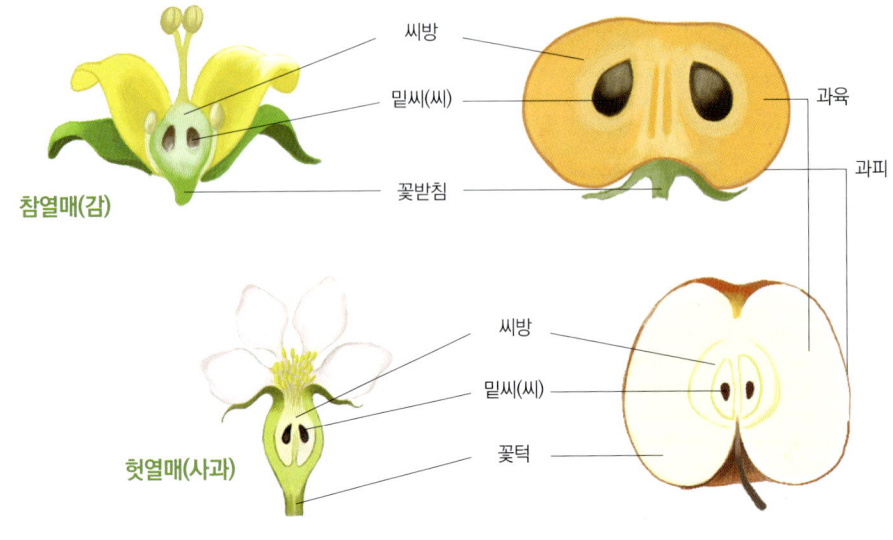

〈참열매와 헛열매〉

3) 줄기

① **구조와 역할** : 식물의 영양기관 중 하나이다. 식물체를 튼튼하게 지탱시켜 주고, 뿌리로부터 흡수한 물과 잎에서 만든 양분을 관다발을 통해서 운반하는 역할을 한다. 줄기는 표피, 관다발, 속 등으로 이루어져 있다.

- 표피 – 줄기를 둘러싸고 있는 겉껍질에 해당하는 부분이다. 식물체 내부를 보호하며 수분의 증발을 방지한다.
- 관다발 – 겉씨식물과 쌍떡잎식물에 있는 조직의 하나이다. 뿌리, 줄기, 잎 속에 있으며 물의 이동 통로인 물관과 양분의 이동 통로인 체관으로 이루어져 있다. 물관과 체관 사이에 있는 부름켜(형성층)는 부피 생장을 담당한다.
- 속 – 식물 줄기의 중심부에 있는 관다발에 싸인 조직으로, 물렁물렁하고 연한 것이 특징이다.

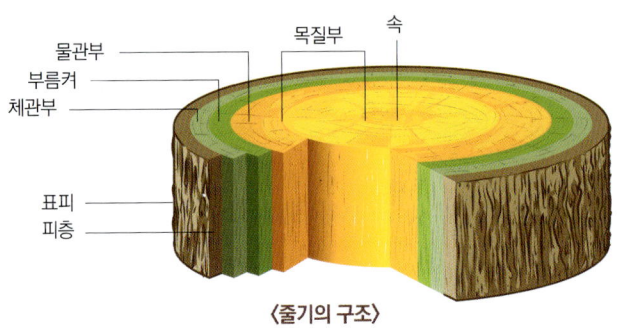

〈줄기의 구조〉

② **줄기의 종류** : 식물의 종류에 따라 다양하다. 대부분의 줄기는 위로 뻗으면서 곧게 자라지만, 환경 변화에 따라 특이하게 변한 줄기도 있다. 동자꽃의 보통줄기, 나팔꽃의 감는줄기, 고구마의 기는줄기, 감자의 덩이줄기, 포도와 머루의 덩굴손, 탱자나무의 가시, 대나무의 땅속줄기, 선인장의 잎줄기, 참나리의 주아, 천남성의 알줄기, 참나리의 비늘줄기, 칸나의 뿌리줄기 등은 모두 줄기가 변태되어 만들어진 것들이다.

〈줄기의 종류〉

4) 뿌리

① **구조와 역할** : 식물의 영양기관 중 하나이다. 식물체의 밑동으로서 보통 땅속에 묻히거나 다른 물체에 박혀 수분과 양분을 빨아올리고, 식물체가 쓰러지지 않도록 지탱하는 작용을 한다. 또한 잎에서 만들어진 광합성 양분이 줄기를 통해 운반되어 오면, 그 양분을 저장하기도 한다. 뿌리의 생장은 그 끝에 있는 생장점에서 이루어지는데, 생장점은 뿌리골무라는 죽은 세포로 둘러싸여 보호받고 있다. 뿌리는 표피로 둘러싸여 있는데, 이 표피 세포의 일부가 밖으로 길게 자란 것이 뿌리털이다. 뿌리는 뿌리털을 통해서 흙 속의 물과 무기 양분을 빨아들인다. 표피 안쪽에는 뿌리에서 빨아들인 물과 무기 양분이 올라가는 통로인 물관과 잎에서 만든 광합성 양분이 내려오는 통로인 체관이 있다.

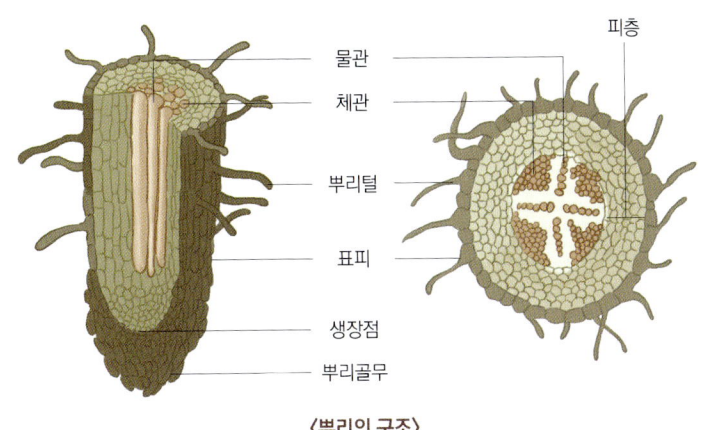

〈뿌리의 구조〉

② **뿌리의 종류** : 쌍떡잎식물과 외떡잎식물의 뿌리는 각각 다르다.
- 쌍떡잎식물 – 가운데에 굵고 곧은 원뿌리가 있고 그 주위에 많은 곁뿌리가 갈라져 나와 있다.
  예) 민들레, 호박, 명아주, 복사나무, 무궁화, 살구나무, 밤나무 등
- 외떡잎식물 – 원뿌리와 곁뿌리의 구별이 없이 굵기가 비슷한 여러 개의 수염뿌리가 한곳에서 많이 뻗어 있다.
  예) 벼, 보리, 밀, 옥수수, 강아지풀, 백합, 닭의장풀, 붓꽃 등

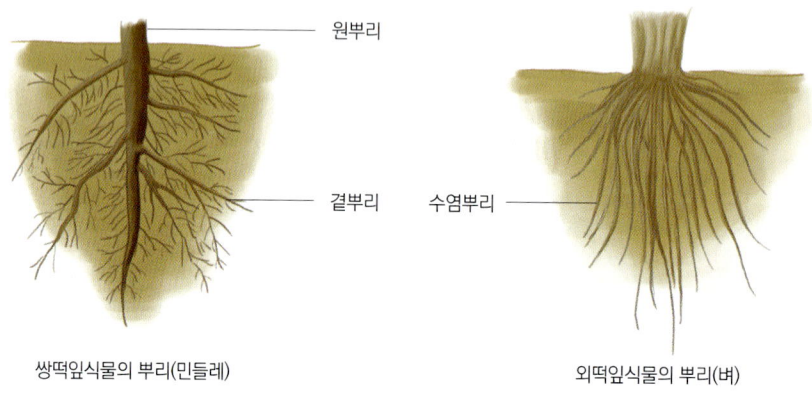

〈뿌리의 형태〉

부록 2 용어 해설

ㄱ

가죽질 : 두껍고 가죽과 같은 느낌을 주는 상태. 혁질

각 : 열매나 씨앗을 감싸고 있는 껍질

갈래꽃 : 꽃잎이 한 장 한 장 떨어져 있는 꽃. 이판화

감는줄기 : 식물체를 지지하기 위하여 다른 물체를 감을 수 있도록 줄기나 잎이 변한 부분. 덩굴손

거꿀 달걀 모양 : 잎의 위쪽으로 갈수록 폭이 넓어지는 거꾸로 선 달걀 모양. 도란형

거꿀 심장 모양 : 심장을 거꾸로 뒤집은 모양

거꿀 피침 모양 : 피침 모양이 뒤집힌 모양으로, 끝에서 밑부분을 향해 좁아지는 모양. 도피침형

겨드랑이나기 : 줄기와 잎자루 사이에서 나오는 상태. 액생, 측생

겨드랑이눈 : 잎자루와 가지가 만나는 사이에서 생긴 눈. 측아, 겨드랑이꽃눈, 곁눈

겨울눈 : 전년도에 생겨 겨울을 지내고 봄에 잎이나 꽃으로 자라게 될 눈

결각 : 잎 가장자리가 들쑥날쑥한 모양. 열편

겹꽃 : 수술, 꽃받침 등의 일부 또는 전부가 꽃잎으로 변형되어 꽃잎이 여러 겹으로 겹쳐 있는 꽃

겹산형꽃차례 : 각각의 산형꽃차례가 다시 산형으로 달린 꽃차례. 복산형꽃차례

겹잎 : 하나의 잎몸이 갈라져서 두 개 이상의 잔잎으로 구성된 잎

겹톱니 : 잎 가장자리의 큰 톱니 안에 있는 작은 톱니. 중거치, 복거치

골돌과 : 여러 개의 씨방으로 이루어지며 익으면 벌어지는 열매

공기뿌리 : 땅 위에 나와 있는 뿌리로 주로 호흡 기능을 함. 기근, 호흡근, 호흡뿌리

과실나무 : 열매를 얻기 위하여 심고 가꾸는 나무. 과수목, 과실수, 과일나무, 실과나무

관상수 : 보고 즐기기 위하여 심고 가꾸는 나무. 관상목

굳은열매 : 도토리나 호두처럼 보통 1개의 씨앗이 들어 있는 껍데기가 단단한 열매. 견과, 각과

기공 : 공변세포로 둘러싸여 있는 작은 구멍으로 가스 및 수증기가 이동하는 통로. 숨구멍

긴 타원 모양 : 길이가 너비의 2~4배 정도로 길고, 양쪽 가장자리가 평행한 모양. 장타원형, 긴 타원형

깃꼴 : 깃털 모양. 깃 모양, 우상

깃꼴 겹잎 : 새의 깃 모양의 잔잎이 잎줄기에 마주나기로 달린 겹잎. 우상 복엽, 깃 모양 겹잎

깍정이 : 도토리나 밤 등과 같은 열매의 딱딱한 부분을 둘러싸는 모자처럼 생긴 부분. 각두

547

꺾꽂이 : 식물의 가지, 뿌리, 잎 등을 잘라 흙 속에 꽂아 뿌리를 내리게 하는 것. 삽목

껍질눈 : 다른 부분보다 조금 부푼 모양으로 어린 가지에 많음. 피목

꼬투리열매 : 콩과의 열매로서 심피에서 발달하고 성숙한 후 건조하면 두 줄로 갈라지며 씨가 튀어 나오는 열매. 꼬투리, 협과

꽃가루받이 : 수술의 꽃가루가 암술머리에 옮겨 붙는 것으로서 바람, 곤충, 새 또는 사람에 의해 이루어짐. 수분

꽃가지 : 꽃이 달리는 가지

꽃대 : 꽃이 이삭 모양의 수상꽃차례로로 필 때, 이삭의 중심축을 이루며 꽃자루가 달리는 줄기

꽃덮개 : 대개 꽃부리와 꽃받침의 구별이 없는 경우에 이 둘을 통틀어 이르는 말. 넓은 뜻으로는 꽃부리와 꽃받침을 통틀어 이르는 말로, 암술과 수술을 둘러싸서 보호하고 있는 부분을 이름. 화피, 화개

꽃덮이조각 : 꽃덮이의 한 조각. 화피편

꽃받침 : 가장 바깥쪽의 꽃잎을 받치는, 꽃을 보호하는 기관 중 하나. 화탁

꽃받침조각 : 꽃받침을 이루는 하나하나의 열편. 꽃받침 잎

꽃받침통 : 꽃받침 중 밑부분의 통을 이루는 부분. 악통

꽃밥 : 수술대 끝에 달린, 꽃가루를 담고 있는 주머니와 같은 기관. 수술머리

꽃부리 : 하나의 꽃에서 꽃잎을 말함. 화관

꽃이삭 : 하나의 꽃대에 이삭 모양으로 꽃이 달린 꽃차례. 화수

꽃줄기 : 꽃자루가 달리는 줄기. 꽃대, 화경

꽃차례 : 꽃대 축에 꽃이 배열되어 있는 상태. 화서

ㄴ

나무속 : 뿌리나 줄기의 중심에 있는 유조직. 골속, 속

나선 모양 : 나사처럼 꼬여 있는 모양

날개열매 : 단풍나무 열매처럼 날개가 발달한 열매

넓은잎나무 : 떡갈나무, 오동나무 등과 같이 잎이 넓은 나무. 활엽수

넓은 타원 모양 : 너비가 길이의 반 정도가 되는 모양. 광타원형

ㄷ

다육질 : 살이 찌고 내부에 수분이 많은 성질

달걀 모양 : 잎의 아래쪽(기부)으로 갈수록 상대적으로 폭이 넓어지는 모양. 난형, 달걀형

덩굴나무 : 줄기가 곧게 자라지 않고 다른 물체를 타고 벋어 나가는 나무. 덩굴성 목본

돌려나기 : 한 마디에 3개 이상의 잎이 돌려남. 윤생

두상꽃차례 : 국화처럼 꽃대 끝에 통꽃과 혀꽃이 촘촘히 모여 전체적으로 하나의 꽃처럼 보이는 꽃차례. 두상화서

둔한 톱니 : 잎 가장자리가 둥근 톱니 모양인 것. 둔거치

땅속줄기 : 수평으로 자라는 땅속줄기. 지하경

떨기나무 : 키가 작고 원줄기와 가지의 구별이 분명하지 않으며 밑동에서 가지를 많이 치는 나무. 관목

ㅁ

마주나기 : 잎 또는 다른 기관들이 한 마디에 2개씩 서로 마주나는 것. 대생

막질 : 부드러우며 유연한 반투명의 막과 같은 상태

모여나기 : 빽빽이 모여 자라는 상태. 총생

목본 식물 : 줄기나 뿌리가 비대해져 질이 단단한 식물을 말하며, 큰키나무(교목)·작은큰키나무(소교목)·떨기나무(관목)·늘푸른잎나무(상록수)·갈잎나무(낙엽수)·

바늘잎나무(침엽수)·넓은잎나무(활엽수) 등으로 나뉨
물결 모양 : 잎 가장자리가 물결처럼 기복이 있는 모양. 파상
물렁열매 : 겉껍질은 얇고, 살에는 즙액이 많으며, 속에는 씨앗이 들어 있는 열매. 장과
뭉쳐나기 : 잎이나 꽃이 한 마디나 한곳에 여러 개가 무더기로 모여남. 모여나기, 총생
미상꽃차례 : 거의 자루가 없는 꽃이 꼬리 모양으로 모여 달려 늘어지는 이삭 모양의 꽃차례. 미상화서
밀원 식물 : 꽃이 많이 피고 꿀이 많아 벌이 꿀을 얻는 원천이 되는 식물
밑씨 : 미성숙한 씨. 배주

ㅂ

바늘잎 : 바늘처럼 가늘고 길며 잎끝이 뾰족한 잎. 침엽
방울열매 : 열매축 둘레에 비늘조각이 여러 겹으로 포개져 이루어진 열매. 구과
별 모양 : 별을 닮은 모양. 성상
붙음뿌리 : 나무나 담벼락 등 다른 물체에 달라붙어 지탱하기 위하여 줄기의 군데군데에서 뿌리를 내는 식물의 뿌리. 흡착근
비늘잎 : 편평한 비늘조각 모양의 작은 잎. 인엽, 포린
비늘털 : 줄기나 잎 등의 겉면을 덮어 식물을 보호하는 비늘 모양의 잔털로서 많은 세포로 이루어져 있음
비단털 : 길고 부드러운 비단실 같은 털. 견모

ㅅ

산방꽃차례 : 무한꽃차례의 일종으로 꽃자루의 길이가 줄기 아래쪽에 달리는 것일수록 길어져 꽃이 거의 평면으로 가지런히 피는 꽃차례. 산방화서
산형꽃차례 : 무한꽃차례의 일종으로 꽃대의 끝에 여러 꽃자루가 우산 모양으로 갈라져 그 끝에 꽃이 하나씩 피는 꽃차례. 산형화서
살눈 : 곁눈의 한 가지로 양분을 저장하고 있어 살이 많고 땅에 떨어지면 씨앗처럼 싹이 트는 조직
삼출 겹잎 : 한 지점에서 3개의 잔잎이 나온 겹잎. 삼출 복엽, 삼엽, 3출엽, 3출 겹잎
새순 : 나뭇가지나 풀의 줄기에서 새로 돋아나는 연한 싹
새싹 : 씨, 줄기, 뿌리 등에서 새로 돋아나는 싹
샘점 : 잎이나 꽃잎에 나는 검은색 또는 투명한 점으로 분비세포가 있으며, 대개 잎의 뒷면이나 가장자리의 톱니에 있음. 유점
샘털 : 표피세포의 변형으로 끝에 분비샘이 발달한 털. 선모
선 모양 : 폭이 좁고 길이가 길어 양쪽 가장자리가 거의 평행을 이루는 잎이나 꽃잎의 모양. 선형
속나무 : 나무줄기의 중심부에 있는 단단한 부분. 심재
손 모양 맥 : 단풍나무 잎처럼 주맥이 없이 잎자루 끝에서 손 모양으로 뻗은 잎맥. 장상맥
손바닥 모양 겹잎 : 손 모양으로 갈라져 잔잎이 달리는 겹잎. 장상 복엽, 손 모양 겹잎
수과 : 껍질이 얇으며 속에 1개의 씨앗이 들어 있어 전체가 씨처럼 보이는 열매
수상꽃차례 : 1개의 긴 꽃대에 꽃자루가 없는 꽃이 이삭처럼 촘촘히 붙어서 피는 꽃차례. 수상화서
신장 모양 : 세로보다 가로가 긴 원형의 밑부분이 들어가서 전체적으로 콩팥처럼 생긴 모양
심장저 : 잎 밑이 심장처럼 생긴 모양
씨껍질 : 씨의 껍질. 종피, 외종피, 종자피
씨방 : 밑씨를 포함한 암술의 아랫부분이 부푼 곳. 자방, 자실
씨열매 : 복숭아처럼 씨앗이 들어 있는 단단한 속껍질을 다육질의 열매살이 둘러싼 열매. 석과, 핵과

ㅇ

암수딴그루 : 암꽃과 수꽃이 서로 다른 그루에 달림. 자웅 이주

암수딴꽃 : 한 꽃 속에 암술 또는 수술만 있는 꽃. 단성화, 자웅 이화

암수한그루 : 암꽃과 수꽃이 한 그루에 달림. 자웅 동주

암수한꽃 : 한 꽃 속에 암술과 수술이 모두 있는 꽃. 양성화, 자웅 동화

어긋나기 : 줄기의 마디마다 잎이 한 장씩 붙어서 나는 것. 호생

어린싹 : 종자의 씨눈의 일부분으로서 발아하여 줄기나 잎이 되는 부분. 어린순, 애순

열매껍질조각 : 다 익으면 벌어지는 열매껍질의 한 조각. 과피편, 각편, 꼬투리조각

열매살 : 열매에서 씨앗을 둘러싸고 있는 살. 과육

열매자루 : 열매의 자루. 과병, 과경, 열매꼭지

열매조각 : 소나무와 잣나무 등의 열매를 이루는 비늘 모양의 조각. 실편, 종린, 종인, 종편

옆맥 : 주맥에서 갈라져 나온 맥. 측맥

예두 : 잎끝이 짧게 뾰족한 모양

예저 : 잎 밑이 짧게 뾰족한 모양

외화피 : 꽃잎이 2줄로 배열되어 있는 경우 바깥쪽에 위치한 꽃잎

우상맥 : 옆맥이 잎의 주맥으로부터 새의 깃털 모양으로 갈라지는 맥

원뿔 모양 : 럭비공처럼 원기둥꼴의 양 끝이 뾰족한 모양

원추꽃차례 : 전체가 원뿔 모양으로 되는 꽃차례. 원추화서

이출 겹잎 : 잎 또는 잔잎이 2개 달리는 겹잎. 이출 복엽, 이출엽, 2출엽

잎겨드랑이 : 줄기와 잎자루 사이에 형성된 위쪽 모서리 부분. 엽액, 액

잎꼭지 : 잎몸을 줄기나 가지에 붙게 하는 꼭지 부분

잎맥 : 잎살 안에 분포되어 있는 관다발과 그것을 둘러싼 부분. 잎살을 버티어 주고 수분과 양분의 통로가 되어 뿌리에서 줄기를 통하여 온 물ㆍ무기염류 및 그 밖의 기관에서 만들어진 물질을 잎을 구성하는 세포에 주고, 또 잎에서 광합성에 의하여 만들어진 물질을 다른 기관에 운반하는 역할을 함. 잎줄은 북한어임

잎몸 : 잎을 잎자루와 구분하여 부르는 이름으로 잎자루를 제외한 나머지 부분. 엽편

잎바늘 : 잎의 변태에 의해 바늘이나 가시가 생긴 것. 잎가시

잎살 : 잎의 겉가죽 안쪽에 있는 녹색의 두꺼운 부분으로서 잎맥을 제외한 나머지 부분

잎자루 : 잎몸과 줄기를 연결하는 부분. 엽병. 엽자루

잎줄기 : 잎이 달린 줄기. 엽축

잎집 : 잎자루의 밑부분이 칼집 모양으로 발달해서 줄기를 싸고 있는 부분

잎혀 : 잎집과 잎몸의 연결 부위 안쪽에 있는 작고 얇은 조각. 엽설

ㅈ

정원수 : 정원에 심고 가꾸는 나무

작은큰키나무 : 큰키나무 가운데 비교적 높이 자라지 않는 나무. 소교목

잔잎 : 겹잎을 이루는 작은 잎. 소엽, 쪽잎

중성꽃 : 암술과 수술이 모두 퇴화하여 종자를 만들 수 없는 꽃. 중성화, 무성화

집산꽃차례 : 꽃줄기 끝에 꽃이 달리고 그 밑에서 뻗은 자루 끝에 꽃이 달리는 것이 반복되는 꽃차례. 집산화서

ㅊ

초본 식물 : 줄기가 연하고 물기가 많아 목질을 이루지 않는 식물을 말하며, 한해살이와 여러해살이 등으로 나눔

총상꽃차례 : 긴 꽃줄기에 꽃자루가 있는 여러 개의 꽃이 어긋나게 붙어서 밑에서부터 피어 올라가는 꽃차례. 총상화서

취과 : 산딸기처럼 꽃턱 위에 씨방이 발달한 여러 개의 과실이 모인 열매

취산꽃차례 : 꽃차례의 끝에 달린 꽃 밑에서 한 쌍의 꽃자루가 나와 각각 그 끝에 꽃이 한 송이씩 달리는 것이 계속 반복되는 꽃차례. 취산화서

측맥 : 주맥에서 좌우로 뻗은 잎맥. 지맥

ㅋ

큰키나무 : 줄기가 곧고 굵으며 키가 8m를 넘는 나무. 교목

ㅌ

턱잎 : 잎자루의 기부에 쌍으로 달리는 잎과 같은 부속체. 탁엽

톱니 : 잎 가장자리가 톱니처럼 잘게 갈라진 모양. 거치

통꽃 : 꽃부리가 대롱 모양으로 생기고 끝만 조금 갈라진 꽃. 관상화

통꽃부리 : 꽃잎의 일부 또는 전부가 서로 붙어 있는 꽃부리

튀는열매 : 익으면 열매껍질이 말라 쪼개지면서 씨앗을 퍼뜨리는, 여러 개의 씨방으로 된 열매. 삭과

ㅍ

포 : 꽃의 기부에 있는 잎과 같은 구조. 포엽

포엽 : 꽃이나 꽃받침을 둘러싸는 작은 잎을 가리키는데, 싹이나 꽃봉오리를 둘러싸서 보호하는 작은 잎을 가리키기도 함

포편 : 겉씨식물의 암꽃 밑씨를 받치는, 종린 아래쪽에 있는 작은 돌기. 속씨식물의 꽃턱잎 조각에 해당함. 포린

피침 모양 : 창 모양으로 밑으로부터 1/3 정도 되는 부분의 폭이 가장 넓은 모양. 피침형

ㅎ

해거리 : 열매가 많이 열린 해의 이듬해에는 나무가 약해져서 열매가 많이 열리지 않는 현상. 격년결과, 격년결실

헛뿌리 : 물관과 체관이 들어 있지 않은 뿌리 모양의 구조. 가근

홀수 깃꼴 겹잎 : 정단에 잔잎이 있는 깃꼴 겹잎으로 잔잎의 개수는 홀수임. 기수 우상 복엽, 홀수 깃 모양 겹잎

홀씨 : 포자낭에서 만들어진 생식세포. 포자

홀씨주머니 : 포자가 만들어지는 주머니. 포자낭

화경 : 꽃줄기 끝에 꽃이 달리는 줄기

참고문헌

국가생물종지식정보시스템(2014), 산림청 국립수목원.
국가표준식물목록(2014), 산림청 국립수목원.
나무를 알아야 숲이 보인다 나무야 나무(2015), 오장근·오찬진, 푸른행복.
대한식물도감(1982), 이창복, 향문사.
새로운 한국수목대백과도감-上·下(2010), 이정석·이계한·오찬진, 학술정보센터.
새로운 한국식물도감 I, II(2007), 이영노, 교학사.
숲을 말한다 나무이야기(2015), 오찬진·오장근·권영휴, 푸른행복.
어느 계절에나 비교 대조하여 찾을 수 있는 나무도감(2017), 오장근·명현호, 가람누리.
원색 대한식물도감(2003), 이창복, 향문사.
원색한국기준식물도감(1996), 이우철, 도서출판 아카데미서적.
한국동식물도감(1965), 정태현, 문교부.
한국식물도감(2002), 이영노, 교학사.
한국식물도감-상권 목본부(1956), 정태현, 신지사.